Д-р Ґреґ Е. Віман

ДІАГНОЗ:
БГ

Сповідь хірурга

«Я був мертвий, але ожив»

Видавництво «Брайт Стар Паблішинг»
Київ – 2015

УДК 27-29
ББК 87.36
Ґ79

Переклад з англійської О. Дмитренка
Greg E. Viehman, M. D.

Д-р Ґреґ Віман

Ґ79 **Діагноз: Бог. Сповідь хірурга** / Перекл. з англ. О. Дмитренко; ред. Г. Кірієнко. – К.: Брайт Стар Паблішинг, 2015. – 224 с.

Скептично налаштований американський медик вирішує спростувати християнство, щоб викрити своїх віруючих сусідів у лицемірстві. Ґреґ Віман керується класичним науковим методом, неупереджено зважує факти, та раптово на власному досвіді переживає Божу присутність. Він діагностує свій новий стан відповідно до вимог медицини й доходить парадоксального висновку, що впливає на його долю.

УДК 27-29
ББК 87.36

Видавець першого англомовного видання 2010 р.:
«Біґ Мак Паблішерз», Силакуга, Алабама, США, 35151 www.bigmacpublishers.com

Copyright © 2010 by Dr. Greg Viehman. All rights reserved. Written permission must be secured from the publisher or Dr. Greg Viehman to use or reproduce any part of this book, except for brief quotations in critical reviews or archives. No part of this publication may be stored in a retrieval system, or transmitted in any form or by any means — electronic, mechanical, photocopying, recording, or otherwise — without prior written permission.
Dr. Greg Viehman can be contacted via his website: www.goddiagnosis.com

Авторське право © д-р Ґреґ Віман (Dr. Greg Viehman). Усі права захищені. Для використання або відтворення будь-якої частини цієї книги, за винятком стислих цитат для відгуків або архівів. Жодну частину цієї публікації заборонено зберігати у пошукових системах, передавати у будь-якій формі будь-яким способом – електронним, механічним, фотокопіюванням, записуванням або іншим – без попередньої письмової згоди автора.
Контакти доктора Вімана розміщені на сайті www.goddiagnosis.com

ISBN 978-966-2665-51-2 (укр.)   © Дмитренко О.М., переклад, 2015
ISBN 978-1-937355-20-3 (англ.)   © Greg E. Viehman, M.D., 2015

Зміст

Зміст 3
Відгуки читачів 6
Подяка 10
Розділ I. МРІЯ ЧИ ЖАХ? 13
   Щасливі канікули 15
   Цифрова ілюзія 19
Розділ II. ПОДОРОЖ 21
   Дитинство 24
   Старші класи 25
   Коледж 26
   Клітинно-молекулярна біологія 26
   Церква дівчини 27
   Волохатий із хрестом 28
   Наше містечко 28
   Студентське життя 29
   Медичний університет 30
   Шлюб 31
   Острів Марко 32
   Церква 38
   Нові сусіди 39
   Домашня група, куди ходила Рут 42
   Назад у реальність 43
   Остання соломинка 43
Розділ III. ПЕРШИЙ ЕТАП ДОСЛІДЖЕННЯ. Новий Заповіт 46
   Матвій і Марк 46
   Євангелія від Луки 48
   Євангелія від Івана 51
Розділ IV. ДРУГИЙ ЕТАП ДОСЛІДЖЕННЯ. Воскресіння Ісуса ... 53
   Смерть Ісуса 54
   Поховання 55
   Порожня гробниця 56
   Тіло 56
   Явлення Христа 58
   Не ті очікування 60
   Радикальні зміни в житті 61
   Готовність померти 61
   Підсумки 62
Розділ V. ТРЕТІЙ ЕТАП ДОСЛІДЖЕННЯ. Юдейське Письмо ... 63
   Давньоєврейське Письмо і християнський Старий Заповіт 63
   Месія 64
   Пророцтва про Месію 67
   Прототипи Месії 71
   Юдейська система жертвоприношень 72
   Великдень 72
   Авраам та Ісаак 74
   Відторгнення Месії 76
   Підсумки 76

Розділ VI. ЧЕТВЕРТИЙ ЕТАП ДОСЛІДЖЕННЯ.
Історичні докази Нового Заповіту 78
   Професори 78
   Нові беззаперечні докази 81
   Бібліографічний метод[34] 81
   Текстологічний метод[40] 83
      1. Помилки, текстові трансформації та розбіжності 84
      2. Автори чотирьох Євангелій 85
         Свідчення ранньої Церкви 86
         Свідчення очевидців 87
         Медична термінологія Луки 89
      3. Ісус – легенда? 89
   Інші джерела[51] 95
      1. Археологія 95
      2. Інші джерела античності 96
   Відповіді професорів 98
   Аргументи на користь Христа 102
Розділ VII. РІШЕННЯ 105
Розділ VIII. ПРОБУДЖЕННЯ 112
   Святий Дух? 112
   Пацієнт 113
   Сусід 117
   Церква 118
   Лід розтанув 120
Розділ IX. ПРЕОБРАЖЕННЯ 124
   Пробудження 124
   Новий понеділок 126
   Новий вечір 128
   Наступні три дні 130
   Нове мовлення 131
   Перевірка: ганебний матч 134
   Нікчемний сусід 134
   Покупки он-лайн 135
   Супермаркет 136
Розділ X. ДИФЕРЕНЦІЙНИЙ ДІАГНОЗ 138
   Історія, ознаки та симптоми хвороби 139
   Медобстеження 142
   Розмаїття перевірок 142
   Аналіз симптомів 144
   Виявлення симптомів 146
   Диференційний аналіз 150
Розділ XI. ПОПЕРЕДНІЙ ДІАГНОЗ 152
Розділ XII. ГРІХ – ХВОРОБА 155
   Тілесна й духовна природа людини 156
   Хвороба гріха 158
Розділ XIII. СИМПТОМИ ГРІХА 160
Розділ XIV. ЛІКИ ВІД ГРІХА 163

Механізм возз'єднання..164
Результати лікування..166
Сутність Божої любові...168
Стара людина мертва..169
Поступові та постійні результати......................................170
Духовне розрізнення...170
Кінець порожнечі..171
Підсумок..171
Як розпочати лікування..171
Реакція на зцілення...173
Розділ XV. ОСТАТОЧНИЙ ДІАГНОЗ......................................175
Розділ XVI. ПІДТВЕРДЖЕННЯ ЗЦІЛЕННЯ 177
Розділ XVII. ЛІКИ В ДІЇ..180
Розділ XVIII. ДОКАЗИ ОДУЖАННЯ 183
Різдвяні декорації та освітлення......................................183
Місцевий супермаркет..184
Ресторани..185
Офіс...185
Телебачення...187
Розділ XIX. ТЕММІ 188
Розділ XX. СТОСУНКИ..193
Молитва..195
Слово Боже...196
Прославлення..199
Стосунки з Отцем...200
Ранкові роздуми...200
Зміни в серці...202
Боже провидіння..202
Принцип відчинених дверей та голос Божий......................203
Йти за миром..205
Розділ XXI. ДІТИ..206
Розділ XXII. СПРИЯТЛИВІ ОБСТАВИНИ 211
Медсестри..211
Асистент лікаря...213
Розділ XXIII. ПАЦІЄНТ...217
Роздрукований розклад...217
Електронна база даних..218
Персональні картки..219
Реакція медсестер..220
Розширені можливості пошуку......................................223
Лабораторні дані..224
Розділ XXIV. ЩЕПЛЕННЯ ПРОТИ ЛІКІВ 227
Друг дитинства...227
Омана церковних обрядів...229
Пастор, який вірив у Бога любові...................................232
Пастор Родні..234
Примітки та посилання..241
Про автора...244

Відгуки читачів

Книга «Діагноз: Бог» інтригує з перших сторінок, адже йдеться про пошуки сенсу життя. Доктор Віман розповідає про те, як втілення «Американської мрії» – освіта, гроші, кар'єрний успіх, слава, прекрасна дружина й сім'я – залишило його наодинці з внутрішньою порожнечею та злістю. З почуттям огиди до пустої релігії та її лицемірних популяризаторів автор ділиться своїми роздумами й врешті-решт робить неймовірне відкриття з медичної точки зору. Його перевірка фактів ретельна, тести – комплексні, діагноз – точний: пацієнт духовно мертвий. На сторінках цієї книги ви знайдете не лише підтвердження діагнозу, а й відповідь на те, як його позбутися і які Ліки вживати. Наполегливо рекомендую кожному, хто шукає смисл життя.

Алан Т.Е.Бенсон, бакалавр мистецтв, магістр теології, доктор богослов'я

Вразило глибоке й щире свідчення людини, яка вирішила знайти відповіді на вічні питання свого буття. Ніколи не читав подібного. Доктор Віман доносить думку чітко й зрозуміло, а читачі немов із автором проходять крізь усі етапи його дослідження, відчувають його хвилювання. Постійний опис внутрішнього стану автора під час дослідження, з'ясування всіх «за» і «проти» щодо коректності Святого Письма, точна історична інформація захоплюють і переконують у правдивості остаточних висновків. Це неймовірна пригода медика, який, перебуваючи в розквіті сил, несподівано робить відкриття, яке назавжди змінює його життя і долю у вічності. Але будьте обережні: діагноз доктора Вімана може змінити і ваше життя.

Майк Гокетт, полковник військово-повітряних сил США у відставці

Обов'язково читати! Рушайте в мандрівку в невидиме. Подивіться на світ очима уважного спостерігача, медика-практика, який шукає істину. Вам знадобляться і голова, і серце, щоб з'ясувати всі деталі розслідування, наче в детективній історії. Тільки йдеться не про смерть, а про життя.

Білл Данн, MSAE

У пошуках істини та доказів доктор Віман використовує науковий метод і прискіпливо вивчає різні точки зору, щоб з'ясувати відповідь на глибинні питання, що хвилюють і чоловіків, і жінок... Ця книга ознайомить читачів із доказами й висновками, що вплинуть на серце, душу і долю у вічності.

Лінн Фортуніс, адміністратор

Це захоплива розповідь успішного хірурга та відданого сім'янина, який, за світськими мірками, досягнув усього, що потрібно для щастя, проте згодом усвідомив, що успіх і фортуна не дала йому миру чи сенсу життя, якого прагнув. У книзі «Діагноз: Бог» доктор Віман використовує і академічний досвід, і медичну практику, щоб поставити найкритичніший діагноз свого життя.

С. Дюен Тестер, фармацевт, MBA

Діагноз? Бог? Та невже! Діагноз потребує справжніх доказів, які можна проаналізувати з наукової точки зору. Хіба можливо пояснити феномен віри явищами, довести які нереально? Діагнозом займається доктор Ґреґ Віман, висновки якого змусять вас переоцінити свої переконання і надихнуть жити відповідно до того, у що вірите.

Рік Е. Ґрейвз, доктор юридичних наук

Доктор Віман – звичайний медик у халаті, який ходить по лабораторії зі стетоскопом на шиї, тримаючи в руках результати свого дослідження, яке ставить діагноз людству. Висновок доктора шокує: ми всі – духовно нездорові, не просто хворі й хворі не тимчасово. Ми – ходячі мерці. Розслідування показало, що людина не здатна самостійно вилікуватися від клятої болячки, скільки б зусиль або ресурсів не залучала. Видатний медик ставить Діагноз і знаходить Ліки. Доктор Віман визнав парадокс нікчемства, що виник у його житті внаслідок земного успіху. Неодмінно раджу прочитати всім, хто в пошуку!

Томас С. Вомбл Молодший, магістр теології, доктор богослов'я

Це розповідь людини, що шукає істину в світі, який ховає її за різними фасадами. Як пастор я отримую чимало книг із різних джерел, щоб прочитати й ознайомитися. Зазвичай прочитую один-два розділи, а потім вони припадають пилюкою на полиці. Книга Ґреґа відрізняється від інших щирістю, прямотою, гумором, свіжістю, цікавим стилем. Мене захопила життєва історія Ґреґа, його досвід, переживання й відверта оцінка власного життя. Рекомендую кожному.

Клей Реттер, старший пастор церкви «Калварі Чапел», Вілмінгтон

У пошуках відповідей на сакральні питання смислу життя й долі доктор Віман вирушає разом із читачем у мандрівку, сповнену щирих особистих почуттів, щоб, усупереч цинізму й скептицизму, прийти до дивовижних результатів свого дослідження. Роздуми доктора Вімана вплинуть і на ваше життя. Книга «Діагноз: Бог» — докладне й зворушливе свідчення успішного хірурга, який на власному досвіді відчув, що таке «трансплантація серця». Водночас книга кидає виклик усім, хто сумнівається в існуванні Бога.

Вільям Дж.Ванартос, доктор медичних наук

Книга доктора Вімана — це відверта й докладна розповідь про поетапне й системне дослідження сутності християнства з метою спростувати його і відкинути геть. У пошуках відповідей автор на власному досвіді відчуває присутність Божу, починає нове життя й розуміє, чого саме його серце прагнуло стільки років, — справжньої живої Любові. Праця доктора Вімана — чудове джерело натхнення для тих, хто прагне повноцінного життя.

Керрі Ендрюз, дипломована медсестра

Чи існує більше життя, ніж повсякденне існування на землі? Це питання турбувало багатьох упродовж історії. Доктор Ґреґ Віман наважується рушити у пошуки справжньої відповіді. Після ретельного вивчення фактів, він ставить остаточний діагноз. Наполегливо рекомендую цю книгу кожному, хто прагнув отримати відповіді на найважливіші питання в житті.

Джонні Рив'єра, пастор церкви «Калварі Чапел Кері»

Якщо у вас цікавить сенс життя, ви шукаєте відповідей на глибинні питання свого буття або, можливо, відчуваєте, що у житті чогось бракує, то ця книга для вас.

Пастор Родні Фінч, старший пастор церкви «Калварі Чапел Кері»

Доктор Віман рушив у дивовижну мандрівку. У своїй книзі він поєднує людську щирість із професійними навичками медика, щоб записати на папері точний результат свого дослідження. Його розповідь дихає свіжістю, книга інформативна, надихає і вражає відвертістю, змушує читача замислитися і про своє життя.

Доктор Віман залишив нам цілий скарб в результаті ретельного дослідження та власних переживань. Його книга буде корисною для кожного, хто сумнівається у коректності Святого Письма й можливості людині повернутися до повноцінного життя, для якого вона створена з самого початку.

Девід С.Браден, B.S.C.E., магістр теології

Книга «Діагноз: Бог» викриває справжній стан людини і відповідає на питання, які ми часто не наважуємося собі поставити…

Керол Касел

Подяка

Висловлюю щиру подяку друзям, які допомогли мені у створенні книги. Ваші внесок, час, коментарі були безцінними. Я вдячний своїй дружині Рут, яка присвятила мені стільки часу, натхнення, сил, особливо впродовж останніх семи років, коли я шукав відповіді на глибинні питання. Білл Дан – наставник, друг і редактор вплинув на мене, вказуючи правильний напрямок. Д-р Білл Ванартос допомагав редагувати текст і формувати ключові тези. Ґреґ Мак-Елвін консультував мене в питаннях стилю, що допоміг утілити в життя мою історію. Леслі та Діенн Вільямсон ретельно відредагували зміст, пунктуацію та граматику.

До того ж, чимало людей поділилися своїми коментарями та ідеями перед створенням остаточної версії. Вдячний їм за їхній час, інтерес та внесок. Наостанок, я вдячний Господові, істинному Автору мого життя та натхнення, внаслідок чого виникла ця книга. Бог дав мені можливість здійснити те, що я не зміг би втілити без Його допомоги.

Ґреґ І.Віман

Вступ

Якось у коледжі показали виставу, що вплинула на моє життя й сприйняття дійсності. То була п'єса Торнтона Вайлдера «Наше містечко». Головна героїня, Емілі Гіббс, у молодому віці помирає під час пологів. Однак повертається до життя на день, аби побачити, мов у кіно, своє минуле. Емілі жахає картина згаяних нею років і пустої метушні, адже тепер вона дивиться на все під іншим кутом. Раптом усвідомлює: люди погрузли в суєті суєт, роботизні та біганині так, що більше не дивляться одне одному в очі, не насолоджуються присутністю найдорожчих на світі людей. Емілі відчайдушно прагне, аби члени її сім'ї зупинилися хоча б на хвильку й ухопили безцінну мить, посмакували щирою радістю. На жаль, тепер це неможливо.

На очах Емілі сенс і сутність життя поступово тануть у вирі дріб'язкової метушні, що затьмарює найголовніше. Моменти, сповнені змісту, знецінено. Їх нехтували, їх утрачено, ніхто не надавав значення вічному. Емілі зробила висновок: люди не знають, що живі, поки не вмруть. Сприймають життя як належне, доки його не стане.

Фабула п'єси зачіпає за живе кожного читача й шанувальника театру. Коли мені виповнилося дев'ятнадцять, я вперше усвідомив, що сам проживав у «містечку», не підозрюючи про це. Драматургія Вайлдера зворушила моє серце. Щось усередині наче казало: світ, у якому ти живеш, поламаний.

Однак сильні враження від вистави швидко вивітрилися з моєї студентської голови у бурхливому вирі академічної діяльності. Я легко повернувся до свого «містечка». Поплив за течією. Ніколи не замислювався над причиною свого існування або сенсом буття. Жити заради власного задоволення, дбати про своє здоров'я, плекати сім'ю — що незвичного у такій установці? Час спливав, та мені було байдуже.

Непомітно я втрапив у пастку «мети» — досягав однієї, потім гнався за іншою. Крутився, мов дзига, з дня в день, чекаючи на птицю щастя завтрашнього дня, яка не прилітала. Замість неї, мов пара, зникало теперішнє.

Після одруження й народження дітей метушіння побільшало. Здавалося, стрілки годинника закрутилися швидше. Найкращі хвилини у родинному колі й довгождані канікули стали мізерною краплею в морі постійної суєти. Життя квапило, підганяло вперед, не питаючи дозволу. Я не встигав іти з ним у ногу. Фотографії та ностальгічні домашні відео не могли повноцінно відтворити, ані відобразити мою дійсність. Якимось чином сімейні архіви тільки посилювали почуття тривоги, нагадуючи, як швидко плине час, як хочеться зупинити його або прожити щасливі хвилини ще раз. Спроби вхопити мить безплідно поверталися бумерангом, адже часу для людей, яких любиш, завжди бракує. Життя минало, та ніхто не міг цьому зарадити.

Звісно, я не хотів, щоб стосунки з сім'єю та близькими коли-небудь обірвалися. Серце прагнуло вічності, проте світогляд, сформований теорією еволюції та переконанням у тому, що істина відносна, поступово позбавляв сенсу кожне його биття. Психологічний тиск, стрес, розчарування осідали на дні моєї душі, яка волала про допомогу. Я прагнув знайти справжні відповіді на глибинні питання, проте шукав їх у світі, який в унісон запевняв, що відповідей не існує. Таким чином, моїм притулком стало власне «містечко», у якому я ховав свій біль щоразу, коли його не вгамовували забавки, що відволікали увагу від найголовнішого. У «містечку» комфортно просиджувала життєві будні наша сім'я, ховаючись від неспроможності наповнити дім такою любов'ю, якій не буде кінця. Значно легше грати роль Емілі Гіббс і дозволити буденщині відволікати свою увагу від найголовнішого. Жити у теплому «містечку» комфортно, доки не усвідомиш, де перебуваєш насправді. Я просидів там, обманутий, кілька десятків років.

Серце шукало відповідей на сакральні питання буття, прагнуло вічного й хотіло перебувати там, де любов ніколи не вмирає і триває завжди. Нарешті відчайдушні пошуки привели мене до Зцілення.

У студентські роки вважав, що знав усе. Згодом збагнув, що не знав нічого. У дорослому віці задовольняв апетит цього світу, купуючи все, що він вимагав, для щастя. Невдовзі прозрів: я був голий і босий.

Бог завжди перебував на відстані подиху від мене, хоч усе, що я бачив або чув навколо, намагалося переконати у протилежному. Чому цінності цього світу не вписувалися в картину мого життя, що пронеслося перед очима, мов мить? Усе, від власних життєвих установок до начебто зрозумілого сенсу життя, виявилося цілковитим обманом, коли я поставив точний Діагноз.

Ґреґ Е.Віман, доктор медичних наук

Розділ I
МРІЯ ЧИ ЖАХ?

У тридцять шість у мене було все, чого тільки душа бажала. Я досягнув вершин. Мав бездоганну репутацію медика-професіонала, прославився як найкращий студент факультету, навчався у найпрестижніших університетах світу, працював у авторитетному закладі, мав прекрасну дружину, двох синів, круте кермо, вишуканий одяг та ще й вигулював хвостатого друга та мешкав у розкішному будинку в славному місті. Що тут скажеш, власними зусиллями людина побудувала собі рай на землі. Так би мовити, втілила «американську мрію» в життя. Так-так, справу зроблено. Я розгадав заплутаний ребус буття.

Цеглинка за цеглинкою споруджував власну вежу зі слонової кістки, відповідно до уявлень цього світу про успіх. Мене навчили покладатися на себе і тільки на себе, постійно тримати марку, будувати власну імперію, аби жити красиво й гарантувати добробут родині.

Сповнений егоцентричних амбіцій, я зметав усе на своєму шляху заради невпинного просування вперед.

Завдяки самодисципліні та відданості справі успішно самореалізовувався. А світ тим часом гладив мене по голівці за те, яким хорошим хлопчиком я був, старанно виконуючи поставлені ним завдання. Матеріалістичний світогляд непомітно цементував ілюзію успіху та комфорту. Основою моєї «вежі» був цілковитий гонор, але тоді я цього не розумів.

Ось наша родина на порозі третього тисячоліття. Хіба не красива і не чудова? Хіба не демонструє еталон зразкової сім'ї? Хіба не відображає портрет успішної країни?

Як же я почувався насправді, сидячи в центрі американської мрії? Самотнім, розчарованим, незадоволеним, спустошеним, безпорадним, збентеженим, зажуреним. Чогось постійно бракувало. Жодне досягнення, жодна посада, жоден досвід не дали мені того, на що сподівався. Я спробував наповнити життя усілякими захопленнями: ранковими пробіжками, тріатлоном, вином, гірським велоспортом, почуттям власності: спортивними машинами, гігантським будинком, коштовностями, одягом, годинниками, музичним обладнанням, розвагами – кіно, відпустками, вишуканими ресторанами, людьми: вечірками, високим статусом, друзями. Усе це задовольняло мене тимчасово, тому шарм і принади яскравого життя завжди в'янули, інколи за ніч, іноді поступово. Немов незрілий підліток, який залицяється то до однієї красулі, то до іншої, я роками змінював стихію за стихією.

Коли меню забаганок було вичерпано, прийшла депресія. Я був голодний, та жодна страва не насичувала мій шлунок. Хотів пити, а не міг втамувати спрагу. Що більше споживала моя душа, то гіршало самопочуття! Нарешті мені стало лячно куштувати щось «наступне», бо зрозумів – оте «щось» не наситить ніколи. Не дасть воно того, на що так сподівався.

Одного дня прозрів: у марних пошуках задоволення прожив усі роки, сам того не усвідомлюючи. Так було навіть у дитинстві. Усілякі іграшки й дарунки ніколи не приносили того, що обіцяв яскравий вигляд. Вони швидко набридали і навіть утомлювали.

«Ґреґу, чому більше не граєш у новий пінбол? Ти ж випрошував його цілий рік, – поцікавилася мати, коли мені виповнилося вісім, – не минуло й тижня, відколи ми придбали його для тебе».

Я не знав, що відповісти. Сидів собі на підлозі біля різнокольорового китайського більярду й кусав нігті від розчарування. Мені швидко набридла та шумна гра. Процес очікування нової цяцьки виявився значно цікавішим, ніж сам дарунок. Гра застаріла, а не минуло й тижня!

Завжди вабила наступна іграшка. Я виріс у заможній родині, тому дістати нову – не проблема. Постійний потік новинок підтримував моє серцебиття. Відчуття порожнечі й нудоти не затримувалися так надовго, щоб завдати відчутної шкоди моїй душі. Мініатюрні машинки «Мечбокс» швидко втратили свою актуальність через появу «Мерседесів», конструктори «Лего» поступилися моделюванню будиночків, пластикові годинники із зображенням Супермена замінив справжній «Роллекс», а футболки із друкованим на замовлення зображенням затьмарив стильний одяг від «Армані». Тепер я жив у дорослій версії гри, що коренилася в дитинстві.

Моя душа нагадувала стерилізовану та водночас холодну, з вкритими грибком блідими стінами порожню кімнату, звідки чулося відлуння серця, що прагнуло миру та затишку. Кімната була бездонною прірвою, яка безжалісно й нещадно пожирала все, що туди потрапляло. Мій внутрішній стан нагадував почуття хлопця, якого кидає дівчина після першого побачення. Тільки процес розлуки триває безперервно. Спочатку перебував на сьомому небі від нової покупки або наступного захоплення, проте раптово почувався спустошеним, кидаючи всіх і все, не попрощавшись. Бувало, приходив повеселитися на якусь вечірку, та душа страждала. Мене оточували родичі, друзі, та все одно почувався самотнім.

Пригадав сімейні канікули. Щороку на Різдво ми мандрували на Кариби. Улюбленими островами для нас стали Аруба, Сент-Томас і Багами. Ще у дитинстві дивувало те, що більшість дорослих, чия нога ступала на карибський берег, привозили із собою кислі мармизи. То були нещасні та вічно невдоволені особи. Нарешті їхня персона вирвалася з повсякденної метушні на свободу, прилетіла на дивовижний курорт, де більше не потрібно було забивати голову усілякими турботами, навпаки – настав омріяний час насолодитися життям, розслабитися, їсти, спати, реготати… Невідомо чому, фізіономія майже кожного прибульця викаазувала те, що йому тут не весело. Ще тоді я подумав, що нікчемний вираз облич свідчив про елементарне внутрішнє невдоволення. Напрошувався висновок: якщо Карибські острови не ощасливили їх, то хіба принесуть щастя мені? Такий висновок не влаштовував, тому я вирішив з'ясувати, чому так усе відбувалося.

Щасливі канікули

Улітку двотисячного, коли дітям було по два і три роки, ми запланували перші сімейні канікули у Зовнішніх Мілинах Північної Каліфорнії. Нарешті могли відпустити дітей на пляж і при тому не хапатися щохвилини за серце. Півроку я виношував у голові план відпочинку, передчуваючи щасливі хвилини, якими насолоджуватиметься вся родина. Коли мені псували настрій або він сам кудись зникав, я нагадував собі про грядуще свято – відпустку. Надія та сподівання на щасливі канікули завжди надихали мене.

— Любі друзі, час настав! Сьогодні рушаємо на море! Хо-хо, це наші перші сімейні канікули!

Радість струменіла фонтаном, я почувався, немов водяний вулкан, який от-от вирветься назовні. Приємна метушня, пакування речей, завантаження валіз у машину підносили усім настрій.

— Татусю, а диви, що в мене є! — похвалився дворічний син.

Усмішка розтяглася по його обличчю від вуха до вуха, коли він гордовито продемонстрував новісіньке яскраво-блакитне відро, ще й лопату! Малюк задоволено почимчикував до машини. Їхали до місця призначення годин із шість, але час промайнув непомітно. Я не міг дочекатися!

«Ось і воно. Саме те, що називають щастям», – міркував я. Дивовижна сім'я, чудова робота, чарівна дружина. Ми втілюємо американську мрію. Відпустка заповнить порожнечу в моїй душі та позбавить відчуття невдоволення. Просто ніяк не вдавалося спланувати нормальний відпочинок, тому й бракувало чогось у житті, але тепер ми майже на місці.

Нарешті зупинилися у самому кінці вулиці біля орендованого будиночка. То був розкішний котедж із ґонтовим дахом і виглядом на море. Я опустив вікно і почув звук хвиль, що розбивалися о берег. Легкий бриз наповнив авто. «Боже, яке диво. Саме те, що треба. Ми на місці», – зрадів я і урочисто оголосив:

— А ось і хатинка! Друзі, ми прибули туди, де здійснюються мрії!

Хлопцям кортіло вилізти з машини, вони завовтузилися у своїх кріслах із завзяттям биків на родео. Їхньому тріумфу не було меж.

Ми поспішили до будиночка й розпакували речі. Всі переодяглися в купальний одяг і погнали на пляж. Щоправда, мені довелося зробити дві ходки, аби притягти до моря купу всілякого причандалля: іграшкові бульдозери, рушники, крісла, чтиво тощо. Ми були в захваті від пляжу. Там панували тиша й спокій. Перший день утілив наші мрії в життя. Фортеці з піску, прогулянки босоніж берегом, катання на хвилях, лежачи на дошці, пошуки черепашок заповнили цей день по вінця. Чого ще мені бракувало?

День другий виявився кращим! Ми добре відіспалися, смачно поснідали та запустили програму розваг по другому колу. Після активного відпочинку на пляжі дітлахи солодко спали, а ми з дружиною повсідалися на терасі, милуючись океанськими хвилями.

На третій день моє серце почало хандрити, і я не розумів, чому. Все навколо дратувало. «Та що ж це зі мною таке?» – дивувався. Океан уже не здавався мені таким чарівним, як на початку, пісок не навіював спокій, а відпочинок більше не був безтурботним. Тривога росла, мов на дріжджах.

– Ідея! Нумо грати у міні-гольф, а потім – морозиво! – запропонував усім.

Геніальне рішення швидко заглушило душевний біль. Я нетерпляче очікував нової пригоди й не усвідомлював, що насправді вкотре вовтузився в пастці, в яку втрапляв завжди, коли намагався відволікти увагу від найголовнішого.

Четвертого дня прокинувся у депресії. «Відпустка минає так швидко! Скоро й завершиться. А час сплив!» – насупився, мов хмара.

Перші три дні здавалося, що тиждень – це вічність. Тепер насувався кінець. Фінішна пряма діяла мені на нерви. У голові вже роїлися думоньки. Спостерігав за своїми хлопчиськами, що бавилися на березі. Вони саме споруджували гігантський насип із піску, потім випліплювали з нього старовинний замок із довгими шпилями. Це не завадило їхнім тонюсіньким голосочкам імітували звук тракторів: «Р-р-р-р, м-м-м-м». Я спозирав на них і з радістю, і зі смутком. «Яка надзвичайна мить! – подумав. – Але що буде з цими прекрасними враженнями? Невже пам'ять про захопливу гру синів проісную лише день? Загубиться між тисяч інших спогадів у протрухлявілих архівах свідомості? Чи буде когось цікавити купа сміття, на яке перетвориться наша сім'я, через сто років?»

Хлопці не завершили споруджувати зáмок. Конструкція нагадувала скоріше гору піску, ніж готичну будову. Діти повстромлювали на шпилі своєї споруди по гілячці. Вважалося, що то прапори. Раптом будівничі на мить принишкли. Тоді тихенько подіставали з пляжної сумки бульдозери. «Трах! Бах! Тарабах! Р-р-р! Р-р-р!» – під супровід бойових звуків від замку майже нічого не залишилося. За якихось дві хвилини шедевр місцевого мистецтва було зрівняно з землею. Перед очима знову постав пляж. Споруда зникла й злилася з купою піску.

Таке й наше життя, подумав я. «Чому відпочинок проходить не так, як собі уявляв? Щойно бачив прекрасні моменти свого життя. Чому підкрадається журба?» – Думки не давали мені спокою.

Кожен наступний день ставав усе тяжчим і тяжчим, аж доки ми поїхали геть.

День шостий я просто згаяв. Не хотів нічого робити й не міг дочекатися, коли вже залишимо кляте узбережжя, аби швидше повернутися додому.

Я мав усе, що потрібно для повного щастя, та під час відпустки дещо зрозумів. Життя було не тільки «пусте». Якщо вірити теорії еволюції, воно взагалі спускалося у смітниковий бак. Чого ще я міг досягти або відчути? Все, що мав, включно з дружиною та дітьми, не мало сенсу без вічності, без постійності. «Настане день, і найдорожчі люди зникнуть разом з усіма спогадами», – міркував я. Тримаючи руки на кермі, я поринув у глибокі думи.

«Чому почуваюся так жалюгідно після найкращих канікул у житті?» Парадокс, але я не міг його більше ігнорувати. Вирішив, що нікому не скажу ні слова про свої почуття, це був елементарний сором. Від цього щеміло серце. Колись передчуття нових вражень, процес купівлі, насолода витребеньками гарантували принаймні оманливе й тимчасове відчуття задоволення. Щойно хапав бика за роги, як несподівано почувався спустошено і депресивно. Єдиний вихід – заповнювати порожнечу новішим, більшим, кращим.

Головне – бакалаврат. Головне – магістратура. Головне – розпочати власну справу за спеціальністю. Головне – в'їхати у новий будинок. Головне – добре відпочити. Головне… Такий підхід супроводжував мене дотепер. Однак варіантів «головного» майже не залишилося. Немов у піщаному годиннику, останні піщинки от-от просочаться крізь щілину мого серця, й на його місці залишиться цілковита порожнеча, заповнити яку буде неможливо. У спустошеній душі закінчувався «пісок», і я не міг залатати діру, з якої він сипався. Почувався зрадженим власною парадигмою життя. Адже роками відкладав свято тріумфу на потім, аби сповна насолодитися ним у розквіті сил. Тепер з'ясувалося, я протоптав собі шлях лише для того, щоб побачити не радість, а жахіття. Що іще чекало на мене попереду, чого ще мав прагнути у цьому житті? Куди ще звернутися, щоб знайти відповідь?

Я не міг відверто розмовляти з іншими про метання своєї душі через сором, і це тільки посилювало відчуття марноти, яке складно описати словами. Насіння безнадії повільно пускало свої корінці. Цинізм, журба, нетерплячка, роздратування, відчуття нікчемності стрімко проростали на родючому чорноземі порожнечі, самотності та фаталізму. Збентежений, я страждав на депресію, перебував у мовчазному відчаї. Попивав винце, бо воно певною мірою втихомирювало мізки та заспокоювало душу. Якийсь час я знаходив у ньому втіху. Проте згодом визнав, що піднімати настрій спиртним – дешева фальшивка; алкоголь вивітрювався швидко і не відповідав на злободенні питання.

Американська мрія не дала мені того, чого прагнув насправді. Я не відчував її шарму, через що почувався вкрай знічено. Ззовні моє життя служило наочним посібником із успіху, однак у серці панувала жахлива порожнеча. «Усе життя працював на те, що нарешті маю. Що ж відбувається? Чого ще шукаю? Що зі мною не так?» – я ридав у глибині серця.

Цифрова ілюзія

Коли повернувся додому після грандіозних канікул, я спробував зупинити час, фіксуючи сімейні події на фото і відео. Записував усе підряд. Придбав «Епл», навчився монтувати домашнє відео, створювати ді-віді. Таким чином хотів зберегти свою «фортецю», щоб її раптом не розчавили «бульдозери». Завдяки цифровим носіям, пам'ять про сім'ю залишиться навіки. Коли переглядатиму відео чи фото, сподівався, мене знову і знову сповнюватимуть прекрасні почуття. «Тепер вони нікуди не зникнуть! Я зберіг їх на компі! Ось і вхопив час за бороду!»

Задоволення від накопичення домашніх фото- і відеоархівів тривало років з два, доки не почав їх переглядати.

– Люба, влаштуймо домашній кінозал! – схвильовано запропонував дружині.

– Чудова ідея, – погодилася Рут, – піду покличу дітей.

Усі зібралися біля екрану. Я вставив диск у програвач. Очевидно, найдужче подивитися відео кортіло мені, тож я всівся на підлогу перед телевізором.

Щойно пішли перші кадри, як серце застогнало. «Як швидко виросли діти», – найперше, що подумав. Уже й забув, якими малими вони були. Час летить безповоротно. А куди? Дивлюся на відео – все, мов учора, а минуло два роки!

Вистачило п'ятьох хвилин. Я сидів приголомшений і наляканий, адже задум не вдався. Фотоальбом і домашні відео лише посилили мій біль, демонструючи, як стрімко спливає час. Неспроможність його зупинити або вирвати бодай хвилинку сипала більше солі на рану, ніж раніше. Я остаточно переконався, що серце прагнуло кращого, ніж відтворення спогадів у цифровому форматі. Воно жадало вічності, проте вічність, як стверджував цей приземлений світ, не існувало. Мене накрила депресія. Більше не міг дивитися на екран. Спустився у підвал за пляшкою вина, щоб заглушити біль. Фото і відео більше не цікавили. Простіше жити, не зазираючи у минуле.

Я сидів самотньо на дивані у вітальні й сьорбав винце. Зі стін на мене дивилися портрети членів сім'ї, почеплені сім років тому. Я уважно розглядав ті фото. Ніде правди діти – життя промайне, і нічого з цим не вдієш. Здавалося, я на півдорозі. Очі наповнилися слізьми, коли вдивлявся в картинки сімейного життя, прибиті до стіни. «Що з нами буде? Куди підуть усі спогади?», – запитував себе. Не чекав такого повороту сценарію. Усе мало піти інакше! Як же довів себе до такого стану? Що не так? Я волав у глибині душі.

Дзвін у голові після першої чарчини потихеньку стих, і я поринув у спогади, в надії знайти зачіпку. Я поступово ставав на шлях пошуку істини і з'ясування Діагнозу. Пригадав один дивний випадок, що стався зі мною в молодості. Тоді не чекав такого повороту подій.

Розділ ІІ
ПОДОРОЖ

Один мій товариш зібрався поїхати з друзями у гори, щоб покататися на лижах. Запросив і мене. Це сталося в останній рік мого навчання у старшій школі. Я погодився. Щоправда, не знав однієї деталі: його друзі – віруючі. На лижах – то на лижах, наївно міркував я. Ніщо не віщувало біди, доки не настав вечір. Після тривалого виснажливого дня, проведеного на схилах, ми повернулися до будиночка, розташованого прямісінько в горах. Сніг покрив усю землю і крони дерев.

Я заморився і не міг дочекатися відпочинку. У каміні палахкотіло багаття, яке притягувало, мов магніт. До нього і почалапав. Зручно вмостився у кріслі, зняв рукавиці, взуття. Замерзлі на морозі пальці поколювало, мов голочками. Я простягнув їх до вогню, щоб зігріти. Потихеньку відходив від холоду, ноги витягнув уперед, ближче до розпалених жарин, які, потріскуючи, поширювали тепло по всій кімнаті.

Раптом п'ятеро (кожен мав при собі книгу у шкіряній палітурці) підійшли до мене й оточили з усіх боків. Коли наближалися, я чомусь напружився. Зненацька виник страх, дивний переляк, мороз пройшовся по шкірі, але чому?

Так само почувався і раніше, коли чинив неправильно, коли боявся, що мене от-от застукають на гарячому і виявлять мій гріх. Пригадав суворий голос батька:

– Ґреґу! Ґреґу Едвіне Віман, спускайся!

– Може, не треба, тату? У мене тут важливі справи, – невпевнено відповів, наївно намагаючись уникнути невідворотного.

– Спускайся негайно! – обрубав батько.

На душі потяжчало. У вухах загуділо. «Татусь про все знає», – здогадався з гіркотою на серці.

П'ятисекундний спогад миттєво обірвався, коли у гірському будиночку, мов круки над здобиччю, наді мною нависли тіні п'ятьох книгонош. Серце відчуло приплив адреналіну. «Чому почуваюся, мов злодій, якого застукали? – дивувався. – Я ж нічого поганого не вчинив. Навіть не знаю, хто вони такі».

— Що сталося? — я зіщулився в кріслі, намагаючись приховати змішані почуття.

— У Бога віриш? — поставив запитання в лоб один із красунчиків у той час, як інші дивилися на мене, як барани на нові ворота. Поки я мізкував, що відповісти, якась дівчина, що стояла поруч, конкретизувала:

— Віриш в Ісуса Христа?

Останні слова остаточно збили мене з пантелику, як, власне, і дивна манера спілкування. Я швидко зібрався з думками й зайняв оборонну позицію. Все тіло відчуло напругу. Миттю сповнили неконтрольовані почуття гніву й паніки...

Знову промайнув спогад про схожий внутрішній стан. Шкільний заводіяка спробував пограти мені на нервах: «Ну що, чистоплюйчику, не можеш і здачі дати?» Тоді я вперше побився.

— А чому це вас цікавить? — іронічно посміхнувся, відводячи погляд.

В усіх допитливих був дивакуватий вогник в очах. Від того вогника мені стало якось незатишно. Серцебиття посилилося. Чомусь не міг дивитися в очі химерним співрозмовникам. Я був ладен вийти з кімнати і накивати п'ятами, але втрапив у пастку.

— Ми хочемо дещо тобі розповісти. Перших людей, Адама і Єву, створив Бог. Однак вони згрішили, тому гріх відмежував їх від Творця. Так у світ прийшла смерть. Гріхопадіння вплинуло на всі наступні покоління, включно з нами із тобою. Проте на землю прийшов Ісус Христос, щоб узяти на Себе кару за твої гріхи й вирівняти прірву, що існує між тобою і Богом...

Коли балакуча «сестра» нарешті перевела подих, я скористався моментом і мерщій вставив свої п'ять копійок:

— Що за нісенітниці ви городите? Людина еволюціонувала впродовж мільйонів років. Ви справді вірите у релігійні байки? — я намагався говорити незворушно, проте голос виказував психологічну напругу: — Чхати я хотів і на Адама, і на Єву.

«Невже «народжені згори» справді сприймали усе написане буквально?» — подумав.

— Ісус тебе любить, — пробелькотів ще один блаженний десь із кутка.

Невідомо чому, але остання фраза переповнила чашу мого терпіння. Згадка про Ісуса натиснула на спусковий гачок мого гніву. У жилах закипіла кров, на шкірі виступив піт:

— Невже думаєте, що після вашої розповіді я повірю в легенду про створення людини божеством? Та за вісімнадцять років свого життя ніколи не чув, щоб хтось розповідав такі нісенітниці! Може, ви не знаєте, то інформую: тема моєї курсової — «Люсі, відсутня ланка між людиною та мавпою»! — вигукнув я й обурено рубонув рукою повітря.

Ненароком ногою зачепив найближчий стілець, який ударився о кілька інших, що стояли поряд. На них ніхто не сидів, тому гуркіт був жахливий. Насуплений, мов хмара, я підвівся й посунув геть.

— Ґреґу, що сталося? — здивувався однокурсник, що сидів з протилежного боку від виходу, до якого я, власне, і прямував.

Підійшов до нього, зупинився й прошипів крізь зуби:

— Стули пельку! Просто замовкни! — відчинив ногою двері й опинився надворі, якнайдалі від неадекватних фанатиків.

Того ж вечора благочестивці наважилися підійти до мене вдруге. Тепер заговорили лагідніше. Спробували надати мені якісь факти, що підтверджували їхні переконання. Щоправда, усі «докази» вони наколупали в Біблії. Я навіть не глянув у їхній бік. Ігнорував отих навіжених до кінця подорожі.

Після повернення додому серце не залишала тривога. Якісь невідомі особи наважилися поставити під сумнів усю мою парадигму життя. Моєму обуренню не було меж! Втішало те, що релігійний фанатизм — ознака неадекватності. «Якщо людина — результат творення Божого, а не еволюції, цього неодмінно навчали б усіх у школі. Натомість нам викладали курс із теорії еволюції. Ніхто навіть словом не прохопився про творення. Зі мною-то все гаразд», — утішив себе. Найбільше переконував факт, що у навчальному закладі про Бога ніхто не розповідав.

Нутром відчував, що не все було так однозначно, як здавалося на перший погляд. «Чому ця тема мені допікала? Так, я мав свої переконання. Але чому почувався так, як у дитинстві, коли дошкуляв батькам?» — не давав собі спокою, коли повертався автобусом додому. Я байдуже дивився у вікно, аби не мати справу з отими набожними. Мандрівка пішла коту під хвіст.

Удома радісно зустріли батьки. Я ж почувався прибитим і збентеженим. Коли розповів про віруючих у хатині, мої долоні вкрилися потом від хвилювання. Батьки заспокоїли та запевнили, що не варто брати дурного в голову:

– Не хвилюйся, синку. Махни на них рукою. З тобою все гаразд.

Наступного ранку я забув про Бога. Викреслив Його зі свого життя надовго. У цьому не було нічого дивного, адже до інциденту в горах майже ніколи не чув про віру.

Сидів на дивані й думав. Я поринув у давнішні спогади, у самий початок. Аналізуючи епізоди життя, раптом помітив, що найбільше мене зачіпали ті події, що прямо стосувалися Бога.

Дитинство

Я народився 1967 року в містечку Вілмінгтон штату Делавер. Ріс єдиною дитиною в благополучній сім'ї, що не надавала значення релігії. Батьки мали якесь уявлення про Бога, та мені дали цілковиту свободу самостійно вирішувати, у що вірити. Свого часу вони побачили достатньо лицемірства серед набожних, тому не плекали особливих почуттів до церкви. Тож не було нічого дивного в тому, що я ріс і не думав, ані чув про Бога чи потойбічне. До храму ми не ходили, над біблійними уривками не розмірковували, про Ісуса Христа не говорили. Бог здавався мені якимось абстрактним, далеким, неосяжним, узагалі неактуальним для сучасної людини. Світ навколо тільки підтверджував таке уявлення про дійсність.

Єдині асоціації з Богом викликала бабуся по матері. Її віра навіювала темні думки про загробне і не клеїлася з веселим сьогоденням. На свята старенька урочисто виголошувала молитву «Отче наш, що єси на небесах», але що вона мала на увазі? Бог їсть на небесах? Нащо Йому взагалі їсти, якщо Він Бог? Я не міг второпати ні слова з тієї молитви.

У бабусиному домі була Біблія. Кілька разів я гортав її, але так і не збагнув, про що там ішлося. Час від часу слова на зразок «Господь» коливали повітря, але я не розумів і того. Коли бешкетував, стара грозилася: «Милостивий Господь все одно тебе покарає!» Не пам'ятаю, щоб ходив до церкви. Вважав, що нормальні люди не ходять до церкви, бо саме це бачив навколо. Хоча бабця ходила завжди. Ми ж у неділю вранці сиділи собі вдома.

Коли мені виповнилося одинадцять, світ почав активно впливати на мій світогляд. На уроці літератури нам дали завдання написати про те, яким бачимо своє майбутнє. Я настрочив таке:

Сподіваюся, у мене буде класний будинок серед красивої природи. Я одружуся, у мене будуть діти. Матиму багато грошей. Коли назбираю нормальну суму, то якусь частину пожертвую на доброчинність, роздам бідним. Загалом планую мати успішне життя, справи ітимуть добре. Коли піду на пенсію, переїду до Флориди. Житиму там до кінця своїх днів. Хочу помандрувати трохи світом, побачити, як живуть люди різних культур, як заробляють на життя. А померти хочу від старості, а не від якоїсь хвороби. Страждати не хочу. Життя має переважно скластися так, як я його собі уявляю. Переді мною прекрасне, приємне і щасливе життя.

У мене було щасливе дитинство, багато друзів, прекрасний будинок, чудові батьки, я жив «американською мрією». За винятком моєї бабусі та кількох поодиноких випадків, у всьому, що я чув, бачив і за чим спостерігав, Бога не існувало. Різдво означало свято Санти Клауса і подарунків. Великдень – нагоду отримати цукерочки та оригінальні пасхальні яйця.

Старші класи

Закінчив старшу школу у вісімнадцятирічному віці, 1985-го року. Серед моїх друзів був один єврей, але про релігію ніколи з ними не розмовляв. Не пам'ятаю, щоб тема віри чи Бога коли-небудь з'являлася на обрії моїх шкільних років, за винятком тієї мандрівки в гори, куди я подався, щоб покататися на лижах. Ми серйозно навчалися, нормально веселилися, жили собі, як люди. У школі про Бога ніхто не думав, адже Він не стосувався навчальної програми або пустих балачок на перервах.

Деякі знайомі ходили до церкви. Та вони ніколи не говорили про Ісуса Христа чи Біблію. У школі я не бачив, щоб хоч хтось читав або тримав у руках Біблію. Якщо Ісус відігравав якусь роль у житті окремих віруючих студентів, то у стінах навчального закладу жоден із них не згадував про Нього, не вів відкритих публічних дискусій з богословських питань. Зазвичай віруючі просто «ходили до церкви», хоча деякі перейшли до нас із приватних християнських шкіл. Наскільки пам'ятаю, не було жодної різниці між життям парафіян і основної маси студентів. Зв'язку між церквою та реальним світом я не бачив. Те, про що віруючі говорили за зачиненими дверима, ніколи не виходило за межі їхнього гуртка. Вони не демонстрували той тип поведінки, який навіть світські люди очікують від осіб, котрі вірять у високоморального Бога, хоч би ким Він був.

Під час літніх канікул я кілька разів відвідав так звані християнські табори, проте і там не було ні релігії, ні дискусій про Бога. У таборі ніколи не говорили про Ісуса Христа. У неділю проводили звичайне богослужіння, від якого нудило всіх. Учасники табору не могли дочекатися, доки воно нарешті завершиться. Нецензурна лексика, алкоголь, цигарки, таємні сексуальні зв'язки – усім цим рясніли оті табори.

Коледж

Згодом я вступив до коледжу при Пенсильванському університеті, та після першого семестру перевівся до Делаверського інституту, ближче до дому. Мені було емоційно тяжко через раптові радикальні зміни в житті. Тоді я цього не усвідомлював, але у дорослому віці зрозумів, що мав певні психологічні труднощі через відокремлення від звичного середовища. З перших днів мого навчання в університеті мене постійно сповнювали почуття тривоги, страху, прогресувала депресія. Нерви були, мов натягнуті струни, на серці щеміло, я не міг пояснити, чому.

Клітинно-молекулярна біологія

Удома обстановка для навчання виявилася значно сприятливішою. Профільним предметом я обрав біологію, планував продовжити навчання в медуніверситеті. Незважаючи на непростий перехідний період, не впускав Бога у своє життя.

На третьому курсі вперше замислився про потойбічне. Нам викладали клітинно-молекулярну біологію, я саме вивчав примітивні методи регуляції гена ДНК у бактерії.

Уважно слухаючи професора, який ґрунтовно висвітлював тему, я мусив визнати: «Впорядкована структура і шляхи регуляції гена вказують на геніальний задум Творця!» Після докладного аналізу лекції я тільки утвердився у своєму висновку: «Існує безліч взаємозалежних частинок, що не можуть функціонувати без інших. Якщо відсутня хоча б одна – краху зазнає вся система. Як після цього вірити в еволюцію?» Адже прихильники теорії Дарвіна вважали, що зміни в організмах відбувалися самі собою, поступово, упродовж мільйонів років, унаслідок мутацій, спричинених природою через пристосування до навколишнього середовища і фактор «корисності» довкіллю. Натомість я бачив складну інтегровану систему, що жодним чином не могла виникнути за принципом поступового формування внаслідок еволюції.

Те, що ДНК містить дані, ставило ще більше запитань до теорії Дарвіна. Яким чином інформацію закодовано в наші гени? Вона кодується «сама собою», через «збіг обставин» або внаслідок «мільйонів років»? «Коли бачу перед собою книгу, то розумію, що хтось її написав. Як розглядаю годинник, певна річ, – хтось його змайстрував», – міркував я. Логіка не давала мені спокою. Серце вказувало на те, що існував фактор творення, розумний задум, який лежав у основі буття. У такому разі, все, чого нас навчали, опираючись на теорію еволюції, було вигадкою людства. Невже нам справді пудрять мізки? Однак розум не поспішав підтримувати інтуїцію: «Такого просто не може бути», – казав собі.

Внаслідок неупереджених спостережень я дійшов висновку, що Бог може справді існувати у якійсь абстрактній реалії. Мабуть, Він запустив механізм життя, потім дозволив еволюції взяти гору, коригуючи процес розвитку... Та щойно припустив імовірність існування Бога, як згадав отих психів із лижами! Зупинився на тому, що Бога неможливо пізнати, бо Він не особистість і не бере участь у житті сучасного суспільства чи повсякденній діяльності людини, як вважають релігійні фанатики. Якщо моя позиція хибна, то вчителі, батьки, телеведучі чи бодай хто-небудь неодмінно запевнили б мене у протилежному. Тривога та депресія не залишали мене, однак я швидко поховав суперечливі думки через страх перед можливими висновками.

Церква дівчини

Одного разу, коли ще навчався в університеті, я пішов до церкви зі своєю дівчиною та її батьками. Почувався, як біла ворона. Мені одразу захотілося накивати звідти п'ятами, як це було в компанії гірськолижників. Дивувало: звідки присутні знають, коли починати піснеспіви, а коли казати «Амінь». Я пішов за компанію, бо до церкви подалася моя красуля, тому й просидів там до кінця служби. Учинок був правильний, адже я з повагою ставився до неї та її батьків. Однак, перебуваючи у церкві, помітив, що діти не витримували довжелезної церемонії, крутилися, мов дзиги, на сидіннях. Одні, немов мученики, витріщилися на стелю, нетерпляче похитувалися туди-сюди, інші куняли, хтось жував гумку потайки від батьків. Монотонне бормотіння пастора не цікавило нікого. Мені одразу полегшало на серці.

Волохатий із хрестом

Одного дня на алеї студентського містечка з'явилася особа із довгим розпатланим волоссям. Чоловік стояв прямо на доріжці, що вела до нашої аудиторії. Його борода, довжелезна, коричнево-сіруватого відтінку, одразу кидалася у вічі – брудна, з якимись шнурками, зав'язаними на вузлики й вплетеними у волосся. На плечі він тримав величезного дерев'яного хреста. Волохатий різко повертав голову то туди, то сюди, й витріщався на натовп студентів, що сунув на лекцію. Прибулець щось настирливо віщав, надриваючи голосові зв'язки: «Покайтеся! Дозвольте Ісусу врятувати вас від гріхів і пекла! Університетська освіта – ніщо без Ісуса Христа! Вас обманюють! Цей світ не дасть вам нічого, що потрібно для спасіння душі. Покайтеся!» Відчайдуха не слухав ніхто. Ексцентричний глашатай створював враження психічно неврівноваженої особи. Здається, охорона університету вивела його тоді за територію.

Наше містечко

На останньому курсі я записався в театральний гурток. Драматургія була одним із предметів на вибір, і я з неабияким задоволенням відвідував заняття. Керівник дала нам завдання: подивитися професійну виставу в місцевому театрі. Так сталося, що я пішов один. Того вечора показували саме ту п'єсу, про яку я розповідав на початку, – «Наше містечко» за Торнтоном Вайлдером. Головна героїня, Емілі Ґіббс у молодому віці помирає під час пологів. Бог дозволяє їй повернутися на цей світ і побачити, як вона прожила свої роки. Емілі усвідомлює жах утрачених можливостей і приземленого життя, адже тепер бачить усе інакше.

Уперше в житті вона усвідомлює, що люди по вуха погрузли в рутині, роботі, пустій суєті, й уже не дивляться в очі своїм ближнім, не насолоджуються присутністю дорогих серцю людей. Емілі прагне побачити свою сім'ю, зупинити час бодай на мить, аби ухопити цінні миттєвості, щоб насолодитися ними, але тепер це неможливо.

Емілі ридає, спостерігаючи за тим, як життя та його сенс тануть щохвилини у морі відволікань. Усвідомлює, що не цінувала важливі моменти. «Люди не знають, що живі, доки не помруть, – міркує Емілі, – і сприймають дар життя як належне, доки не втрачають його».

Вистава зворушила мене до глибини душі. Я усвідомив, що прожив у своєму «містечку» все життя й сам про це не здогадувався. Очі сповнилися слізьми. Я не міг у це повірити. «Друже, ти що, розум втратив?! – докоряв собі. – Ти ж не плаксій, припини негайно!» Я намагався триматися. «Життя може бути іншим? Емілі Гіббс говорить про мене?» Щось указувало на те, що мій світ котився не туди. На жаль, глибокі враження швидко вивітрилися у бурхливому студентському житті.

Студентське життя

Двоє моїх сусідів по кімнаті постійно ходили до церкви, та ми не спілкувалися на релігійні теми. Наші стосунки були досить щирими й відвертими, проте я блокував будь-які спроби товаришів порушувати делікатну тему. Бог відігравав важливу роль у їхньому житті, але я цього не розумів. Вони намагалися не напирати, за що я їм вдячний дотепер. Узагалі, мені було байдуже до їхньої церкви. Адже по неділях більшість студентів відходила від нічних посиденьок. У мене буяло своє життя, я любив повеселитися, водночас готувався до вступу на магістратуру в медичний університет.

Якось нам викладали курс «Філософія релігії». Ми вивчали біографію та праці різноманітних філософів і релігійних діячів, однак не говорили про Ісуса Христа чи Біблію. Нас запевнили, що людина сама собі створила усілякі теорії про божество для того, щоб якимось чином пояснювати болючі реалії буття. Нас переконували, що концепція «бога» – це винахід людини з метою послабити страждання через смерть, хвороби й трагедії. Нас схиляли до думки, що не існувало єдиного правильного тлумачення терміну «Бог», тому потрібно поважати всі релігії, хай би якими вони були.

Студентське літо я зазвичай проводив на пляжі. Підпрацьовував рятівником і навіть крутив дискотеки. Веселився й гуляв на повну, попивав спиртне, бігав за дівчатами, мав якусь копійчину. У центрі галактики було «я», хоча навчалося воно добре. Закінчив інститут із відзнакою. Досягнув наступної мети і 1980 року вступив до медуніверситету.

Медичний університет

Перші три роки у вищому медичному навчальному закладі витиснули з мого життя колишні розваги, до яких майже звик. Я з головою занурився у літературу, читав книги і вдень, і вночі сім днів на тиждень. Досягнув відмінних результатів. Розвинув навички швидкого читання, натренував пам'ять і ковтав книги томами. Серед випускників набрав найвищу кількість балів.

Якось вивчав будову людського тіла та його функції. Факти, що з'ясовував, вражали й захоплювали, однак не викликали думок про Бога, бо тоді я вже мислив як типовий еволюціоніст. Хоч медицина цілковито пов'язана з тілом людини, ні в підручниках, ні на лекціях жодного разу не згадували про Бога чи концепцію творення. Якщо Бог відігравав якусь роль у людському тілі, то, мабуть, перебував в одному місці, жартував тоді я. Відсутність духовного впливу на моє життя впродовж років викарбувала цілі «гравюри» депресії на моєму серці з такою силою та впливом, про які я тоді не підозрював.

Пам'ятаю практичне заняття, на якому спостерігали за розтином мозку якогось покійника. Мені дозволили взяти в руки справжній мозок людини. Я тримав його у долонях уперше в житті, розмірковуючи: «Ось мої пальці обхопили сіру речовину, у якому ще недавно пульсувало життя, у звивинах зберігалася пам'ять про сім'ю, про всілякі враження. Куди вони поділися? Куди зникли? Яким чином купа желатинової маси могла любити, відчувати, проявляти емоції?» Я усвідомив, що в моєму черепі така ж сама сіра речовина. Мій мозок точнісінько такий самий, як м'ясиво, що тримав у руках. Це вже зачепило особисте. Куди зникнуть мої спогади? Невже вони – лише нервові синапси, набір хімічних сполук? Аж морозом пройняло. Такі думки напружували мій розум, однак відповіді не було. Коли помру, моя любов до дружини та дітей згниє в землі? Таким буде кінець, що на мене чекає? Щось не сходилося докупи. Серце стиснулося, шлунок скрутило. Така реакція виникала щоразу, коли приходив на практичні заняття. Коли вони завершилися, я полегшено зітхнув.

Мій час цілком поглинуло навчання. Я ні з ким не зустрічався й заповнив увесь ефір академічною діяльністю, якій не було кінця й краю. Попередньо розлучився з дівчиною, тому почувався самотньо. Незважаючи на це, Бог – найостанніший, про кого міг думати у той час. Ніщо з побаченого або пережитого у мої двадцять чотири роки не вказувало на необхідність вірити в Бога чи хоча б прагнути цього.

Ще раз сьорбнув вина і далі помандрував спогадами. Раніше не прокручував життя у зворотному напрямку, наче стару відеокасету.

Шлюб

Мою майбутню дружину звали Рут. Ми познайомилися на третьому курсі в медуніверcі. Одружилися десь через рік, у 1993-му. Вінчання відбулося в церкві. Ми навіть двічі зустрілися з пастором для «дошлюбних консультацій». Служитель виявився люб'язною людиною. Церква склала враження закладу, в якому кожен отримував корисні поради для життя. Священика не цікавили мої стосунки з Богом чи їхня відсутність. Це тільки посилило моє переконання в тому, що Бог не відігравав суттєвої ролі у повсякденних реаліях. Нареченій я цього не казав, але не міг дочекатися, коли пастор нарешті змінить тему й почне проповідувати про Ісуса. Не дочекався. Фантастика! Якщо Ісус справді живий і Його можливо пізнати, якщо відігравав критичну роль у житті людини, про що заявляли фанатики із лижами в руках, чому пастор навіть не заїкнувся про це? Адже, судячи з моїх коментарів на дошлюбній консультації, і коту було зрозуміло, що прийшов невіруючий. Церковник тільки утвердив мій безбожний світогляд.

Розпочалася однорічна практика у шпиталі Університету Пенсильванії. Весь мій час з'їдала робота, робота і ще раз робота – цілий рік. Я постійно мав справу з пацієнтами, які покидали цей світ, та чомусь серед лікарів і медсестер думок чи дискусій про Бога або життя після смерті не виникало. Смерть – і в Африці смерть, тим більше, в шпиталі.

На той час усі мої асоціації з Богом були негативними. Навіть пастор не спромігся поговорити зі мною про Бога. Справи йшли добре, я просувався сходинками вгору, будував успішну кар'єру. І дружина, і діти були дивовижні. Батьки пишалися своїм хлопчиком, життя буяло. Суспільство не прагнуло Бога, не посилало мені жодних сигналів про те, що Він існує і живий. Вища освіта сформувала у моїй свідомості тверде переконання, що істини не існує, а поняття «абсолютна правда» відносне і залежить від системи вірувань людини.

1994 року я навчався на стаціонарі Медичного центру університету Дюк, відділення дерматології. Три роки тяжко працював, віддаючись на всі сто профільному предмету та сім'ї. Дружина працювала у фармацевтиці. Усе йшло, як по маслу. Сучасна парадигма життя вимагала від нас успіху й максимального добробуту. На неї ми, власне, і скерували свою енергію.

У той час ми перебралися до Апексу в Північній Кароліні, купили дім. Рут виховували у «християнській» традиції, та вона забула про церкву одразу після заміжжя. Кілька разів намагалася затягти мене у якийсь храм на Різдво Христове і Великдень, але я впирався. Насправді її не дуже цікавили духовні питання. Рут просто не могла уявити життя без ходіння до церкви хоча б раз чи двічі на рік на свята. Я достатньо надивився на церковників, які ходили до храмів заради релігійності. А релігійність була для мене пустим звуком. Тому вважав, що існували корисніші для людини справи у неділю – нормально виспатися, відійти від похмілля, пробігтися, покататися на велосипеді.

Якось Рут запросила одна знайома до церкви, і вона пішла. Я залишився вдома. Наступного тижня дружині зателефонувала інша жіночка, з якою вона познайомилася на богослужінні. Їй закортіло прийти до нас у гості. Вони пішли на прогулянку, і гостя заговорила про Ісуса Христа. Рут почувалася не в своїй тарілці, тому при першій нагоді повернулася додому. «Я ж казав тобі, що там кодло фанатиків», – буркнув я. Після цього у Рут відпало бажання ходити до церкви.

1997-го я закінчив університет Дюка і продовжив працювати на кафедрі науковим співробітником і практичним хірургом з раку шкіри. За рік разом зі своїм наставником відкрив приватну клініку у містечку Кері в Північній Кароліні. Цей проект вимагав титанічної праці та допомагав успішно «відволікатися». Я став добре відгодованим мешканцем свого «містечка». Того ж року народився наш перший син.

Острів Марко

Коли хлопцю виповнився рік, ми рушили у мандрівку до штату Флорида, на острів Марко, де проживали батьки Рут. Вони були християнами й хотіли, щоб дитя охрестили.

– Люба, а навіщо немовляті хрещення? – не міг збагнути я.

— Не знаю. Кажуть, якщо дитя не охрестити змалку, а воно раптом помре, то не потрапить у рай, — відповіла дружина з певним сумнівом.

Я вибухнув гнівом:

— Це ж абсурд! Притиснути б цього пастора до стінки і поставити кілька запитань! — я стиснув щелепи, бо знав, що мене накривають не найсвітліші емоції. — Ніхто не посміє вказувати, що робити з моїм сином!

Я весь кипів, очікуючи гарячої суперечки. Пастор наперед мені не подобався. Не встиг із людиною познайомитися, а вона вже дратувала мене через релігію. Знову сповнили ті ж почуття, що й у хатині на клятій лижній горі. Гнів, страх, непевність, безпорадність, нестача самовладання — все це з'їдало мене зсередини. Тільки цікаво: чому хвилююся і чому ніяковію щоразу, коли маю справу з християнством?

Ми прибули до Флориди й наступного дня зустрілися зі служителем церкви, яку відвідували тесть і теща. Увесь ранок перед зустріччю я був, як на голках. Пастор сидів у кутку кафе за круглим столиком, час від часу попиваючи з філіжанки щойно змелену каву. Вразило те, що слуга Божий виявився неймовірно приємною людиною і зустрів нас щирою усмішкою та миролюбним настроєм.

— Ми хочемо з'ясувати дещо про хрещення дитини, — одразу перейшов я до справи.

На превеликий подив, пастор спокійно пояснив, що хрещення нашого сина в такому ранньому віці зовсім не обов'язкове. До того ж, воно, в будь-якому разі, не може бути запорукою спасіння душі. Чоловік вів розмову аргументовано, пояснив, що віра в те, що завдяки хрещенню людина потрапляє в рай, хоч і популярна, проте некоректна з біблійної точки зору. Зрозуміти бажання батьків охрестити дитину можна хіба що як публічну демонстрацію їхнього рішення виростити її в християнському дусі. Він порадив нам не хрестити хлопчика, якщо самі не розібралися з фундаментальними доктринами християнства. Я відчув певне полегшення й розслабився. Такої тверезої відповіді від релігійника, відверто кажучи, не сподівався.

Захотів запитати цього чоловіка про те, що давно не давало спокою. Він тихенько посьорбував свою каву, сидячи напроти.

— Мільйони людей на планеті не вірять в Ісуса Христа. Що буде з ними? — запитання пролунало з певним відтінком іронії. — Вважаєте, що всі помиляються, а ви — ні? Людство приречене піти в пекло?

Я витримав паузу задля більшого ефекту, а потім упевнено додав:

— Як на мене, то люблячий Бог не може звинувачувати людей, які не вірять у християнську доктрину. Кожен по-своєму правий. Так вважає сучасне суспільство. Зрештою, хіба не живемо у вік толерантності? — Я оперся об спинку крісла, впевнений, що посадив співрозмовника в калюжу.

Пастор тепло подивився на мене, обхопив рукою сиву бороду і відповів:

— Ісус — єдиний шлях до Царства Божого, бо Він єдиний має божественну природу. Бог утілив Себе в Його особі. А заплатити весь борг за гріхи всіх людей може тільки Бог. Інші релігії не мають справжнього спасителя, ані відповіді на проблему гріха. Ви, мабуть, не здогадуєтеся, що існують тисячі місіонерів у кожній країні світу. Через Ісуса Христа Бог рятує тисячі душ по всьому світу щодня.

Після цих слів пастор подивився мені в очі:

— Чому ви так засмутилися через те, що існує тільки один шлях? Адже це логічно — радіти з того, що спасіння, слава Богу, взагалі існує, що є спосіб, яким людина гарантовано потрапляє в Царство Боже, і що рай реальний, чи не так?

На мить я утратив дар мови і зніяковів. Ніколи не розглядав це питання під таким кутом. Як і більшість людей, я боявся смерті. А коли питання стосувалося потойбічного, теорія еволюції була безпорадна.

— Гаразд. Дякую, сер, за ваш час, — зробив вигляд, ніби поспішаю.

Я хотів накивати п'ятами з того кафе, сам не знав, чому. Мене сповнювали почуття тривоги, роздратування й навіть паніки, які не міг пояснити. Ті переживання були мені добре знайомі. «Ґреґу Едвіне Віман, спускайся. Негайно!» — чулося відлуння батькових слів із дитинства. Розумів одне: якщо вчасно драпону, то уникну сорому. Нема священика — нема проблеми. Хух!

Не встиг оклигати після розмови з пастором, як тесть повідомив, що два члени його церкви зайдуть у гості побалакати. І зайдуть скоро. «Цього нам не вистачало», — подумав. За годину почув стукіт. Я сидів у вітальні, звідки бачив вхідні двері. Вони відчинилися, і на порозі з'явилися чоловік із жінкою, віком біля шістдесяти. Несподівано на рівні інтуїції я усвідомив важливість цієї зустрічі. Здавалося, ніби разом із відвідувачами до кімнати увійшов хтось невидимий. Відчувалася присутність надприродного, я не міг пояснити цього дивного явища словами. «Чому виникло це відчуття? Що відбувається? – не давав собі спокою. – Чому кімнату наповнив неймовірний мир? Адже налаштувався на протилежне, мав би дратуватися цієї хвилини й сидіти похнюпившись».

Взагалі, я ніколи не відчував цілковитого спокою в душі, хіба що після склянки спиртного. Тому збентежився. Інтрига робила своє. Відчуття дивного миру огорнуло мене буквально за кілька секунд. Ніхто і не здогадувався, що коїлося тоді в моїй душі. Ми сіли поруч на біленькому диванчику, типовому для дизайнерських смаків Флориди.

– Ми хочемо розповісти вам про Ісуса Христа, – прямо, але ввічливо розпочали розмову гості.

– Слухаємо вас, – відповіла Рут. В іншій ситуації я неодмінно штурхнув би її ліктем, але тепер це помітили б усі, тож я просто стерпів.

Вони пояснили, що означає слово «євангелія» – «добра новина», Божий план спасіння людства від гріха. Розповідь тривала близько п'ятнадцяти хвилин, я слухав уважно. Ідея полягала в тому, що Ісус помер за мої гріхи. Гості сказали, що Він прийшов, щоб відтерпіти кару замість мене. Якщо довірюся Христу й відвернуся від своїх гріхів, то Бог пробачить мені й подарує життя вічне. Все звучало ось так просто! Мене вразило те, що Євангелія таки мала сенс. Добра новина чимось приваблювала, проте здавалася мені надто синтетичною й надто позитивною для того, щоб претендувати на істину. Відвідувачі натякнули на те, що без Ісуса Христа у мене проблеми. Добре, що не лякали пеклом. Я замислився: «Чому за тридцять років життя ніколи про це не чув, за винятком наїзду лижників? Хоч раз люди мали б обмовитися десь про Євангелію, якби вона справді давала відповіді на ключові питання буття. Якщо проаналізувати мій стиль і рівень життя, то все свідчило про порядок. Чому в мене мають бути проблеми?»

Мозок жонглював то одними, то іншими думками. Серце ледь не вискакувало з грудей. Знову прийшло відчуття дискомфорту й роздратування. Я згадав американські гірки – вас піднімають на найвищу точку, з якої за кілька секунд, сидячи в кабіні, доведеться кулею падати вниз. Я вислухав гостей, намагаючись не вступати в дебати. Ми подякували їм, і вони пішли. Мабуть, розуміли, що я навмисне уникав запитань. Я почувався налякано, немов на вершечку отих американських гірок, з яких от-от почнеться падіння. Не знав, що там внизу, і не хотів знати.

Коли подружжя пішло, я все ще відчував отой дивний мир, всупереч хвилюванню. Непокоїло зіткнення з надприродним, адже я не міг пояснити свій стан розумом. «Мабуть, не варто розповідати про це Рут. Ще подумає, що божеволію», – вирішив для себе. Розповідь гостей не давала мені спокою. Уперше в житті виникло бажання почитати Біблію, хоча раніше вважав, ніби це найостанніше, що може цікавити нормальну людину на цій землі. Здавалося, моє серце дивовижним чином змінюється, стає м'якшим, спокійнішим. «Що за чудасія? Я ж не можу отак прокинутися одного ранку й відкрити Біблію. Люди засміють!» – Справді, Святе Письмо не вписувалося в те, ким я був усе життя.

За три дні ми вдома нарешті повернулися додому. Я весь час думав про візит гостей. «Якщо вони мали слушність, то все, що я знаю про життя, як його розумію і сприймаю, – омана, – міркував. – Дивно». Коли ввечері полягали спати, я запитав Рут:

– Як вважаєш, нам потрібно читати Біблію?

Тим часом сказав собі подумки: «Друже, не вірю, що твій язик таке бовкнув».

Відповідь дружини приємно здивувала:

– Так. Завтра ж куплю Біблію. Коли хочеш, можемо читати разом щовечора перед сном.

Наступного дня сталося так, як гадалося. Рут повернулася додому з новою Біблією. Я полегшено зітхнув, бо не хотів показувати свого носа у книгарні, щоб усі побачили, який твір світової літератури почав читати доктор Віман. Мені було просто соромно ходити зі Святим Письмом у руках.

Читати Біблію ми почали впевнено, й читання тривало аж три дні поспіль – по розділу щовечора. На третій день прочитали про Адама з Євою й так зване «гріхопадіння», коли вони згрішили проти Бога. Це вже занадто, подумав я. Не витримав:

– Рут, це безглуздя. Я людина академічного рівня й успішний медик-практик. Одинадцять років вивчав тіло людини. Не буває такого, щоб нас зліпили з нічого. Може, це типовий міф із глибоким і прихованим філософським змістом, щоб навчити нас якихось істин, але в жодному разі не текст, який потрібно сприймати буквально!

Жінка погодилася, й на тому наше читання Біблії припинилося. Я знову роздратувався, знову розчарувався, тільки не розумів кореня проблеми. Непокоїло почуття люті, яка посилювалася, щойно усвідомлював, яким гидким був мій внутрішній стан!

Наступної ночі, коли увійшов до кімнати, Рут уже спала. Я тихенько заліз під ковдру, обкутався – виглядала тільки голова – аж перед носом помітив Біблію, що лежала на тумбі. Хтось подумає, ніби це химерно, але мені здалося, що книга витріщилася на мене й не відводила погляду. Її безглузді сюжети не виходили в мене з голови. Наступне, що пам'ятаю: моя рука потяглася до книги, і я став її читати далі. «Чому тягне до релігійних байок?» – дивувався, укотре сповнюючись гнівом. Ще більше дратувало те, що про Адама та Єву писалося як про справжніх людей, а не про казкових героїв. У них, виявляється, були діти, далі за текстом наводився цілий родовід. З'ясувалося, що середній вік людей на землі становив кількасот років! Я реготав подумки: «Звісно! Хіба могло бути інакше? Кожен жив по тисячі років, а крокодили літали, тільки низько-низько, над самою землею!»

Наступні три вечори я ще читав. Останньою краплею переповненої чаші мого терпіння стала історія про Ноїв ковчег. «Досить. Я достатньо начитався цих нісенітниць», – процідив крізь зуби. З почуттям огиди жбурнув Біблію геть і почув, як вона гупнула об паркет.

Дружина давно заснула, проте раптовий шум її розбудив:

– Що сталося? – запитала спросоння.

– Біблія впала. Там самі нісенітниці. Який тупак буде в них вірити? Звичайнісінькі люди, які жили казна-коли, понавигадували байок, а тепер забивають мені мізки, – роздратовано пояснив.

– Зрозуміло. Тільки чому ти такий злий? Заспокойся, лягай спати, – у словах дружини була певна логіка.

– Не хочу! – обрубав я, стукнувши кулаком по ліжку. Почувався так само, як після першої бійки у школі, коли спускався сходами до батька, щоб вислухати його мораль.

Я витріщився на дружину й затято правив своє:

– Людина, в якої всі клепки на місці, яка живе у 1998 році, беззаперечно погодиться: ці історії нереальні. На моєму боці – докази. На їхньому – дірка від бублика. Дурні, та й годі! Зі мною – наука, з ними – сліпа віра!

Очевидно, сонна Рут не мала ентузіазму розвивати мій словесний потік. Вона лиш похитала головою й спробувала заспокоїти:

– Просто лягай спати і викинь зайве з голови. Я теж втомилася.

Дружина повернулася на інший бік і скоро заснула. Інакше було зі мною. Я не знаходив собі місця ще з півгодини, перш ніж дав хропака.

Церква

Наступної неділі завітав сусід і почав тиснути, щоб я сходив до церкви:

– Церква тобі на добро. Зустрінеш людей, матимеш нові контакти, – запевнив.

– Навряд. Вона не для мене, – відповів я.

Того ж дня пізніше Рут повідомила, що хоче перевірити одну церкву за рекомендацією подруги. Громада належала до тієї ж конфесії, у якій виросла моя дружина. Гаразд, я не заперечував. Розумів, що гірше не буде.

Дорогою до церкви поринув у роздуми й багато не говорив. За поріг храму ступив гордо й скептично. «Що за зборище нещасних, – міркував я. – Самі чоловіки чого тільки варті! Повмощувалися на кріслах, мов жіночки. А жіночки теж цікавенькі – поодягали квітчасті плаття, мов з інкубатора минулого століття, аж очі ріже. Як же нудить від отих нещирих усмішок і синтетичного сміху!» – ледь витримував.

Коли увійшли, служба щойно почалася. Зала була розділена на три секції м'яких крісел, у кожній десь по п'ятнадцять рядів, попереду – сцена. Усі стояли й співали. Я ненавидів співи за стінами церкви, що казати про спів усередині. Озирнувся. Навколо люди попіднімали руки вгору, позакривали очі. «Дивацтву немає меж», – шепнув на вухо дружині. Ми ледве витримали оте богослужіння і при першій нагоді накивали звідти п'ятами. Усе, що стосувалося релігії в нашому житті, закінчилося саме тоді й саме там. Більше ніякого читання Святого Письма, жодних церков і роздумів про безглузді казочки. Обоє вирішили, що з релігією в нашій сім'ї покінчено. На душі полегшало.

Я не сумнівався, що вчинив правильно. Такої кількості диваків, зібраних в одному храмі, ще не бачив. В екстазі вони слухали байки про дива Господні. Цілий натовп поводився так, ніби Царство Боже вже настало. З мене було досить. Знав, що адекватність на моєму боці. Врешті-решт, я лікар, науковець, інтелектуал, закінчив з відзнакою навчання, поставив не один діагноз – кому, як не мені, краще знати про проблеми буття, вже точно не цій отарі баранів.

Я не міг ходити до церкви, щоб прикидатися добрячком або через стереотип порядності, що склався в суспільстві. Відмовлявся відвідувати її заради знайомства з цікавими людьми, встановлення ділових контактів, хоча деякі особи таки вмовляли робити це заради вигоди. Не потрібні мені були переконання у перевагах і «бонусах» від перебування в релігійній громаді. Я ж знав, чим дихають деякі мужики з тієї церкви. На вихідних базікали про те, про що і я, а їхня повсякденна діяльність мало чим відрізнялася від моєї.

Зрештою, ми з дружиною досягли успіху в житті, чудово заробляли, мали розкішний будинок, сина, улюблені професії. Навіщо нам церква чи релігія? До того ж, ми достатньо пересвідчилися у дивацтві віруючих. Релігія не пройшла тест на міцність. Вона завжди дратувала мене й порушувала емоційний спокій. Не було сенсу займатися тим, через що почувався жалюгідно.

Деякі наші друзі знайшли більш-менш адекватну церкву, але нам до того було байдуже. Ми вважали себе порядними людьми, що проживали у безпечному куточку разом із іншими сумлінними громадянами. Тоді я з головою занурився у розвиток власної приватної клініки і виховання сина. З релігією було покінчено раз і назавжди. «Яке полегшення!» – зітхнув я. Справді радів, що нарешті спекався зайвого тягаря.

Нові сусіди

1999 року ми переїхали до просторішого будинку. Гроші в нас були завжди, ми жили переважно без стресів. Хіба що діти, бувало, завдавали нам клопоту. Народився другий син, побільшало суєти, адже тепер хлопців було двоє. Я поставив перед собою просту і зрозумілу мету: працювати, не покладаючи рук, відкладати гроші на пенсію, забезпечувати сім'ю. Адже завдяки грошам можна певною мірою убезпечити й контролювати життя. Саме тоді я досягнув рівня, який наше суспільство називало «американською мрією».

Сталося дещо несподіване. Нове середовище, в якому опинилися після переїзду, не мало нічого спільного з попереднім. Колишні сусіди були привітними. У наших спогадах залишилися щирі відкриті люди, які охоче спілкувалися, взаємодіяли з нами, а вулиця нагадувала велику родину. На новому місці атмосфера панувала інакша. Більшість сусідів просто ігнорувала нас. Людям навіть на думку на спадало сказати: «Добридень».

Якось спілкувався із сусідкою на розі вулиці, аж раптом до нас підійшла невідома. Жінка вклинилася в розмову, не моргнувши й оком, почала щось лепетати, вперто ігноруючи мою персону, неначе мене й не існувало. «Вона справді прикидається, що мене нема? Тут усі подуріли?» – подумав. Я постояв, як стовп, кілька хвилин. Коли моя присутність стала цілковитим абсурдом, мовчки пішов. Дорогою додому весь кипів через манери нових сусідів, які діяли мені на нерви ще кілька тижнів.

– Не вірю своїм очам! Що за публіка живе на цій вулиці? Чому ці гаврики поводяться, мов мешканці планети Зют? – буркнув я, щойно переступив поріг дому й побачив Рут, яка поралася на кухні. Розповів їй про те, якою «змістовною» виявилася остання розмова. Рут зауважила:

– Кажуть, тут чимало народжених згори.

– Звідки вони народжені, згори чи знизу, мені байдуже. Зрозуміло одне: толку від них небагато. От колишні сусіди – те, що треба.

За мить емоції вщухли, я усміхнувся й підсумував:

– Мене ж попереджали: що дорожчий район, то дивакуватіші його мешканці. Додай до цього релігійний фанатизм, і ми в центрі звіринця, по якому гуляють екзотичні істоти!

Дякувати Богу, на роботі справи йшли добре. За Ісуса там ніхто не агітував, окрім однієї особи. У лабораторії працювала жіночка. У вільний час вона завжди читала Біблію й розповідала про «Господа», як Він «змінює» її життя. Колегу звали Теммі. Очевидно, вона порушувала права людини на свободу віросповідання в нашій країні.

– Слухай, а що з нею не так? – запитав завлабораторією.

– Вона віруюча, – пояснила та.

– А чому безперестанку читає Біблію?

– Бо така вона загадкова людина. – Ми трохи похихотіли.

Загалом завідуюча ставилася до підлеглої добре, тепло і спокійно. В моїх очах релігійність лаборантки була дивацтвом, але віра, очевидно, відігравала важливу роль у її житті. Теммі якось по-справжньому ставилася до Бога, я не міг пригадати, чи бачив щось подібне. «Як людина може розповідати про Господа і водночас займатися професійною діяльністю? Якого, до речі, Господа? Невже Теммі вважає, що Богу є діло до життя лаборантки? – виникала ціла низка запитань. – Якої глибини має бути віра, щоб людина не соромилася заявляти на людях про те, що «Бог говорить»?»

Кілька тижнів я спостерігав за співробітницею і зробив висновок: усе, про що вона казала, працювало особисто для неї, та це не означає, що мало стосуватися і мене.

Я полюбляв жартувати на роботі, особливо в лабораторії. Коли в новинах повідомили про ураган, що прокотився Північною Кароліною, кинув:

– Доведеться будувати Ковчег!

Теммі відповіла:

– Не доведеться. Бог не повторить всесвітнього потопу. Він Сам так сказав.

О, знову ця фраза! Безумним було те, що в ній і полягала вичерпна відповідь жінки! «Звідки в неї така інформація? Щиро вірить у Ноїв Ковчег? Бідолашна!»

Якось передали, що насувається сильна буря. Дощ лив, як із відра. Здавалося, його краплі от-от проб'ють дах лабораторії. Я знову підколов:

– Піду на пробіжку, як завжди.

– Не варто в таку погоду, – зауважила Теммі.

– Навіть Господь не зупинить мене на шляху до спорту! – розтягнув усмішку до вух.

Вона пішла в інший куток кімнати. Я помітив, що мої слова зачепили Теммі, проте не так, як я думав. Її погляд мене злякав. Замість образи, в очах Теммі з'явилася неприхована тривога за мене. Її брови трохи піднялися й засвідчили про негативну оцінку моєму ставленню. Знову знайомі відчуття, знову трикляті лижники. «Що страшного я сказав? Чому вона так дивиться на мене? Вважає, що Всевишній спопелить мене за богохульство?»

Домашня група, куди ходила Рут

Навесні 2003 року Рут шокувала мене заявою:

– Мабуть, почну ходити на вивчення Біблії.

– Куди?! Нащо воно тобі здалося! – презирливо відповів.

– Друзі запросили. Я не проти. – Позиція дружини була чітка.

– Гаразд. Якщо хочеш, то йди – вивчати свою Бі-і-і-блію, – пробекав, мов вівця.

Мене аж корчило від самої думки про те, що Рут знову подасться до блаженних духом.

– Сподіваюся, тебе там не оброблять. Нам не потрібні релігійні активісти, – буркнув на прощання. Більше не хотів чути ні слова на цю тему.

Дечого я не знав, але з'ясував пізніше. Якось в магазині тканин до Рут підійшла незнайомка, вручила записку і зникла. На клаптику паперу жіночка нашкребла просту фразу: «А ви впевнені, що будете в раю?» Рут жбурнула папірець на сидіння пасажира, завела машину й рушила, як завжди, додому. Ота зіжмакана записочка не давала їй спокою. Найперше, що зробила Рут, коли повернулася додому, – перевірила електронну пошту. З'ясувалося, що в одному з листів її запрошували прийти на домашню групку з вивчення Біблії. Це ошелешило мою дружину. Їй стало цікаво, чи привертає її увагу Бог? Саме тоді вона наважилася відвідати церковний гурток – про всяк випадок. Зрештою, в дитинстві вона вважала себе християнкою.

Рут ходила на те вивчення кілька місяців. Одного разу, мов грім з ясного неба, випалила мені: «Ісус гряде, а ти підеш до пекла». Вона завжди була чесною і дещо прямолінійною, але я подумав, що це вже занадто!

Тоді проходив повз неї у напрямку сходів:

– Звісно. Гряде, аж гай шумить! – відповів.

«Може, ті жіночки споживають або курять щось пікантне на тому вивченні Біблії», – подумав. Заява дружини скидалася на елементарне безглузда, тому я не надав їй значення. Між нами не виникло жодного тертя. Здавалося, що Рут проходить крізь тимчасову фазу нового захоплення, курям на сміх. Адже раніше поводилася нормально й не докучала.

Хоча не завжди. Купила нещодавно книжку – «Незаперечні свідчення» Джоша Мак-Давела. Обсяг чималий, видно, дядько попрацював на славу. Дружина подивилася на мене лагідно й попросила: «Обов'язково прочитай. Автор не вірив в Ісуса Христа. Почав досліджувати факти, щоб спростувати християнство. В результаті став християнином. Там чимало аргументації, тобі має бути цікаво».

Я взяв ту книженцію, демонстративно пустив очі під лоба, поклав біля ліжка. «Веселі, брате, часи настали», – пробубонів під ніс.

Назад у реальність

Уявна подорож спогадами у минуле обірвалася, коли голос Рут повернув мене до реальності. Вона гукала зі сходів: «Ґреґу! Ґреґу? Ти де? Внизу? Ми ж домовилися дивитися відео всією сім'єю. Чим займаєшся?»

Я здригнувся, коли прийшов до тями й усвідомив, що втратив відчуття часу, коли посьорбував винце.

– Хвилинку! Зараз буду.

Спорожнив бокал, залишив його у барі. Посунув сходами нагору, впевнений, що Рут гнівається.

– Ти куди ти зник? Залишив усіх, пішов кудись, нічого не сказав, – претензійна інтонація свідчила, що жінка на межі.

– Просто хотів побути на самоті. Робочий тиждень видався тяжким. Радий, що нарешті вихідний.

– Вигляд маєш якийсь прибитий. З тобою все гаразд?

– Так. Ти часом не помітила, що час зникає безслідно?

– Звертала. Тільки чому в тебе таке кисле обличчя?

– Не знаю. Думки не давали спокою. Не переймайся. Мабуть, треба добре виспатися. Нема сил.

Остання соломинка

Наступного дня і без того нікудишні стосунки з сусідами досягли свого апогею.

– Тату, сусідські діти не хочуть із нами гратися! Не звертають на нас уваги! – зі слізьми на очах повідомили сини: одному було п'ять, другому шість років.

— Тобто? — заява дітлахів мене відверто розлютила.

— Здається, хлопці з нашої вулиці не хочуть з нами гратися, — промовив хлопчик, затинаючись і схлипуючи.

— Щоразу, коли виходимо на двір погратися, вони прикидаються, ніби нас нема. Діти ніколи не запрошують нас у свою гру, — пробубонів другий син. — А одна дівчинка зробила своїй подрузі зауваження, що та не справжня християнка, — додав малюк.

Я побагровів. Тепер ще й діти верзуть релігійні нісенітниці!

— Досить! Годі мені цього лайна! — випалив у присутності дітей. — Мене викреслили, мене ігнорують і не хочуть бачити, а тепер добралися до моїх дітей. Негідники!

Повернувся до дружини:

— Дорогенька, я неодмінно куплю Біблію, прочитаю її від першої сторінки до останньої і дам цим лицемірам перцю. Доведу, що вони — нікчемна зграйка фальшивок! — гуркнув дверима, які виходили на терасу, так, що аж у вухах задзвеніло від вібрації скла між рамами.

Наступного дня розповів колегам із лабораторії про віруючих нікчем на нашій вулиці. Теммі, ходяча Біблія, здивовано підняла брови, однак промовчала.

— Якщо моїх дітей і мене разом із ними звинувачують невідь у чому, то маю з'ясувати, на якій підставі. Піду в магазин християнської книги і куплю Біблію — на зло всім!

В очах Теммі помітив дивний вогник. Мені навіть здалося, що на її обличчі з'явилася ледь помітна усмішка. Вона досі мовчала. «Чому не боїться, що я рознесу її віру вщент? Здається, вона тільки зраділа з моїх прикрощів!»

Після роботи дотримав слова і поїхав, куди обіцяв. Тепер у мене було дві Біблії. Щоправда, одна зникла, відколи жбурнув її на підлогу — потім шукав її по всьому дому й не знайшов. Коли під'їхав до книгарні, серцебиття почастішало й укотре з'явилося відчуття тривоги. Я не хотів, щоб мене помітили у християнському магазині, особливо з Біблією в руках. Машину припаркував якнайдалі від збориська релігійників, навпроти іншої крамниці. Для маскування начепив бейсболку й темні сонцевідбивні окуляри. Обстежив місцевість, аби переконатися, що нікого зі знайомих не видно. Після цього непомітно зайшов усередину. Почувався прибульцем з іншої планети. Операцію із закупівлі Біблії провів миттєво. Коли прийшов додому, з'ясував, що не врахував один нюанс. Біблія, яку щойно придбав, була надто схожа на… Біблію! Я ж не хотів, щоб люди бачили, як я її читаю. Доведеться повернутися й замінити на іншу, схожу на звичайну книжку.

Я вдався до тих самих хитрощів, перш ніж удруге завітати до християнського закладу. Цього разу придбав програмне забезпечення для вивчення Біблії на лептопі. Мені справді було соромно носитися з друкованою версією, бо у всіх очі повилазили б від подиву.

Отже, я почав таємно користуватися електронною версією, щоб ніхто не запідозрив, чим я насправді займаюся у вільні хвилини. Пацієнти часто приходили з книжками чи газетами, коли чекали на результати аналізів, але я жодного разу не бачив, щоб хтось із них читав Біблію. Коли жоден пацієнт не її читав, тим більше не збирався світитися і я!

Почав із Нового Заповіту, бо у Старому не розумів ні бельмеса. Щодо Нового, то навіть гадки не мав, про що там взагалі мова, крім Ісуса, Діви Марії та мудреців зі Сходу? Читати Біблію почав із чистої сторінки, не маючи заздалегідь сформованої картини щодо її змісту. Читання Святого Письма стало особистою місією. Цікавило одне: знайти «зброю» проти фанатиків. До самого християнства ставився байдуже. Сприймав древню писанину як юридичний документ, у якому необхідно знайти ті пункти, які виступають на мою користь. Нарешті процес пішов.

Я навіть не уявляв, як вплинуть рядки Слова Божого на моє життя. Розпочався процес установлення діагнозу. Тільки я не знав, що діагноз стосувався мене, а Діагностиком був Бог.

Розділ III
ПЕРШИЙ ЕТАП ДОСЛІДЖЕННЯ
Новий Заповіт

ЧОТИРИ ЄВАНГЕЛІЇ

Матвій і Марк

Своє дослідження я розпочав із перших двох книг Нового Заповіту – Євангелій від Матвія і Марка. Проковтнув за чотири дні. Читаючи святі рядки, я активізував наукове мислення, яким послуговувався ще в студентські роки. Адже безперервне читання наукової та спеціалізованої літератури було невід'ємною складовою навчання. Останнім часом я здебільше скеровував сили у практичне русло, тому читав значно менше, ніж студентства університеті. Незважаючи на перерву, я швидко відновив здатність засвоювати великі обсяги інформації за короткий проміжок часу.

Розповіді у Євангеліях від Матвія і Марка були схожі, як дві краплі води. Я не зрозумів, який смисл повторювати одну й ту ж саму думку по сто разів? Перші чотири книги Нового Заповіту називаються Євангеліями й розповідають про життя Ісуса Христа. Річ у тім, що англійською мовою Євангелія звучить як «Ґаспел» (Gospel), але таку ж назву має один із напрямків американської музики! Ґаспел я завжди асоціював із негритянськими наспівами. Відкриваю Біблію, аж гульк – усі чотири книги Біблії – ґаспели! Почитав коментарі, з'ясував, що буквальне значення терміна «ґаспел» – це «добра новина». Що ж, ґаспел – то ґаспел, змирився я.

Гаразд, Ісус виріс у Назареті, невеличкому містечку в північній частині Ізраїлю. Його батьки були звичайні люди. Життя йшло своїм ходом, особливих подій не передбачалося, аж доки Христу виповнилося тридцять. Тоді Він почав поширювати Своє вчення. Про дитинство майже нічого не написали, хоча зазначили, що Господь був теслею.

Ісус не нагадував інших героїв, про яких я мав нагоду читати. Його змальовували як Месію, що має владу над природою, хворобами, творінням, гріхом, життям і смертю. Зрозуміло, що ніхто, крім Бога, не мав влади над усіма аспектами життя людей. Ісус знав думки інших, прощав гріхи, заочно зцілив слугу римського сотника. Якщо так, то це означало, що Господь цілком контролював тіло того слуги і мав владу над хворобою на відстані багатьох миль. Хіба хто-небудь здатен на таке, окрім Бога? Як медика, мене зацікавила тема фізичного зцілення, яке практикував Ісус, хоча важко вірилося, що таке взагалі можливе.

Уздоровлення паралітика, про яке йшлося в Євангелії від Матвія, взагалі збило мене з пантелику. Ісус просто мовив йому: «Встань і ходи!» І той пішов!

Я лікар. Мені відомо, що параліч – комплексна проблема, яка стосується не тільки м'язів, а й нервів. М'язи на ногах мали б давно атрофуватися від бездіяльності упродовж багатьох років. Вони мали стати кволими, негнучкими, непридатними. Для того, щоб паралізованій людині раптом устати й піти, і нервова система, і м'язи в неї мали б миттєво відновитися. Це вимагало цілковитого відновлення і м'язів, і нервової тканини вмить! Ніхто, крім Бога, якщо Він узагалі існує, не міг утнути таку штуку.

У Євангеліях чітко простежувалася думка про те, що Ісус – Бог, та й Сам Христос позиціонував Себе як Бога. Взагалі, саме через це тогочасна релігійна влада хотіла Його знищити. Адже вважалося богохульством називати себе Богом. Ось що я про це прочитав: «І первосвященик звернувся: "Заприсягаю Тебе Живим Богом, щоб Ти відповів, чи Христос Ти, Син Божий?" Промовляє до нього Ісус: "Ти сам сказав... Повім і наступне: відтепер ви побачите Сина Людського, що сидітиме праворуч сили Божої і на хмарах небесних приходитиме!" Тоді первосвященик роздер одежу свою та й мовив: "Він богозневажив! Нащо нам іще свідки потрібні? Усі чули Його богозневагу! Що скажете?" Вони ж відповіли: "Повинен умерти!"» (Мт. 26:63-66).

Зацікавило те, що Ісус підтвердив свій статус Месії, хоч на вигляд був звичайною людиною, судячи з євангельських розповідей. Ніхто не помічав особливих ознак у Його зовнішності. Яким чином тесля з Назарету міг бути і людиною, і Богом одночасно? Складно вірилося в такого Ісуса, але Він безперечно привернув мою увагу. Заява про Його божественну природу вражала. Не пригадував, щоб очільники інших релігійних систем наважувалися на такі твердження. Цікавило одне просте питання: чи могло все це бути правдою?

Заінтригувала більшість притч, які розповів Ісус. Коротенькі яскраві розповіді доносили до слухачів певну істину або мораль, що мала глибокий духовно-філософський зміст. Я відкладав книгу, щоб поміркувати над притчами. Здавалося, Ісус надзвичайно тонко розумів людську природу. Інтуїтивно я припускав, що Його вчення може претендувати на істину, але не розумів, чому. Не припиняв читати Святе Письмо. Навіть розповів про своє нове заняття кільком надійним людям – дружині, дітям, деяким співробітникам. З іншого боку, не хотів, щоб про мою нову діяльність у вільний від роботи час знав кожен стрічний.

Євангелія від Луки

Євангелія від Луки була третьою у Новому Заповіті. Знову історія про Ісуса! Цього разу я звернув особливу увагу на кілька уривків. Лука, виявляється, за фахом був лікар, як я. Водночас його вважали чудовим знавцем історії. Тому я вирішив дізнатися трохи більше про нього.

З'ясувалося, Лука принципово точно відтворював назви міст, країн, імена правителів. Сучасна археологія та географія підтверджують точність усіх фактів, записаних євангелістом Лукою[1-6]. Вразила кількість дослідницьких матеріалів, що підтверджували це. Сучасні історики фактично аплодували апостолу за ретельність у викладенні своєї думки. Таким чином, його Євангелія конкурувала з найвідомішими працями інших античних авторів.

Сер Вільям М. Рамзай, відомий історик і археолог, писав: «Лука – історик найвищого ґатунку; довіри заслуговують не тільки фіксація фактів, а й те, що апостол мав чуття історичної правди... Одне слово, ім'я цього автора має стояти поряд із найвидатнішими істориками світу».[7]

Зверніть увагу на стиль Луки у першому розділі Євангелії: «Через те, що багато-хто брався складати оповість про справи, які сталися між нами, як нам ті розповіли, хто спочатку були самовидцями й слугами Слова, тому й я, все від першої хвилі докладно розвідавши, забажав описати за порядком для тебе, високодостойний Теофіле, щоб пізнав ти істоту науки, якої навчився» (Лк. 1:1-4).

Лука стверджує, що організував певну розвідку, зібрав необхідну інформацію, поспілкувався з очевидцями подій, пов'язаних з Месією. Люди ж охоче слухали вчення Учителя, захоплювалися дивами, які Він чинив, ходили за Ним хвостиком. Релігійні правителі взагалі розглядали Ісуса, мов під мікроскопом, адже прагнули дискредитувати Його, постійно шукали компромат. Отже, мандруючи Палестиною, апостол Лука докладно розпитував очевидців про те, що конкретно вони бачили на власні очі, зіставляв їхні розповіді зі свідченнями інших, перевіряв правдивість даних.

Цікаво, що у першому сторіччі лікарі обов'язково вивчали історію. Вочевидь, апостол відмінно володів аналітичними навичками і скористався ними, щоб написати біографію Христа. Через такі риси апостола мій скепсис дещо послабшав. «Колезі-медику можна більш-менш довіряти», – міркував я.

Лука приділяє чимало уваги феномену фізичного зцілення осіб, які приходили до Ісуса зі звичайними з медичної точки зору діагнозами. Я добре знав, що найкращі діагностики – це досвідчені лікарі. Тому записи тогочасного лікаря про неодноразові зцілення людей заінтригували. Річ у тім, що зазвичай медики вкрай скептично ставляться до всілякої чудасії. Перш ніж офіційно підтвердити «чудесне зцілення», лікар-професіонал поставить цілий ряд прагматичних запитань, даючи прискіпливу оцінку фантазіям пацієнта. Лука безперечно діяв відповідно до професійної етики – ставив конкретні запитання, уточнював дані, навіть проводив медогляд осіб, які стверджували про «диво».

З самого початку розповіді Лука запевняє, що особисто вивчив питання кожного випадку зцілення, записаного в Євангелії, і засвідчив достовірність усіх див, що сотворив Ісус. «Оце так!» – здивувався я, ламаючи голову над першими рядками. Самим лише вступом апостол підготував підґрунтя для адекватного сприйняття Євангелії людьми з таким складом розуму, як у мене. Наступні рядки я читав зосереджено й уважно.

Коли дійшов до розповіді про воскресіння із мертвих дівчинки, мороз пройшовся у мене по шкірі. Батько нещасної, Яїр, у паніці прийшов до Ісуса, бо його донечка помирала на очах. Не зважаючи на потрясіння в житті нещасного чоловіка, Господь раптом відклав похід до Яіра, бо хтось всунув носа з іншим проханням. Дівча померло. Ось що пише далі Лука: «Прийшовши ж до дому, не пустив Він нікого з Собою ввійти, крім Петра, Івана, Якова, батька дівчати та матері. А всі плакали та голосили за нею... Він же промовив: "Не плачте. Не вмерла вона, але спить!" І насміхалися з Нього, бо знали, що вмерла вона. А Він узяв за руку її та й скрикнув, говорячи: "Дівчатко, вставай!" І вернувся їй дух, і хвилі тієї вона ожила... І звелів дати їй їсти. І здивувались батьки її. А Він наказав їм нікому не розповідати, що сталось» (Лк. 8:51-56).

Ця розповідь зачепила мене за живе. Я одразу уявив себе на місці батька, адже сам виховував двох малюків. «Невже це справді сталося?» – знову і знову запитував себе. Здогадувався, що Лука, перш ніж записати цей випадок, імовірно, розшукав ту дівчину, аби переконатися в його достовірності. Невідомо, чи була вона при житті у момент написання Євангелії, проте розмову з людиною, яку воскресив Господь, Лука мав би запам'ятати назавжди. Одна річ загоїти прища на лобі, зовсім інша – повернути мертвого до життя. Розповідь про воскресіння людини не вкладалася у мене в голові, душею ж мені хотілося вірити в написане. «Мабуть, я сприйняв цю розповідь всерйоз через те, що у самого двоє малюків. Та й смерть лякає», – подумав. Я зрозумів одну просту річ: якщо історія про воскресіння тієї дівчинки – цілковита правда, то це пояснює багато іншого.

Коли хтось із членів нашої сім'ї хворів, мені завжди було ніяково. Адже теорія еволюції вказувала, що людина – це своєрідний «компот» із органічних речовин, які «еволюціонували». Серце ніколи не хотіло цьому вірити, особливо тепер, коли нас було четверо. Мусила існувати відповідь на проблему смерті. Історія про доньку Яіра вселила надію, хоча спочатку здалася мені надто штучною. Якщо Христос таки воскресив людину, то існувала ймовірність вічного життя. Розмірковуючи про цей уривок, я збагнув, що у глибині душі завжди прагнув жити вічно. Теорія еволюції впорснула отруту, що блокувала мої роздуми про духовні категорії. Звісно, я не міг збагнути все й одразу, бо колишня парадигма життя не передбачала потойбічного. Якщо вічне життя – реальне, то воно дасть відповідь на запитання «Що буде з моєю сім'єю після смерті й куди подінуться спогади?» Якщо пам'ять людини наповнена конкретним змістом, то повинна мати якийсь зв'язок із вічністю. Спогади про прекрасні миттєвості зафіксувалися у свідомості, вони вже постійні та незмінні. Часу на тих, кого любиш, завжди недостатньо, а спогади живуть. Я сидів вражений.

Я так захопився біографією Ісуса Христа, що забув про гонористих сусідів. Тепер мені було нецікаво шукати доказів їхнього лицемірства. Хвилювали інші питання, на голову вищі.

Окрім Біблії, я залучив до свого дослідження додаткову літературу з культурно-історичними й текстологічними коментарями. Більшість книг намагався купувати, щоб постійно мати їх у домашній бібліотеці. Я ретельно опрацьовував усі авторитетні джерела, що потрапляли до моїх рук. Увесь вільний час присвятив таємному читанню й вивченню розмаїтих нюансів життя й особистості Ісуса Христа.

Євангелія від Івана

Четверту книгу Нового Заповіту написано Іваном, який, разом із іншими апостолами, перебував із Ісусом три роки. Іван був відданим справі, став очевидцем багатьох чудес, а згодом бачив Христа воскреслого.

Господь сформував команду апостолів і уповноважив їх проповідувати про спасіння. Одразу зацікавили слова Ісуса. Я вчитувався в кожне Його слово. Насамперед ошелешило те, що Ісус претендував на боговтілення. Хоча Івана це не дивувало. Апостол проголошував, що Ісус – це Бог, Який прийшов на землю, що була творінням Його рук. Я подумав: «Неймовірно! Якби це сталося насправді, то було б найвидатнішою подією в історії людства».

Над кількома заявами Ісуса я ламав голову не один день. Ось один із таких уривків: «Говорить до Нього Пилип: "Господи, покажи нам Отця, і нам цього буде достатньо!" Промовляє до нього Ісус: "Стільки часу Я з вами, ти ж не знаєш, Пилипе, Мене? Хто бачив Мене, той бачив Отця. То як же ти кажеш: "Покажи нам Отця?" Чи не віруєш ти, що Я в Отці, а Отець у Мені? Слова, що Я вам говорю, кажу не від Себе, а Отець, що в Мені перебуває, Той чинить діла ті. Повірте Мені, що Я в Отці, а Отець у Мені! Коли ж ні, то повірте за вчинки самі. Правдиво, правдиво кажу вам: хто вірує в Мене, той учинить діла, які чиню Я. І ще більші від них він учинить, бо Я йду до Отця. І коли що просити ви будете в Іменя Моє, те вчиню, щоб у Сині прославивсь Отець. Коли будете в Мене просити чого в Моє Ймення, то вчиню"» (Ів. 14:8-11).

Ісус прямо сказав учням про те, що вони дивляться на Бога, бачать Його лице-в-лице. Таким чином, Господь чітко проголосив, що Він – вираження і втілення Бога. Згодом я знайшов відповідне слово у словнику – боговтілення. Це вражало, але не переконувало цілком.

Коли читав наступні вірші, моє серце стиснулося: «Промовив до неї Ісус: "Я воскресіння й життя. Хто вірує в Мене, хоч і вмре, буде жити. І кожен, хто живе та хто вірує в Мене, повіки не вмре. Чи ти віруєш в це?"» (Ів. 11:25-26).

Ісус чітко повідомив, що володіє вічним життям. Я не міг пригадати, щоб хто-небудь із інших релігійних діячів претендував на статус Бога, Який прийшов на землю і має владу над вічністю.

Заява Христа про життя після смерті вселила промінчик надії. Я не поспішав ставати християнином, проте відкрив для себе цікаву концепцію, варту глибокого осмислення.

За досить короткий час вивчення біографії Ісуса щось змінилося в моєму ставленні до людей, у мотивації, поведінці. На початку я дихав злобою на гордовитих сусідів і жадав доказів проти їхньої віри, щоб врешті-решт викрити лицемірство безсоромників. Тепер ниці мотиви зникли.

Я шукав відповідей на запитання, що хвилювали мою душу. Не підозрював про їх існування, доки не почав досліджувати Біблію. Текст Святого Письма відкривав мені очі на глибинні прагнення душі.

Слова Біблії неначе ожили. Серце билося частіше, морозець розум наче прокинувся зі сну. «Що зі мною відбувається? – дивувався. – Ця книга зворушує мене, та не розумію, чому. Здається, що вона промовляє до мене». Світській особі ненормально мати такі думки, але внутрішній голос підказував, що слова Письма справді адресовані читачу особисто. Я не міг зупинитися й усе читав потайки Біблію на своєму комп'ютері.

Одного дня полетів у справах до Нового Орлеану. У літаку читав Євангелію від Івана. Тієї хвилини мене так захопили роздуми, що вже не звертав уваги на реакцію присутніх. Емоції з такою силою переповнили мою душу, що я перелякано закрив програму. Сидів же серед людей, а очі раптом сповнилися слізьми! Коли краплина впала прямо на комп'ютер, я миттю згорнув його. «Та що ж це таке зі мною коїться? Чому плачу? Що зі мною не так?» Я повернувся обличчям до ілюмінатора, побоюючись, що пасажир поруч зі мною помітить сльози на моєму обличчі. Струснув головою, поплескав себе легенько по щоках, щоб показати, ніби намагаюся збадьоритися від сидячки. Сусід усе-таки помітив мій стан. Про це недвозначно свідчив запитальний вираз його фізії.

Слова подіяли на мій дух з такою силою, зачепили такі глибини моєї сутності, про існування яких я ніколи не підозрював. Вони привертали мою увагу й змушували обмірковувати прочитане. «Рівень розуміння людини в Біблії вражає!» – зізнався собі. Виникло запитання: яка людська істота на цьому світі може знайти такі слова, такі істини чи одкровення, щоб таким благодатним чином впливати на душу? Я зупинився й поміркував над тим, що тільки-но прочитав. Щось глибоко резонувало в моєму серці.

Розділ IV
ДРУГИЙ ЕТАП ДОСЛІДЖЕННЯ
Воскресіння Ісуса

Якщо вічне життя існувало, я хотів жити вічно. Це ключове питання, яке будь-коли намагався з'ясувати. Якщо Ісус дійсно повернувся до життя, то воскресіння свідчило б про Його божественну природу і служило б офіційним доказом завершеної місії Спасителя – спокутування гріхів людства. Оживлення з мертвих доводило би існування вічного життя, а Ісус таки був би отим «єдиним шляхом» до спасіння, бо саме Він узяв на себе смертну кару за гріхи людства, зберігаючи божественну природу. Єдине питання, що не давало мені спокою, – чи міг я в таке повірити?

На цьому етапі дослідження все крутилося навколо проблеми воскресіння Христа. Чи справді воно сталося? Я вирішив докладно з'ясувати це питання.

Згадав про книгу, що подарувала дружина. Похапцем піднявся сходами нагору. Так, праця Мак-Давела[8] досі лежала на тумбі. Сама лише назва дратувала мене – «Нові незаперечні свідчення». «Незаперечні? Та невже? А я заперечую!» – так відреагував, коли залишив книгу там, де вона припадала пилюкою кілька місяців, а я навіть не торкнувся її. «Бідолашний Джоше, невже думаєш, що я читатиму твою писанину через те, що в ній щось "незаперечне"?» – самовдоволено посміхнувся тоді. За іронією долі, тепер мені кортіло її прочитати.

Якусь мить вагався, але зрештою підійшов до столика, взяв книгу і повторно прочитав заголовок. В очі впало слово «свідчення». Які ще свідчення? Цікаво. Вразив розмір книги, адже тепер я тримав її обома руками, відчуваючи вагу. Згадав університетські підручники. Я погортав сторінки, переглянув зміст. То була збірка фактів і точок зору на основі багатьох джерел. Цілий розділ було присвячено воскресінню Ісуса.

Я проґуґлив Джоша Мак-Давела в Інтернеті. З'ясувалося, це сучасний апологет зі світовим іменем. «Отже, писав упереджено», – насторожився я. Усе-таки наважився ознайомитися з його писаниною. Окрім цієї, придбав іще кілька цікавих книжечок, що також стосувалися теми воскресіння[9-11]. Я не хвилювався, бо вже зробив певні висновки на основі незалежного читання Євангелій.

Насамперед я мав з'ясувати історичні факти, що стосувалися воскресіння. Справді, які відомості свідчили про воскресіння те, що Ісус ожив? Цікавили конкретні, а не двозначні чи абстрактні аргументи. Розпочав із вивчення медичних аспектів розп'яття.

Смерть Ісуса

Питання номер один: чи справді Христос помер? Річ у тім, що в процесі дослідження я натрапив на так звану теорію непритомності[12]. Згідно з нею, Ісус не вмирав на хресті. Навпаки, залишився живим і навіть зумів утекти з печери! Це пояснювало, чому Він «з'являвся багатьом», як написано у Євангеліях. Однак із самого початку ця гіпотеза викликала серйозні сумніви. Незважаючи на це, я мав ознайомитися з усіма можливими точками зору.

Після кількох годин аналізу стало зрозуміло, що теорія непритомності неправдоподібна. Перед стратою Ісуса катували, Його жорстоко побили, зрештою, розп'яли на хресті й прокололи бік списом. Безсумнівно Він зазнав неймовірного фізичного болю. У Нього сталася сильна внутрішня кровотеча, компресійний ателектаз (колапс легень), зневоднення організму, можливо, розрив серця й шок від утрати крові. Це лише деякі ускладнення серед багатьох інших типових симптомів, що виникають у таких випадках. Римські солдати навіть не стали ламати Йому ніг, бо Ісус був уже мертвий, як зазначено в Євангелії від Івана (19:32-33). Римляни-охоронці та єврейська еліта були принципово зацікавлені у Його смерті. Тому вони найпершими переконалися у загибелі Ісуса.

Одна стаття у «Журналі Американської медичної асоціації»[13] мене взагалі здивувала. Застосувавши сучасний медичний аналіз фактів, колеги-лікарі підтвердили, що Ісус не міг вижити після розп'яття. Аргументи колег щодо смерті Ісуса на хресті виявилися цілком слушними. Це перший з'ясований мною факт, на якому поставив крапку, – Ісус справді помер.

Поховання

У всіх чотирьох біографіях Ісуса Христа – Євангеліях від Матвія, Марка, Луки та Івана – йшлося про те, що Ісуса поховали у печері, котра належала «Йосипу з Ариматеї». Йосип мав вплив, був членом Синедріону. (Синедріоном називали керівний орган євреїв, релігійно-політичну «раду сімдесятьох», що висунула офіційне звинувачення проти Ісуса під час допиту). За Євангелією від Луки, Йосип із Ариматеї був таємним послідовником Ісуса і не погоджувався з рішенням Синедріону. Саме цей Йосип прийшов до Понтія Пилата й попросив, щоб той видав йому тіло Ісуса для поховання. Никодим, також впливова фігура серед тогочасної юдейської еліти, допоміг Йосипу обкутати тіло Ісуса поховальним саваном та намастити померлого спеціальними мазями. Одразу виникло запитання: навіщо витрачати стільки часу, зусиль, грошей на мерця, якого ніхто не збирався ховати? На місці поховання Ісуса опинилися два різних свідки, які могли особисто підтвердити, що Він справді помер і перебуває у гробниці.

Було очевидно, що перші християни не могли б сфальшувати цю історію, якби вона була інакшою. Два публічні діячі, відомі у тогочасному єврейському суспільстві, які власноруч поховали Ісуса, могли б опинитися в центрі скандалу. Якби Ісус не помер, то обох свідків упіймали б на гарячому та оприлюднили їхній обман. Цього не сталося.

Біблія зазначає ще одну цікаву деталь. Ззовні гробницю охороняли римські воїни, а вхід у печеру перегородили гігантською кам'яною брилою. За часів Ісуса так «опечатували» гробовища. Прикочували здоровенний валун вагою від однієї до трьох тон і фіксували навпроти входу. Це означає, що біля печери перебувало більше свідків, щонайменше двоє, які брали участь у опечатуванні. Це тільки додає ваги до історичної правдивості євангельської розповіді. Якщо цих чотирьох очевидців додати до двох жінок і двох учнів, які прийшли до гробниці згодом, то побачимо, що загалом свідків поховання Ісуса було не менше восьми. Якщо Ісус не був похований, то будь-хто міг легко спростувати заяву про Його смерть. Цього не зробив ніхто. Таким чином, мене задовольнили висновки про те, що Ісуса поховали, як і зазначалося в Біблії. А це вже другий факт[14].

Порожня гробниця

Наступне, що зацікавило, – чи справді гробниця була порожньою в неділю після поховання Ісуса? На превеликий подив, довести це виявилося значно простіше, ніж очікував. Існував елементарний історичний факт, спростувати який було неможливо[15]. Якби гробниця не була порожньою, то християнство припинило б своє існування за кілька днів! Релігійні керманичі, які боялися воскресіння Ісуса, мов вогню, подбали про всі можливі заходи безпеки, аби тіло Христа залишилося в печері. Інакше їм би довелося власноруч виготовляти мумію Ісуса, аби запевнити усіх, що богохульник сконав, а про чудесне воскресіння не може бути й мови.

З'ясувалося, це ще не все. У Євангеліях сказано, що юдейські проводирі підкупили римських солдатів, щоб ті поширили чутки про те, що тіло підступним чином викрали. Навіщо релігійним авторитетам здіймати таку паніку, якби тіло залишилося у гробниці? Те, що в неділю вранці тіла у гробниці не було, відповідало простій логіці.

Першими свідками воскресіння стали жінки. Спочатку я не надав цьому значення, аж поки з'ясував, що в тогочасному єврейському патріархальному устрої свідчення жінки не брали до уваги, а доводи жінки в суді не мали юридичної сили[16]. Це остаточно демонструвало те, що автор не мав намірів вдаватися до хитрощів щодо подій навколо воскресіння, а писав усе так, як було насправді.

Якби жінки та учні випадково прийшли не до тієї гробниці, то тіло Ісуса все ще мало б перебувати у належному місці. Опоненти християнства швидко знайшли б померлого, і, наприклад, влаштували б урочисту ходу центральними вулицями Єрусалима, демонструючи тіло небіжчика й відсутність воскресіння, таким чином обрубавши християнську віру під самий корінь. Я неохоче мусив визнати, що сумнівів у тому, що гробниця була порожньою, не залишилося. Це був третій, найпростіший, факт[17, 18].

Тіло

Якщо гробниця була порожньою, то тіло мусило десь перебувати. А історичні факти свідчили, що після поховання тіла Ісуса не зафіксували ніде. Куди ж воно поділося?

Я бачив три варіанти. Перший: тіло могли витягти з гробниці Його послідовники. Другий: мерця могли поцупити вороги (наприклад, юдейські релігійники або римляни). Третій – Христос воскрес, повернув Собі життя.

Невже учні змовилися й викрали тіло свого Учителя? Спочатку ця думка здалася слушною, бо по телевізору не раз бачив, як усілякі релігійні фанатики витворяли ще й не таке. Коли ж ознайомився з подробицями, це припущення, мов розбите дзеркало, розпалося на дрібненькі уламки[19].

Щоб поцупити небіжчика, учням довелося б непомітно прокрастися повз римських воїнів, які стерегли гробницю, відсунути камінь, що важив кілька тон і перегороджував вхід у печеру, та ще й подбати, щоб ніхто не здогадався про їхню витівку! Відомо, що за не виконання наказу (стерегти тіло покійника) римському воїну загрожувала смертна кара[20]. Можна лише уявити рівень безпеки, організований римською охороною. Окрім того, учнів ніщо не мотивувало імітувати воскресіння. Налякані й прибиті горем, вони перебували у шоковому стані й скорботі за померлим Учителем. Хоч Ісус запевняв, що «повернеться», апостоли не розуміли, про що Він говорив, тому нічого особливого не очікували. Думка про імітацію воскресіння шляхом викрадення – цілковитий абсурд для розгублених учнів. Мусив визнати, що гіпотеза про «викрадення» не витримувала критики.

Хай би які запеклі були вороги Ісуса, жоден із них не міг розраховувати на допомогу римських охоронців у справі викрадення покійного. Зрештою, в цьому не було сенсу. Навпаки, єврейська еліта була зацікавлена зберегти тіло Ісуса. Забрати його могли хіба що з однією метою – задля публічної демонстрації усьому Єрусалиму, щоб розвіяти будь-які ілюзії щодо воскресіння. Показ тіла особи, яка пророкувала, що на третій день устане з мертвих, завдав би нищівного удару християнству. Тож я визнав, що теза про викрадення тіла Ісуса ворогами також не мала ваги.

У Євангеліях зазначалося, що спеціальна тканина, яку використовували для обкутування й бальзамування тіла Ісуса, у перекладі «покривало», залишилася всередині гробниці. Хустина, якою обгорнули голову Ісуса, лежала складена окремо. Якщо хтось похапцем викрав тіло, то чому гаяв стільки часу на те, щоб розкутувати його та ще й акуратно складати неподалік? Апостол Іван зазначав, що один із учнів побачив саван, що залишився у гробниці, й одразу увірував (Ів. 20:8). Лука писав, що Петро дивувався, коли зазирнув усередину (Лука 24:12). Чому? І той, і другий неодмінно побачили дещо екстраординарне у плащаниці й покривалах, і не могли пояснити те, що бачили. Навіть коли плащаниця якимось чином розкуталося сама собою за три дні, то хустина не могла опинитися «осторонь, згорнена, в іншому місці» (Ів. 20:7)!

Виникла ось яка думка. Якщо Ісус воскрес, то міг залишити поховальний саван непорушним, у такому вигляді, як він обкутував Його з самого початку. Тобто, «покривало» залишилося на місці, а всередині було порожньо. У такому разі, яким чином злодії витягли небіжчика, не зачепивши поховальні покривала, намотані на нього кількома шарами? Можливо, саме це і було причиною неймовірного подиву учнів. Безсумнівно, римські воїни разом із юдейськими релігійниками ретельно обстежили гробницю, однак не мали що сказати. Я був вражений. Роздуми привели мене до останнього варіанту: реальності воскресіння. Далі я мусив розглянути заяви про те, що воскресіння таки відбулося.

Явлення Христа

Усі чотири Євангелії документують конкретні випадки того, як люди не тільки споглядали воскреслого Христа, а й торкалися Його руками. Існує кілька поглядів на явлення Христа, включно із заявами Павла. Наприклад, апостоли Павло, Іван та Лука стверджують, що Ісус явився учням. Іван і Матвій розповідають про жінок, які найпершими прибули до гробниці. У Першому посланні до коринтян зазначено, що Ісус явився понад п'ятистам особам одночасно. Таким чином, багато свідків воскресіння та явлення Христа були ще при житті на момент написання Послань. Загалом у Новому Заповіті наведено п'ятнадцять різних випадків явлення воскреслого Христа[21].

Я не знайшов задокументованих заперечень появи Ісуса перед своїми послідовниками. Не зафіксовано жодного спростування воскресіння з боку юдеїв або інших опозиційних до Христа політично-релігійних течій[22]. Мовчанка опонентів шокувала. Чому воскресіння негайно не спростували, якщо його не було?

Тому я розглянув питання появи Христа після воскресіння і феномен раптового виникнення християнства. «Чи могли учні навіяти собі, що бачили Ісуса, через галюцинації або жваву уяву?» – по цікавився. З медичної точки зору, наркозалежні або особи із різними захворюваннями мозку справді можуть страждати на галюцинації. Я швидко відкинув таке припущення, бо воно не клеїлося до контексту апостолів. Гіпотеза про галюцинації також не пояснювала ситуацію з тілом Ісуса і поведінку учнів. Зрештою, не відповідала типовим проявам галюцинацій чи самонавіювання[23]. Свідків було надто багато. Важко уявлялося, щоб всі вони одночасно страждали від перебування в іншій реальності. Аналіз поведінки учнів жодним чином не вказував на самонавіювання чи галюцинації. Учні не мали жодних причин вигадувати подібне. У Біблії чітко зазначалося: учні бачили, торкалися Ісуса і навіть їли з воскреслим Ісусом Христом, фізично і буквально. Результат галюцинацій чи бурхливої уяви, духовна істота або привид не можуть споживати людську їжу, тим більше, фантазії неможливо відчути на дотик.

Якщо воскресіння не було наслідком галюцинацій чи самонавіювання, то чи могли послідовники Ісуса, котрі прагнули продовжити Його служіння, навмисне вигадати побрехеньку про оживлення свого Учителя? Чи був Ісус міфом або легендою?

Якби тіло зникло зразу після смерті, то припущення про викрадення мали б сенс, адже перш ніж оголосити про воскресіння свого Наставника, учні мали б позбутися Його тіла. Проте не було жодного доказу того, що тіло вкрали. Не існувало доказу навіть такої можливості. Навіщо апостолам посилатися на свідчення жінок, чию думку не враховували на судових слуханнях? Хоч послідовниці Христа першими виявили, що гробниця порожня, ніхто з опонентів не брав до уваги їхнє свідчення. Якщо існувала змова, то учні зробили б усе, щоб підтасувати карти на свою користь, замість того, щоб цитувати недоречні свідчення жінок, головних свідків. Які ще можливі мотиви могли виникнути? Якщо Ісус помер і ніколи не ожив, то служіння апостолів не мало б сили й не переконувало б людей. Насправді сталося протилежне.

У такому разі, чи могла розповідь про життя та воскресіння Ісуса поступово обрости легендами, а з роками стати міфом? Думка мала сенс, бо деякі саме так сприймали біблійний текст. Однак це не пояснювало спорожнілої гробниці та стрімкого поширення християнства невдовзі після розп'яття. Якби євангельська розповідь складалася з переказів, і кожен додавав би до неї, що хотів, то текст неодмінно потрапив би до вороже налаштованих очевидців. Вони б легко продемонстрували, що розп'яття і воскресіння – це вигадка чи казочка. Надто багатьма деталями могли скористатися релігійні опоненти Ісуса, щоб довести фальсифікацію. Проте жодної зачіпки не знайшлося. Натомість апостол Лука заявляє, що докладно розпитав усе в очевидців, після чого записав їхні свідчення у Євангелії та книзі Дій. При цьому, і він, і свідки були ще при житті. Будь-який сучасник міг спростувати його записи, але цього не зробив.

Так я обмірковував можливі сценарії, однак жоден із них не витримав тест логіки і фактажу. Щось таки змусило християнство перерости у вогнище, котре не згасало, попри неймовірний опір. Це викликало чимало запитань. Євреї-ортодокси очікували фіаско від послідовників Ісуса. Єдиним, хто міг стояти за християнством, був хіба що Бог: «І встав у синедріоні один фарисей, Гамаліїл на ймення, учитель Закону, поважаний від усього народу, та й звелів на часинку апостолів вивести. І промовив до них: "Мужі ізраїльські! Поміркуйте про людей оцих, що з ними робити ви маєте. Бо нещодавно повстав був Тевда та й казав, що великий він хтось, і пішло за ним з чотириста люду. Тепер він забитий, а всі ті, хто слухав його, розпорошились та обернулись в ніщо. Після нього повстав, під час перепису, галілеянин Юда, та й багатьох потягнув за собою. Загинув і він, а всі, хто слухав його, розпорошились. І тепер кажу вам: відступіться від цих людей і занехайте їх! Бо коли від людей оця рада чи справа ця буде, розпадеться вона. А коли те від Бога, то зруйнувати того не зможете, щоб часом і вам не стати богоборцями!" І послухались ради його» (Дії 5:34-39).

Окрім цього, увагу привернула одна цікава деталь у поведінці учнів. Вони бачили воскреслого Ісуса. Проте їх довелося чомусь переконувати в тому, що Ісус оживив. Апостоли самі не повірили спочатку! Адже не встигли морально відійти від розлуки з близькою людиною, розгублені та навіть перелякані, вони не очікували, що Господь постане перед ними живим і здоровим. Лідер помер, вважали, вони, й тому почувалися пригнічено. Їхні мрії загинули разом із розіп'ятим Христом. Аж тут...

Не ті очікування

Чому учні не очікували, що Ісус воскресне? Зазирнувши в історію єврейського народу, я дізнався, що євреї сподівалися на воєнно-політичного керівника, який мав з'явитися в Ізраїлі, щоб визволити їх від римського гніту. Називали вони такого лідера Месією, тобто, Спасителем, Рятівником. Я також з'ясував, що деякі релігійні авторитети не вірили у таке явище, як воскресіння. Були і ті, хто навчав, що воскресіння станеться тільки в кінці світу. Учні не очікували того, що Син Божий помре за гріхи людства, кульмінацією чого стане Його воскресіння. Ісус не вписувався в їхню концепцію Месії, а Його воскресіння перебувало поза межами тогочасних релігійних переконань. Навіть між собою апостоли сперечалися про те, хто яку роль відігравaтиме у Царстві, що от-от настане.

Радикальні зміни в житті

Після того, як Ісус воскрес із мертвих, життя Його послідовників радикально змінилося[24]. Перед розп'яттям і під час арешту Христа Петро тричі відрікся Його, а решта учнів розбрелася, мов розпорошені вівці. Та раптом із депресивних та дезорієнтованих віруючих вони преобразилися у сміливих і радісних благовісників життя вічного. У Діях апостолів чітко видно, як вони сміливо проголошували воскресіння Ісуса, незважаючи на загрозу ув'язнення, смерті та побиття.

Послідовників Христа спіткала доля вигнанців з тогочасного єврейського суспільства. Навіщо ставати мучеником заради власноруч склепаної побрехеньки? Я не міг знайти пояснення раптовій зміні поведінки особистостей, якби її коренем була неєврейська, безпрецедентна й неправдоподібна історія.

Готовність померти

Ще один вражаючий факт: десятеро з апостолів Ісуса, включно з Павлом, загинули мученицькою смертю, зазнавши тортур через віру в божественну природу Христа і Його воскресіння[25]. Якби Ісус не устав із могили, то ці люди попрощалися зі своїм життям, знаючи, що помирають заради вигадки[26]. Це зачепило мене. Жоден із апостолів не відрікся своєї віри, незважаючи на жахливі тортури, біль, утиски, смерть[27]. Я не міг уявити, щоб хоч хтось із них не розколовся, якби знав, що усе це шахрайство. Непохитність перших благовісників вражала.

Сьогодні нікого не здивує те, що люди вмирають за брехню. Адже зазвичай жертви пропаганди не усвідомлюють, що їхня ідеологія – брехня[28]. У випадку апостолів усе було інакше. Якби вони вигадали побрехеньку, то чітко б розуміли, що віддають життя за власне дурисвітство. «Хто би спромігся на таке?» – запитував себе. Усі сподівання учнів на встановлення царства, що скине з себе римське ярмо, та здобуття високого політичного статусу для себе у такій державі померли на хресті разом із Учителем. Тому всі обіцянки Ісуса про вічне життя, грядуще царство Боже, прощення гріхів дорівнювали б нулю, якби Він залишився лежати мертвим у гробниці. Фальшувати історію про воскреслого теслю не мало для них жодного сенсу. На противагу теорії про «вигадку», я не міг знайти пояснення такій високій ціні, яку сплатили апостоли за своє переконання у воскресінні Христа.

Підсумки

Історичні факти свідчили про те, що Ісус помер, а поховали Його у гробниці, яка за три дні спорожніла. При цьому не існувало жодного пояснення, куди зникло тіло. Чимало людей на власні очі бачили Христа після воскресіння. Люди спілкувалися з ожилим Ісусом, внаслідок чого виникло християнство. Нову релігію поширили учні Христа, хоча нове вчення суперечило їхнім попереднім юдейським переконанням та уявленням про Месію.

Єдиним логічним поясненням усьому цьому було воскресіння. Опираючись на ці факти, саме воскресіння найкращим чином пояснювало всі докази. У такому разі, сталося найбільше диво з усіх див на світі. Своїм науковим розумом я жодним чином не міг цього прийняти, хоча інших пояснень не мав. Серце було ладне вистрибнути із грудей, але розум уперто дихав скептицизмом. Між ними наче розгорнулася війна. Мене рвало на шматки зсередини. Я почувався розчарованим, бо не знайшов кращого пояснення. Коли обмірковував різні сценарії, усвідомив, що не врахував один важливий дослідний інструмент, яким послуговувався роками упродовж медичної практики.

Розділ V
ТРЕТІЙ ЕТАП ДОСЛІДЖЕННЯ
Юдейське Письмо

Давньоєврейське Письмо і християнський Старий Заповіт

– Негайно зробіть ЕКГ і надайте показники ензимів! У пацієнта симптоми серцевого нападу!

– Слухаю, докторе Віман. Викликаю колег. За мить повернуся з монітором і бригадою.

Додаткові тести підтвердили діагноз: серцевий напад. Як професіонал я, ставлячи діагноз, рідко довіряв тільки одній думці. Свого часу проходив практику в кардіології. Щоб переконатися, чи справді стався серцевий напад, ми звіряли результати кількох незалежних тестів. Насамперед робили електрокардіограму (ЕКГ) та брали кілька аналізів крові. ЕКГ показувала динаміку імпульсів серця, аналізи крові показували рівень ушкодження серцевих клітин. Коли обидва дослідження давали позитивний результат, у більшості випадків це підтверджувало діагноз серцевого нападу.

Згадавши цей епізод, я подумав, що могла існувати ціла низка доказів воскресіння та інших аспектів життя Ісуса Христа, що не залежали від чотирьох Євангелій та записів очевидців, з якими щойно ознайомився. Якби існували неупереджені дані, які можна дослідити, то ймовірність воскресіння як історичного факту зросла би суттєво.

Тому я вирішив ґрунтовно дослідити деталі справи, аби докопатися до істини. Можливо, це найважливіше дослідження мого життя. Коли на карті стоїть вічність, то зусилля варті того. Бувало, повертався додому виснаженим після роботи й хотів просто розслабитися й не навантажувати голову зайвим. Раніше у цей самий час аналізував ситуацію на біржах та вивчав інвестиційні можливості. Тож хіба міг зупинитися на півдорозі тепер, коли мав шанс довести або спростувати існування абсолютної істини й самого Бога?

Месія

Апостоли вважали воскресіння доказом того, що Господь – Спаситель світу. Цікаво, що це не єдина їхня аргументація. Вони також посилалися на древні юдейські пророцтва, що збулися в особі Ісуса й підтверджували Його божественну природу.

Більшість ровесників Ісуса не мала можливості бачити Його воскресіння, але кожен міг самостійно прочитати Письмо й перевірити, чи справді Його життя й особистість відповідали написаному в пророцтвах давніх текстах.

Апостоли сміливо цитували пророцтва про народження, життя, розп'яття, поховання та воскресіння Ісуса, як зазначено в Новому Заповіті. Запевняли в тому, що Ісус виконав передбачення древніх. Власне, це був найпотужніший аргумент, що переконував євреїв і язичників у необхідності навернутися до християнства. Чому? Це я і мав з'ясувати.

«Що ж то за пророцтва?» – запитував себе. Після вивчення цього питання з'ясував кілька ключових моментів. Юдейське Письмо складалося з древніх книг, написаних багатьма авторами впродовж майже тисячі років. Юдеї вірили, що ці книги були Словом Божим. Іншими словами, Бог безпосередньо надихнув окремих осіб записати Його слова. Письмо вважали сакральним. Його ретельно зберігали впродовж тисячоліть. Існувала ціла каста учителів, які присвятили все життя переписуванню й збереженню Святого Письма для наступних поколінь. У текстах ішлося про історію Ізраїлю, генеалогію, закони та обряди, релігійну практику, там також були пророцтва, пісні, древня поезія. Найостаннішу збірку книг Святого Письма написано за 400 років до нашої ери.

Одну річ я не врахував на початку свого дослідження. Єврейський народ справді очікував Месію, Спасителя. Євреї вірили в Його прихід, адже древні тексти докладно розповідали про різні обставини життя Христа і давали характеристику Його особистості. Віра в Месію належала до культури та історії євреїв, формувала їхній світогляд. Це стосувалося й учнів Ісуса. Вони уявляли, що Месія буде великою фігурою на політичній арені й одного прекрасного дня визволить єврейський народ від римського ярма.

Розділ V. Третій етап дослідження. Юдейське Письмо

Уперше читаючи Новий Заповіт, я звернув увагу на безкінечні посилання на давні пророцтва. Тоді ігнорував їх. Тепер пригадав, як цар Ірод скликав нараду авторитетних дослідників юдаїзму. Мудреці зі Сходу саме прийшли до Єрусалима, шукаючи «новонародженого Царя Юдейського». Учителі Закону дали ствердну відповідь, що за пророцтвами Месія мав справді народитися у Вифлеємі. У Євангелії від Матвія 2:6 сказано, що вони процитували один із старозаповітних уривків – пророка Михея 5:2, обґрунтовуючи перед царем Іродом свою віру в Месію. Автори Нового Заповіту постійно наголошували на тому, що в Ісусі Христі здійснилися пророцтва, записані за сотні й навіть тисячі років до Його приходу.

Ісус також проголосив, що виконав пророцтва: «Не подумайте, ніби Я руйнувати Закон чи Пророків прийшов. Я не руйнувати прийшов, але виконати» (Мт. 5:17). Він також зазначив, що у старих юдейських книгах також ідеться про Нього: «Дослідіть-но Писання, бо ви думаєте, що в них маєте вічне життя, вони ж свідчать про Мене!» (Ів. 5:39). Окрім того, Ісус прямим чином заявив про своє месіанство: «Відказує жінка Йому: "Я знаю, що прийде Месія, що зветься Христос. Як Він прийде, то все розповість нам". Промовляє до неї Ісус: "Це Я, що розмовляю з тобою..."» (Ів. 44:25-26).

Одна річ мене здивувала. Збірка книг, яку християни називали Старим Заповітом, була Святим Письмом юдеїв. Виявляється, вони користувалися тими ж самими текстами, тільки розташованими в іншій послідовності. При цьому, деякі книги були об'єднані в одну, хоча зміст залишався практично незмінним! Це було справжнє відкриття для мене.

Певна річ, християнство та юдаїзм – окремі релігії в сучасному світі. Більшість євреїв та рабинів не вірять в Ісуса Христа. Ось чому я не очікував побачити що-небудь, пов'язане з Ісусом Христом, у єврейському Письмі, особливо зважаючи на те, що формування Старого Заповіту було завершено за чотириста років до народження Христа. Таким чином, апостоли жодним чином не могли підробити древні тексти, додавши до них згадку про Месію чи окремі фрагменти, що точно змальовували життя Ісуса.

Тепер я зрозумів, чому християнство не претендувало на статус «нової» релігії, адже було втіленням древнього юдаїзму. Іншими словами, християни вірили усьому, що було написано в юдейському Письмі й вважали його своїм Словом Божим. Вірили в єдиного істинного Бога, як і юдеї. Чітко стверджували, що Ісус – це Месія, прихід Якого було передбачено в Біблії. Здивувало те, що першими християнами були переважно євреї. Це стосувалося апостолів і Павла. За винятком Євангелії від Луки та книги Дій, увесь Новий Заповіт також написано євреями.

Пророцтва відіграли надзвичайно важливу роль у визначенні позиції «за» чи «проти» Ісуса. Якщо вони справді вказували на Господа, то Старий Заповіт був серйозним підґрунтям для віри у спасіння людства через Ісуса Христа, згідно з Божим задумом.

Неможливо чітко й безпомилково описати подробиці майбутнього, щоб «усе сталося, як гадалося». Хіба що існував надприродній фактор. Виконання пророцтв тільки підтверджувало богонатхненність Письма та пояснювало шанобливе ставлення до нього юдеїв, які ретельно переписували й зберігали кожну літеру.

Зважаючи на давні пророцтва, доктрина про Ісуса Христа і спасіння душі часів ранньої Церкви не була чимось новим. Учням Ісуса не довелося винаходити «нову релігію», як це хибно висвітлюють у деяких підручниках. Відбулося дещо інакше. На очах апостолів збулися довгоочікувані сподівання юдейського народу. Ось чому некоректно вважати, що Ісус – легенда або міф. Адже Його реальне існування докладно описали пророки у Святому Письмі ще за кілька століть до Його приходу.

Юдеї претендували на віру в єдиного істинного живого Бога й чекали на прихід Месії. Це було важко назвати «збігом обставин», особливо, коли на історичній сцені з'явилася особа, що відкрито проголосила себе Богом і Спасителем. Одного тільки я не міг збагнути: чому більшість євреїв вірила не хотіла у це вірити?

Отже, я мав з'ясувати, що саме казали давні юдейські пророцтва про Месію. Які аспекти висвітлювали, скільки саме існувало передбачень, чи всі вони здійснилися? Може, не справдилося жодне? Якщо пророцтва від Бога, а Ісус – Його втілення, то мав би виконати всі.

Не менш цікаве питання: чому євреї відкинули Ісуса як Месію? Якщо Господь, припустимо, виконав їхнє ж Святе Письмо, як могли не прийняти Його?

Перш ніж робити висновки, я мав з'ясувати суть пророцтв. Вони змальовували події майбутнього. Передбачення записували й проголошували люди, яких називали пророками. Вони не тільки проголошували майбутнє, а й виконували волю Божу. Чи справді тексти Святого Письма, написані за багато століть до появи Христа, докладно розповідали про Його життя? Хотілося з'ясувати правду насамперед для самого себе.

На сторінках усього Старого Заповіту крилося чимало прототипів Ісуса Христа. Вживаючи слово «прототип», я маю на увазі подію, про яку згадується в минулому часі так, ніби вона уже сталася. Також вживають слово «передбачення», яке часто зображає майбутню подію наочно, образно, наче художник малює картину. Передбачення нагадує тінь зображення, вдивляючись у яке, ми розуміємо, що за нею криється справжній об'єкт.

Спочатку я розглянув пророцтва, адже вважалося, що вони прямим чином вказували на Месію. Пророцтва були всюди на сторінках Старого Заповіту, їх писали багато авторів у різні періоди історії Ізраїлю. Пророки змальовували народження, життя, смерть і навіть воскресіння Месії. Додатки, таблиці й коментарі в моїй Біблії я сприймав за принципом «номінальної вартості» – спочатку з'ясував їхнє значення для християнської традиції, а потім перевірив протилежні точки зору.

Пророцтва про Месію

Я розпочав із пророцтва, що розповідало про народження Месії. Написав його пророк Михей ще за 700 років до н.е.: «А ти, Віфлеєме-Єфрате, хоч малий у тисячах Юди, із тебе вийде Той, що буде Владикою в Ізраїлі, і віддавна постання Його, від днів віковічних» (Мих. 5:2).

Отже, Месія мав народитися у Віфлеємі та водночас бути «від днів віковічних» (існувати і в час написання пророцтва, і в час його втілення). З'ясувалося, Господь справді народився у Віфлеємі, а християни вважали Його «Богом предвічним».

Апостол Іван у перших рядках Євангелії назвав Ісуса «Словом». Ось як звучить цей уривок: «Споконвіку було Слово, а Слово в Бога було, і Бог було Слово. […] І Слово сталося тілом, і перебувало між нами, повне благодаті та правди, і ми бачили славу Його, славу як Однородженого від Отця» (Ів. 1:1, 14). Ісус – Слово, яке було Богом і водночас «плоттю», людиною. Сутність Христа відповідала опису обох пророцтв, хоча на цьому етапі я не зовсім чітко розумів їхнє значення.

Про народження Месії писав і пророк Ісая близько 700 років до н.е.: «Господь Сам дасть вам знака: ось Діва в утробі зачне і Сина породить, і назвеш ім'я Йому – Еммануїл» (Іс. 7:14). Цей уривок викликав іще більшу цікавість, ніж попередній. Христос мав народитися від «діви» й отримати ім'я «Еммануїл», що означало «Бог з нами». Я відхилився на спинку крісла й глибоко вдихнув повітря, щоб осмислити прочитане. Адже в Євангеліях саме про це і сказано: Ісус народився від діви Марії. Прийшовши у цей світ, Він буквально став отим «Еммануїлом», «Богом з нами».

Пророцтво Ісаї так вразило мене, що я став далі міркувати про його значення. Старий Заповіт написано давньоєврейською мовою, я ж читав переклад англійською. Чи справді автор вжив слово «діва»? Це питання відігравало ключову роль у цьому уривку. Адже автор, пророк Ісая, міг написати щось інше, наприклад, «молода дівчина». Ще за кількасот років до приходу Христа юдейські книжники переклали своє Письмо на давньогрецьку, нині цей переклад відомий як Септуагінта. Так от, у старовинному грецькому тексті вживалося конкретне слово «діва». Який же зміст вкладали в це слово юдейські писарі за кількасот років до народження Месії?

Річ у тім, що спочатку я вважав, що християни підігнали «базу під фразу» – втулили у Старий Заповіт термін, який відповідав їхній догматиці. На превеликий подив, наявність Септуагінти засвідчила протилежне: цілковиту неупередженість перекладачів. Тільки одне грецьке слово могло означати «діва», і вони обрали саме його, нічого не підозрюючи про майбутню християнську догматику. Це вражало, але я впирався і не поспішав приймати віру у непорочне зачаття.

Наступний аспект: Месія мав походити з роду Давида, легендарного царя, який правив Ізраїлем десь за тисячу років до приходу Христа. Тому єврейський народ часів Ісуса чітко знав, що Месія походитиме зі славного роду Давида, згідно зі Святим Письмом, яке вони постійно читали у синагогах. Тепер я зрозумів, чому Лука та Матвій вирішили додати до євангельських розповідей родоводи Ісуса. Матвій проводить лінію від Йосипа, земного батька Христа, а Лука окреслює генеалогію Марії. І Йосип, і Марія походили з роду царя Давида! Ось чому для обох авторів родовід Ісуса відігравав надзвичайно важливу роль. Генеалогія чітко демонструвала, що Ісус – і є довгожданий Месія, про якого віщували пророки.

Я ледь не втратив дар мови, коли прочитав рядки, написані за тисячоліття до Різдва Христового: «Обліг мене натовп злочинців, прокололи вони мої руки та ноги мої... Я висох, рахую всі кості свої, а вони придивляються й бачать нещастя в мені! Вони ділять для себе одежу мою, а про шату Мою жеребка кидають...» (Пс. 21:17-19). Автор змальовував картину розп'яття задовго до того, як римляни винайшли цей інструмент тортур! Містичним чином пророк бачив проколені руки й ноги, хоча в його історичній реальності таких способів смертної кари не існувало.

Отже, пророки згадували про розп'яття Ісуса Христа задовго до Його появи. Як таке могло бути? Єдине, з чим асоціювалися слова «проколені руки та ноги», це розп'яття. Мозок закипав від містичного досвіду пророків, які записали те, чого не існувало в їхні дні!

Очевидно, у Псалмі йшлося не тільки про розп'яття, а й про те, що одяг Месії воїни поділять між собою, попередньо кинувши жереб. Я був змушений визнати факт, що це сталося з Ісусом за тисячу років після написання цього пророцтва. Христос не міг штучно організувати ці події: «Розіп'явши ж Ісуса, вояки взяли одіж Його та й поділили на чотири частини, по частині для кожного вояка, також і хітона. А хітон був не шитий, а витканий цілий від верху. Тож сказали один до одного: "Не будемо дерти його, але жереба киньмо на нього, кому припаде". Щоб збулося Писання: "Поділили одежу Мою між собою і метнули про шату Мою жеребка". Вояки ж це й зробили...» (Ів. 19:23-24).

Іван цитує юдейське Письмо і наголошує на тому, що ці події – здійснення пророцтва. У процесі дослідження Нового Заповіту я натрапив на безліч подібних цитат із юдейського Письма. Це постійно вражало, але мене досі не залишав скептицизм. Хотілося чогось більшого, такого, що зачепило би за живе, що мав відчути усім єством.

Таким пророцтвом виявилися слова пророка Ісаї. Я затамував подих: «Направду ж Він немочі наші узяв і наші болі поніс, а ми вважали Його за пораненого, неначе Бог Його вдарив поразами й мучив... А Він був ранений за наші гріхи, за наші провини Він мучений був, кара на Ньому була за наш мир, Його ж ранами нас уздоровлено! Усі ми блудили, немов ті овечки, розпорошились кожен на власну дорогу, і на Нього Господь поклав гріх усіх нас!» (Іс. 53:4-6).

Отже, Месія понесе кару за гріх «усіх нас». Його битимуть батогом, на Його тілі залишаться шрами. Слова, записані за сотні літ раніше, читалися, ніби текст часів ранньої Церкви. Паралель, проведена між словами пророка та євангельською розповіддю, здавалася мені надто очевидною. Проте фальсифікувати текст, написаний за сімсот років до приходу Христа, було неможливо.

Я підбив підсумки. За пророцтвами, Месія народиться у місті Вифлеємі від діви і буде нащадком царя Давида. Його руки й ноги будуть «проколені», Він візьме на себе гріх усіх людей, буде покараний замість них. Існування Месії – вічне, Його назвуть «Бог з нами». Євангельська характеристика Ісуса Христа чітко відповідала кожному з цих пророцтв. Невже існують ще якісь передбачення про Ісуса?

Наступне пророцтво, яке розглянув, знайшов у книзі Даниїла. У ній натрапив на розрахунки, що вказували точну дату прибуття Месії в Єрусалим. «Це вже зовсім цікаво», – зауважив я. Дослідивши уривок, опинився у ступорі. Річ у тім, що розрахунки пророка Даниїла чітко вказували день, коли Ісус в'їхав до Єрусалима у Вербну неділю. Саме тоді Господь явив Себе людям як Месію![29] Цифри було настільки точні, що скидалися на містерію, проте нічого казкового в цьому уривку не було.

Окрім того, пророк Даниїл передбачив, що Месія загине: «І по тих шістдесяти двох тижнях буде погублений Месія, хоч не буде на Ньому вини» (Дан. 9:26). Це важливий нюанс, бо, за логікою, я не чекав, що так званий Спаситель помре. Євреї, які сподівалися на прихід політичного визволителя, тим більше не очікували такого повороту подій. Але ось тобі маєш – пророцтво у їхньому ж Святому Письмі!

Цікаво, що пророк чітко зазначив, що Месія загине не за Себе. Мене сповнили дивні почуття, коли вдруге перечитав слова Даниїла. Яким чином Даниїл передбачив дату явлення Христа світу? Звідки знав, що Месія загине, причому не заради Себе? Скільки ще історичних осіб відповідали цим характеристикам? Я збентежився.

Щоразу, коли натрапляв на пророцтво про Ісуса, хотілося прочитати ще одне. Господь щоразу відповідав написаному про Месію! Я міг знову і знову тараторити про «збіг обставин», та кількість пророцтв, що збулися в особі Христа, вражала. Розум укотре чинив опір відмовками на зразок: «Це просто неможливо. Збіг обставин, та й годі. Навряд чи пророцтва стосувалися Ісуса». Натомість мене вражала кількість прямих і непрямих стародавніх посилань на Месію, які чітко вказували на Ісуса Христа, хоч написані за сотні літ до Його приходу.

Згодом я припинив полювання на пророцтва. Їх виявилося понад триста. Шістдесят одне з них дослідники вважали головними[30]. Ісус виконав кожне з них. Ймовірність існування іншої особи, яка могла претендувати на втілення хоча б восьми основних пророцтв, була практично нульовою. За підрахунками Джоша Мак-Давела, вона становила б 1 з 10^{17}, або 1 із 100.000.000.000.000.000!!![31] Ось його слова: «Тепер зазначу наступне. Пророцтва про Месію – або результат натхнення Божого, або самодіяльність віщунів. У такому разі пророки мали б один із 10^{17} шансів виконання своїх передбачень в особі будь-якої іншої людини. Проте всі вони збулися зі стовідсотковою точністю в особі Ісуса Христа. Це означає, що виконання хоча б восьми головних передбачень доводить, що сам Бог надихнув авторів вказати на майбутнього Месію, і цій чіткості може бракувати хіба що одного шансу із 10^{17} для того, щоб бути абсолютною».[32-33]

Отже, Мак-Давел запевняв, що за пророцтвами міг стояти тільки Бог, якби виконалися б хоч вісім основних передбачень, але Ісус виконав усі триста! Я не знав, що й думати. Залишалося погодитися, що тільки Бог, якщо існує, міг неймовірним чином об'явити пророкам стільки подробиць про життя Того, Хто ще не з'явився на світ.

На цій ноті я вирішив перепочити. Моя фантазія вичерпалася для пошуків пояснень. Пророцтва попахували надприроднім, і це лякало. А Біблія ними кишіла! Мимохідь подумав: чи міг Ісус постаратися і власними силами виконати пророцтва? Уважно перечитавши Євангелію, я зрозумів, що більшість обставин перебували за межами Його компетенції; Він виконував «волю Отця». Ох і важко було мені «проковтнути» таку кількість пророцтв про Месію, та ще й таких точних. Я розумів правду, але не хотів її визнавати.

Ознайомився з іншими точками зору в Інтернеті й натрапив на шквал критики й спростувань. Дехто заявляв, що пророцтва тлумачать поза контекстом, інші стверджували, що окремі передбачення взагалі не були пророцтвами, бо автори від самого спочатку не мали намірів писати про майбутнє. Чимало аргументів мали сенс й так-сяк переконували. На одні й ті ж самі пророцтва існували полярні точки зору, й це здивувало найбільше.

Поки що не знав, які висновки робити, тому вирішив не ставити крапки на цьому питанні, а піти далі й докладніше ознайомитися з прототипами Ісуса у Старому Заповіті.

Прототипи Месії

Йдеться про взірець майбутнього. Впродовж історії виникало чимало прообразів Ісуса, відображених у Старому Заповіті. Їх можна порівняти з картиною, всю велич якої зрозуміють тільки прийдешні покоління. Наприклад, на сторінках юдейського Письма часто йдеться про жертви і жертвоприношення. Вони вказували на Христа, Який стане жертвою за гріх усього людства в майбутньому. Наявність у давніх текстах яскравих образів, що точно змальовували обставини життя Ісуса, свідчила про те, що пророки черпали натхнення в Бога. Щоб переконатися в цьому, достатньо хоча б провести паралелі між Старим і Новим Заповітами.

Юдейська система жертвоприношень

Найочевиднішим прототипом Христа була юдейська система жертвоприношень, про яку докладно написано в Божих постановах. Смерть і кров невинних тварин мали глибоке символічне значення для євреїв. У їхній релігійній культурі фігурувала ідея «заступництва» – замість людини помирала тварина, що спокутувала гріх.

Досі пам'ятаю дивні слова, які почув на острові Марко: «Невинний і безгрішний Ісус помер замість тебе. Його кров очистить тебе від гріхів, якщо повіриш у Нього, покаєшся перед Ним і довіриш Йому своє життя». Нарешті я почав прозрівати й розуміти, що мали на увазі християни. Жертвоприношення тварин символічно вказували на Ісуса як на останню жертву, що раз і назавжди задовольнила справедливість Божу. Власне, у цьому полягала одна з ключових доктрин Нового Заповіту. Принаймні, ідея жертви за гріх не була новою. Юдеїв не дивувало таке явище, як «заступницька смерть» або кров тварин, що проливається на сплату ціни за гріх людини. «Сила образів і паралелі між обома релігіями, юдейством та християнством, неймовірні», – подумав я.

Великдень

Євреї називали Великдень Пасхою, від слова «песах» – оминати, проходити повз.

Цей релігійний обряд має неабияке символічне значення стосовно Ісуса Христа. Деякі друзі мого дитинства цілий тиждень споживали мацу замість звичайного хліба. Власне, це все, що я розумів про Пасху. Певна річ, такі знання важко назвати вичерпними. Тому я копнув глибше й розглянув дванадцятий розділ книги Вихід.

Пасха – найперше свято євреїв, які святкують його донині. Усе почалося з виходу народу Мойсеєвого з Єгипту. Тільки згодом його людей почали називати євреями. Мойсей мав привести їх до «обіцяного краю». Чотириста років вони гнули спину в Єгипті. Бог настановив пророка, який сказав доленосну фразу: «Відпусти народ». Фараон відмовив. Тоді Бог послав дев'ять кар на землю єгипетську. Правитель і після цього не відпускав рабів на свободу. Врешті-решт, Бог попередив Мойсея про останнє прокляття. Вночі всі старші сини єгипетського краю загинуть. Кара поширювалася і на євреїв. Проте Господь дав Мойсеєві чіткі інструкції. Той, хто повірить і виконає Його наказ, не постраждає. Кожна віруюча родина мала принести в жертву ягня чоловічого роду, яке не мало вади, й помастити його кров'ю одвірки (бокові та верхні дерев'яні бруси рами дверей). Виконавці обряду мали вірити в те, що кров ягняти їх захистить. Тієї ночі з'явиться ангел смерті й «омине» (звідси «песах», Пасха) домівки, одвірки яких помащені рятівною кров'ю. Тільки таким чином старші сини уникнуть гибелі.

Я замислився. Кров досконалого ягняти, невинної жертви, рятувала людей від суду Господнього. Я не міг проігнорувати очевидний і прямий символізм – кров Ісуса Христа. Він також був невинний, також не мав гріха. Віруючий у рятівну силу Його крові уникав суду Божого. Це одна з фундаментальних доктрин християнства. Пригадав слова Предтечі, який вигукнув: «Ось Агнець Божий, що бере на Себе гріх світу!» (Ів. 1:29). Іван Хреститель вказав на те, що Ісус був отим «агнцем», про якого йшлося у старозаповітній книзі. Тільки Цей ніс кару за гріхи всього людства. Я був змушений визнати, що Господь втілив образ пасхального ягняти. Коли з'ясував, що Ісуса розіп'яли на свято Пасхи, по спині пройшовся морозець. Важко вірилося у «збіг обставин».

Критики полемізували, чи справді пасхальне ягня спокутувало гріхи людини. Дехто наголошував на тому, що тільки тварини без вади годилися для жертвоприношення, згідно зі Святим Письмом. Натомість, тіло Ісуса було недосконале через завдані рани й тортури. «Хіба відповідав Христос вимогам, описаним у книзі Вихід?» – кидали виклик буквоїди.

Я розумів, до чого вони хилять, однак не міг погодитися з таким однобоким тлумаченням. У Новому Заповіті зазначалося, що Ісус не мав гріха. Як невинне пасхальне ягня перед заколенням, так і Він був без вади. Спосіб загибелі не впливав на сутність особистості впродовж років земного життя. Очевидно, паралель між Ісусом і пасхальним агнцем заперечували лише критикани, які завжди казали «ні». Я не сумнівався, що побої та шрами на тілі Христа не скасували Його зв'язку зі старозаповітним образами. Згідно з віруванням християн, кров Христа, пролита на хресті, спокутувала гріх людей і рятувала їх від суду Божого.

Дещо мене приголомшило. У Божих інструкціях простежувалася певна методика. Кров ягняти виливали у спеціальну посудину біля входу. Ту посудину поміщали у виїмку, викопану в землі для стоку дощової води. Спеціальну щітку (на зразок українського квача), якою фарбували або розмальовували зовнішні стіни й двері дому, виготовити зі стебел гісопу – трави, аналогічної синьому звіробою. Послідовність дій було чітко окреслено. Насамперед юдей мав вмочити квача у кров, що у посудині. Після цього – позначити спочатку верхній брус дверної рами, потім – обидва бокові бруси.

Я ледь не знепритомнів, коли усвідомив, що така послідовність рухів вказувала на... хрест! Кров'ю невинного ягняти юдеї малювали на входах у свої домівки образ хреста! Кров агнця, принесеного в жертву, рятувала їх від суду Божого! «Це якийсь сюрреалізм», – подумав. Яким чином цей символізм увійшов у традицію єврейського народу? Її ж дотримувалися понад тисячу років задовго до народження Ісуса... Я сидів вражений. «Скільки ще подібних символів у Старому Заповіті? Це не вкладається в голові!» – вигукнув уголос, сидячи в домашньому кабінеті після роботи.

Авраам та Ісаак

Вразило ще одне відкриття. Книга Буття, двадцять другий розділ, розповідає про чоловіка на ім'я Авраам, якому Бог звелів узяти свого єдиного сина Ісаака й відвести на гору, щоб принести в жертву. Син підіймався на вершину й власноруч ніс хмиз і дрова, виконуючи волю отця. Назва гори – Морія. Три дні Авраам дивився на свого сина, мов на живого мерця. На щастя, у вирішальний момент Бог заступився за юнака, вказавши на іншу жертву – «баран зав'яз у гущавині своїми рогами». Таким чином, «баран» зайняв місце на жертовнику замість Ісаака.

Літературні джерела свідчили, що ця історія сталася на території, де був згодом розіп'ятий Ісус, – Голгофі. Ісаак ніс на спині хмиз, а Ісус – дерев'яний хрест. Через те, що тіло Господа цілковито виснажилося після тортур, хрест наказали нести іншому. Христос зійшов на Голгофу як єдиний син, Божий. Він також виконував волю Отця, як Ісаак – свого батька

Авраама. Бог заступився за людей і, замість покарати їх, приніс у жертву «Сина Свого Однородженого», як написано в Євангелії: «Бо так Бог полюбив світ, що віддав Сина Свого Однородженого, щоб кожен, хто вірує в Нього, не загинув, а мав життя вічне. Бо Він не послав Свого Сина, щоб світ засудити, але щоб через Нього світ урятувати» (Ів. 3:16-17).

Авраам та Ісаак жили майже за тисячу чотириста років до Різдва Христового. Уже тоді випадок на горі Морія віддзеркалював Божий задум спасіння, що здійснився у місцевості, змальований у Новому Заповіті.

Хтось зауважить, що розповідь про батька та сина не зовсім доречна для євангельського контексту, адже Ісаак не загинув. Однак звернімо увагу на те, що ключова думка в історії про сходження Авраама та Ісаака на гору полягає в ідеї заступництва. Бог не допустив смерті хлопця, натомість передбачив іншу жертву, яка буде принесена *замість* Ісаака. Загинув агнець, як згодом загинув Христос – замість людей.

Це лише кілька аналогій на сторінках юдейського Письма. З'ясувалося, схожих паралелей у рази більше. Стародавні прообрази, наче тінь, вказували на справжню картину, відображену в Новому Заповіті. Я сподівався, що в процесі дослідження зумію послабити враження від прочитаного. Мої сподівання виявилися марними. Я загнав себе у глухий кут.

Біблійні пророцтва та образи були яскравими, зрозумілими, точними. Прямим і непрямим чином вони збігалися з деталями життя Ісуса Христа. Було безглуздо з мого боку підозрювати пророків у прихованих мотивах чи фабрикації текстів. Адже більшість передбачень про Месію увійшли до юдейських канонів задовго до Його народження. Археологічні знахідки лише підтверджували цей факт. По-друге, припущення про спотворення змісту священних книг, аби знівелювати месіанську сутність Ісуса, також не витримувало критики. Адже упродовж століть юдеї найретельнішим чином переписували й зберігали кожну «букву закону», що тільки підтверджувало авторитетність давніх пророцтв.

Гіпотеза про змову також не мала опори. Навіщо Аврааму та Ісааку розігрувати сцену сходження на гору? Як вони могли здогадатися, що Ісус з'явиться у тій же місцевості за тисячу з гаком років?

Отже, месіанські пророцтва й образи існували задовго до появи Ісуса. Більшість авторів не знали одне одного, бо книги додавалися до

Святого Письма впродовж тисячолітнього періоду історії юдейського народу. Ісус не міг вплинути ні на провидців, ні на Марію (наприклад, наказавши їй народжувати у хліву, а не в царському палаці).

Відторгнення Месії

Я запитав себе: якщо докази месіанства Ісуса, надані на сторінках Письма, були такі очевидні, чому євреї зреклися Месії? Поміркувавши над цим запитанням, я визнав, що зреклися не всі.

Найзавзятіше проти Ісуса виступали релігійно-політичні діячі. А знедолений натовп очікував появи правителя, який виборе незалежність євреїв і визволить їх від гніту Риму.

Неозброєним оком видно, що обидва прошарки суспільства неправильно розуміли пророцтва. Місцеві керівники трималися за владу руками й ногами. Не дивно, що проповіді Ісуса становили пряму загрозу їхньому статусу і підривали самі основи корумпованої системи правління тих часів.

З іншого боку, в Новому Заповіті задокументовано факт, що чимало юдеїв таки повірили в месіанство Ісуса. Серед Його послідовників були авторитетні суспільно-релігійні постаті. Наприклад, Йосип із Ариматеї, що поховав Ісуса, належав до елітних релігійних кіл тогочасного юдейського суспільства. Ще одним впливовим діячем був Никодим, який увірував після нічної розмови з Христом. Окрім того, рання християнська Церква складалася переважно з євреїв, хоча досить швидко віра в Ісуса поширилася «до всіх кінців землі». Таким чином, на початку свого розвитку християнство мало багато спільного з юдаїзмом.

Підсумки

У Старому Заповіті було стільки доказів месіанства Ісуса, що я уже не міг залишатися байдужим. Ісус не лише втілив прототип Месії, відображений у пророцтвах. Його розп'яття віддзеркалювало символи та образи з обрядової практики юдеїв.

Я вирішив перевірити, чи не припустився часом помилки у розумінні пророцтв. Чи не вкладав у них зміст, якого насправді не було? Чи правдиві твердження про те, що християни самовільно внесли корективи у старі юдейські тексти, щоб обґрунтувати Новий Заповіт? Уважно проаналізувавши матеріал, я хоч-не-хоч визнав негативну відповідь на обидва запитання.

Зацікавив один факт. Чому аж стільки уривків юдейського Письма вказували на життя Ісуса Христа? Будь-який уважний читач не лише помітить паралелі між Старим і Новим Заповітами, а й визнає одну просту істину: осягнути глибину написаного пророками можливо тільки при зіставленні їхніх передбачень із життям Ісуса.

Я мав знайти вихід із глухого кута, в якому опинився. Почувався, мов у кіно. Дивні почуття сповнювали мою душу, коли натрапив на свідчення існування Бога, які не міг спростувати. Вони корінилися в Книзі, яку люди писали понад тисячу років. Раніше не надавав їй жодного значення. Та й мало хто з мого оточення читав її.

То правда це все чи неправда? За логікою, я мусив погодитися з фактами. Але щось у мені вперто не хотіло брати бика за роги й з'ясовувати, що означають мої знахідки особисто для мене, сім'ї та оточення.

Я не сподівався на такий результат дослідження, адже спочатку націлився на протилежну мету – спростувати релігійні переконання сусідів-християн... Тепер і Новий Заповіт, і Старий ішли в ногу, ще й дихали мені в обличчя. Хай там як, але я не міг допустити сліпої віри. Мене цікавило, чи існує міцніша основа, на якій християни могли твердо стояти. Я продовжив пошуки.

Розділ VI
ЧЕТВЕРТИЙ ЕТАП ДОСЛІДЖЕННЯ
Історичні докази Нового Заповіту

Професори

Чи існують історичні докази Нового Заповіту? Щоб з'ясувати це питання, необхідно неупереджено й прискіпливо розглянути Біблію як історичний документ. Чи надійні записи двотисячолітньої давності? Чи відображає сучасна Біблія справжні тексти, написані Матвієм, Марком, Лукою та Іваном у першому столітті? Може, писали не вони, а хтось інший?

За іронією долі, того ж дня надійшло запрошення прослухати модульний курс аудіолекцій від двох авторитетних американських університетів. Здивувало, що у переліку тем був розділ із біблеїстики, зокрема, курс «Огляд Нового Заповіту», що найбільше мене зацікавив. «Сама доля стукає в мої двері, – подумав я, – що заважає прослухати аудіолекції?» Навчальну програму розробили декани, що мали наукові ступені й написали чимало статей за спеціалізацією. Академічний світ мені близький, я завжди охоче спілкувався з його представниками. Тому й цього разу сподівався, що фахівці, які присвятили життя дослідженню Біблії, бездоганно володіють матеріалом і озвучать переконливі факти.

З перших лекцій з'ясувалося, що жоден із професорів не вірить у те, що Новий Заповіт відображає реальні історичні події. Що більше я слухав, то більше занепадав духом. Серце втрачало надію на те, що коли-небудь вирішу проблему внутрішньої порожнечі людини, яку не міг заповнити цей світ. «Принаймні, розумова діяльність активізувалася», – утішив себе. Парадокс, але одна частинка моєї сутності була прибита горем, а інша тріумфувала! У мені точилася невидима боротьба, якій не міг зарадити.

Мій мозок не хотів брати на себе відповідальність, якої вимагала віра у Творця, в той час як серце жадало відповідей, що мусили десь існувати. Углибині своєї сутності я прагнув вічного, але розум вперто тримався за егоцентризм. Хоча він мав на своєму боці козир – страх. Лякала абсолютна істина, на яку претендувала Біблія, бо сучасна культура не визнавала «абсолютного».

Розділ VI. Четвертий етап. Історичні докази Нового Заповіту

Професор заявив, що доказів існування Ісуса недостатньо. Жодну з Євангелій (від Матвія, Марка, Луки чи Івана) не писав очевидець. Їх написали особи, які жили пізніше. Вони вигадали та дещо прикрасили свою розповідь, аби навернути людей у християнство. Лектор зазначив, що в документах-оригіналах відсутні імена авторів. Головний аргумент – заголовків на зразок «Свята Євангелія від Матвія» у ранніх текстах узагалі не існувало, їх додали згодом. Саме у зміненому вигляді вони й потрапили до наших Біблій.

Я мотав на вус аргументи викладача, який тим часом перелічував невідповідності між чотирма Євангеліями, насамперед у питанні смерті та воскресіння Ісуса Христа. Лука, наприклад, розповідав про те, що жінки, які прийшли до порожньої гробниці, побачили двох чоловіків, тоді як Матвій згадав лише про одного свідка. Професор, наче бульдозером, проїхався по кільканадцятьох невідповідностях. Кожен пункт лунав, як постріл у скроню з револьверу «Магнум» триста п'ятдесят сьомого калібру.

Лектор зазначив, що історики визнають лише факти, що справді сталися у минулому. Оскільки концепція «дива» не вписувалася в науковий метод, вони не мали права досліджувати надприродні явища минулого. «Дива» Біблії вказували на Бога. «А що історики можуть знати про Бога?» – розмірковував професор.

Тепер я почувався, мов боксер. Тільки не як переможець, якому вручили пояс чемпіона, а як невдаха, якого відправили в нокаут. Здавалося, викладач одним махом спростував історичність Нового Заповіту. Його метод виявився дієвим. Увагу слухача акцентували на «розбіжностях», а поняття «надприродного» взагалі викреслили з історичного процесу.

Після перших аудіолекцій на душі стало гірко. Я ж хотів отримати відповіді на злободенні питання життя, смерті, теорії еволюції, проте розум уперто чинив опір моїм душевним прагненням, шукаючи виправдання: «Професори знають істину. Мають же вони наукові ступені, публікації, багаторічний досвід. Хіба могли помилятися стосовно Ісуса Христа і Святого Письма? Здавалося, автори Біблії щиро вірили у свої слова, та чи означало це, що написане відбулося насправді?»

Я вирішив послухати, що скаже інший професор (то була жінка). Вона ознайомила слухачів із головними дійовими особами Нового Заповіту, немов із літературними героями. Звучало дивно. Здавалося, в центрі Біблії – вигадані персонажі, які взаємодіють між собою в чудесних сюжетах, складених на замовлення духовенства. Деякі події опиралися на факти, а деякі з часом обросли міфами. Таким чином, на думку лекторки, біблійний текст поступово трансформувався. Звучало мило й прекрасно, але щось углибині мого серця підказувало про завуальовану хибність такого погляду. «Знову емоції?» – боровся сам із собою. Раптом виникло запитання: цікаво, а звідки ця тітонька знає, які саме події «опиралися на факти», а які «обросли міфами»? Розчарувала однобокість і куце обґрунтування з боку професорки, тому припинив її слухати.

Після знайомства з концепцією «літературних героїв» та «міфологізації» я повернувся до першого лектора і продовжив слухати з того місця, на якому зупинився. Що більше він говорив, то більше дозволяв собі саркастичні коментарі й глузування над християнством. Кепкування видавали його інтонація та формулювання деяких тез. Відчувалося, що лектор гне свою лінію. Проблема полягала в іншому. Я не міг збагнути, навіщо йому це потрібно? Іноді нотки іронії були ледь помітними, проте впадали мені в очі. З якою метою професор кепкує? Здавалося, він мав приховані мотиви. Упередженість була очевидною. Навряд чи викладач усвідомлював, що його слухатиме доктор медичних наук, якого не влаштовуватиме примітивне накручування емоцій. Історія має різнобічно висвітлювати факти, а не підлаштовуватися під пропаганду особи чи партії.

Центральна думка лектора полягала в тому, що Ісус ніколи не заявляв про Свою божественну сутність. «Навіщо професору робити неправдиві заяви? Навіщо маніпулювати свідомістю слухачів?» – я не міг змиритися з неадекватним твердженням. Світлофор показав червоне світло. Здавалося, мій «боксер» почав відходити від нокауту. «Це ж неправда! Професоре, ти городиш нісенітницю і сам про це добре знаєш!» Я був ладен спом'янути незлим тихим словом зухвалого лектора. Він кривив душею, бо не міг ігнорувати очевидне. Несподівано я пригадав біблійний уривок: «"Отець, що дав їх Мені, більший за всіх, і вихопити ніхто їх не може Отцеві з руки. Я й Отець – одне!" Знов каміння схопили юдеї, щоб укаменувати Його. Відповів їм Ісус: "Від Отця показав Я вам добрих учинків багато, за котрий же хочете Мене укаменувати?" Юдеї Йому відказали: "Не за добрий учинок хочемо Тебе вкаменувати, а за богозневагу, бо Ти, бувши людиною, за Бога Себе видаєш..."» (Ів. 10:29-33).

Особисті релігійні переконання – це одне, а поширення неправдивої інформації – зовсім інше. Навіщо стверджувати фальшивку про те, що «Ісус ніколи не вважав Себе Богом»? Чому не ознайомити слухачів зі справжніми біблійними цитатами? Хай би вони самостійно зробили висновки.

Маніпуляції з боку викладача відіграли критичну роль у моєму сприйнятті його матеріалу. Було щось хитреньке в тих аудіолекціях. Обидва професори проштовхували власні ідеї, припускаючись очевидних помилок і нехтуючи іншими точками зору. Цього було недостатньо для об'єктивного висвітлення теми, тому я залучив додаткові джерела. Завдяки аудіокурсам, я з'ясував, які саме питання опоненти християнства постійно завуальовують. Вони мене й зацікавили найбільше. Перш, ніж піти далі, я мав назбирати достатньо незалежних даних.

Нові беззаперечні докази

У книзі Джоша Мак-Давела «Нові беззаперечні докази» (*The New Evidence That Demands a Verdict*) я натрапив на важливу інформацію про розп'яття Ісуса Христа. Аудіолекції мене розчарували, тому хотілося з'ясувати, про які саме докази розповідав автор. Цікавили звичайні факти і тверезий історичний аналіз.

В Інтернеті знайшов чимало альтернативних джерел біблійної тематики, із посиланнями, обґрунтуваннями й висновками. «Очевидно, докази Мак-Давела не такі вже й беззаперечні», – подумав я. Наприклад, існував цілий сайт, присвячений спростуванню буквально всього, що він стверджував у своїй праці. Дивувало інше: чому опоненти виставляли свої контраргументи пригнічено? Їхня критика не переконувала. Я вирішив дочитати книгу до кінця і водночас вивчати протилежні погляди.

Якщо Новий Заповіт – історична книга, то критерії оцінки його історичності мали відповідати вимогам до інших творів античності. Отже, для перевірки точності та надійності історичних документів застосовували три методи: бібліографічний, текстологічний та інших джерел.

Бібліографічний метод[34]

Рукописи Нового Заповіту не збереглися. Нині маємо лише «копії копій». Бібліографічний метод відповідає на запитання «Наскільки надійні ці копії?» Відповідь опирається на два критерії: 1) загальна кількість копій, що збереглися; 2) інтервал часу між оригіналом і копіями.

Припустімо, Євангелія від Матвія написана у шістдесятому році нашої ери, а найдавніша копія, що дійшла до наших днів, датується двохсотим роком, то інтервал між оригіналом та копією становить сто сорок літ. Що більше копій і що менший часовий проміжок між оригіналом і копією, то надійніший документ. Наявність багатьох копій допомагає провести якісний порівняльний аналіз, виокремити фрагменти, що зазнали змін, а також визначити рівень точності тексту, який дійшов до наших днів. Що менший проміжок часу між оригіналом і копією, то менше шансів на спотворення змісту або на помилки, що виникають у процесі переписування.

Спантеличило те, що Новий Заповіт, як з'ясувалося, найкоректніша книга, порівняно з іншими творами античності, особливо за критерієм наявності неточностей і втрачених уривків. Біблія має не лише значну кількість збережених донині манускриптів, а й набагато коротший інтервал часу між оригіналом і копіями, порівняно з іншими історичними творами.

Існує понад двадцять тисяч копій манускриптів Нового Заповіту. Я не міг повірити – двадцять тисяч![35] Скажімо, ще один шедевр античної літератури, «Іліада», налічує тільки шістсот сорок три копії[36]. Більшість давніх творів, історичність яких визнано наукою, не нараховує й сотні копій! До того ж, копії багатьох античних праць створено на тисячу років пізніше, ніж відбулася подія, про яку в них йшлося. На противагу цьому часовий проміжок між Новим Заповітом та історичними подіями, відображеними у перших манускриптах, становить якихось шістдесят років[37].

Тепер у мене виникли підозри до ідеологів сучасного суспільства. «Чому ці факти замовчують? Чому про них ніколи не розповідають у навчальних закладах?!» – я обурився вголос, сидячи за офісним столом. Порівняльні факти мали потужний вплив на формування світогляду, тому навмисне ігнорування цих даних було очевидним.

Виявляється, зміст текстів Святого Письма (і Старого, і Нового Заповітів) зберігся на 99,5%[38-39]. Так, існували деякі копії з помилками та навмисними змінами, внесеними під час переписування, але вони жодним чином не вплинули на зміст усієї Біблії.

Мені сподобався критичний підхід Джоша Мак-Давела, який чесно зазначив, що так званих «оригіналів» або «авторських рукописів» дійсно не існує в наших архівах. Хоч авторство Євангелій закріплене традицією, проте серед науковців про нього досі точаться дебати. Між першими манускриптами, що дійшли до наших днів, та періодом написання Євангелій існував майже трьохсотлітній розрив у часі. Попри це, більшість дослідників вважала, що неточності надто дріб'язкові й другорядні, щоб впливати на історичну достовірність усієї Книги. Також бракувало незалежних взаємодоповнюючих свідчень, бо чимало копій лише відображали зміст попередніх зразків. Об'єктивний аналіз Мак-Давела вказував на його неупередженість і викликав більше довіри, ніж однобокість заангажованих викладачів.

Таким чином, існували чіткі неупереджені факти, що не залежали від преференцій учених. Я мусив визнати, що Біблія стояла на голову вище за інші твори античності. Якщо до них ставитися так прискіпливо, як до Біблії, то більшість курсів з античної історії довелося б відмінити через брак доказів їхньої «історичності».

Текстологічний метод[40]

Бібліографічний метод показав, що наявні копії відповідають початковому змісту Нового Заповіту. Тексти надійно збереглися, незважаючи на майже двотисячолітню давність. Тепер я з глибшою повагою ставився до сучасної Біблії, адже її зміст відповідав древнім манускриптам.

Якщо сучасний Новий Заповіт відображав написане в давнину, то наскільки надійною з історичної точки зору була інформація в ньому? Щоб визначити надійність історичних документів, учені застосовують текстологічний метод. Якщо зміст книги неточний і не вартий довіри, то вже неважливо, як надійно збережені копії та скільки з них прикрашають полиці архівів.

Насамперед вивчають особистість автора, його схильність до правди чи неправди, а також перевіряють сам текст на наявність помилок, неузгодженостей або неточних фактів. Аристотель вважав, що сумнів — це початок премудрості. Такий підхід давньогрецького філософа був мені близький. Тому я розумів, що перш ніж сумніватися в коментарях і відгуках, потрібно поставити під сумнів оригінал[41].

1. Помилки, текстові трансформації та розбіжності

Завдяки бібліографічному методу я з'ясував, що Новий Заповіт надійно зберігся, хоча з певними трансформаціями. Більшість змін була несуттєва й не вплинула на головні доктрини християнства. Навколо текстових трансформацій точилося чимало дебатів. Деякі авторитетні джерела стверджували, що в процесі переписування симпатики навмисно пододавали цілі рядки з метою обожествити Ісуса. Я проаналізував їх, однак не міг погодитися з претензіями критиків. Адже всі випадки додавання, заміни або вилучення окремих рядків однаково не впливали на головний зміст Нового Заповіту. Фундаментальні уривки залишилися непорушними.

Як тоді з невідповідностями? Адже скептично налаштований викладач наголошував на розбіжностях у чотирьох Євангеліях – кожен автор по-різному змальовував одні й ті самі події. Якби «неточності» були суттєві, повторювалися неодноразово й не підлягали спростуванню, то Новий Заповіт не витримав би горнила текстології, й Аристотель «був би нам друг».

Тому я розглянув окремо кожну розбіжність, про яку згадав професор у своїй лекції. Перш ніж робити висновки, скористався авторитетними коментарями на цю тему[42]. З'ясувалося, більшість «неточностей» мала просте пояснення. Коли четверо осіб розповідають про одну подію, то природно змальовують її по-різному й самостійно вирішують, які нюанси проігнорувати, а на яких акцентувати увагу.

Матвій, наприклад, розповідає про жінок, які прийшли до порожньої гробниці й побачили одного ангела. Лука звертає увагу на те, що вони помітили двох мужів у «блискучому вбранні». Кого, врешті-решт, зустріли жінки – двох чоловіків чи одного ангела? Неважко здогадатися, кого саме вони лицезріли. Біля порожньої печери перебували два ангели в сяйному одязі. Лука не вжив термін «ангели», його увагу привернув ясний одяг. Матвія ж цікавили слова, що промовив один із ангелів, а не ясність одягу чи кількість усіх присутніх. Тому й не уточнював, скільки саме ангелів перебувало біля гробниці, звертаючи увагу читачів на зміст.

Язик не повертався назвати розмаїття викладення матеріалу «невідповідностями» чи «розбіжностями». Жодна деталь, яку згадували апостоли, не впливала на ключову думку, яку хотіли донести до читачів. Натомість упереджений лектор доносив до слухачів тільки свою точку зору. Фактично він знайомив слухачів із індивідуальною специфікою викладення матеріалу, що не змінювала сутності Євангелії. Проблема полягала в іншому: професор вводив студентів в оману, не надаючи ґрунтовних пояснень і альтернативної думки. Він скористався біблійним лексиконом, щоб дискредитувати всю Євангелію. Викладач наче навмисне вишукував зачіпки, аби відкинути геть Новий Заповіт. «Навіщо йому це?» – я не припиняв дивуватися. Слухачі, які не доклали зусиль до самостійного дослідження чи перевірки на міць особистих переконань лектора, ймовірно, сліпо повірили йому на слово.

Саймон Ґрінліф, професор Гарвардського юридичного університету, дослідив коректність чотирьох Євангелій з юридичної точки зору. Після перевірки даних у чотирьох біографіях Ісуса він сказав таке: «Розбіжності в розповідях доводять, що між авторами не існувало попередньої змови. Ми бачимо досить цілісну розповідь. Це вказує на те, що кожен із "підозрюваних" окремо свідчив про деталі справи»[43]. Так звані «неузгодженості» лише підсилювали факт неупередженості авторів. Проблем із поясненням різнобічного висвітлення подій не виникало. Ґрінліф зазначив протилежне: якби чотири записи однаково змальовували всі деталі, то були б вагомі підстави для підозри у змові або калькуванні.

Тепер заяви лектора про те, що розмаїття чотирьох Євангелій давало привід сумніватися в їх авторстві й автентичності, не витримували критики. Я не міг, дивлячись правді в очі, погодитися з його позицією, коли опирався на текстологічний аналіз.

Наступний аспект оцінювання був зосереджений на авторах, їхній надійності та ймовірності фальшування даних.

2. Автори чотирьох Євангелій

Надзвичайно важливу роль у перевірці достовірності історичних документів відіграють їхні автори. Чи можна їм вірити? Яким чином події, про які вони писали, стосувалися їх особисто? Найнадійнішими вважаються свідчення очевидця. Адже безпосередня участь автора – найкращий спосіб зафіксувати точні дані та враження, а записи свідків претендують на легітимність.

Ось наступне критичне запитання, на яке мав собі відповісти: «Чи справді чотири Євангелії написані очевидцями?» Адже вважалося, що Новий Заповіт написали автори, які безпосередньо взаємодіяли з Ісусом Христом, брали участь у житті ранньої церкви або (на прикладі Луки) зібрали свідчення багатьох очевидців. Проте університетський лектор кидав виклик традиційному погляду церкви на авторство Євангелій. Також я мав дати відповідь на ще два запитання: «Чи упереджено ставилися автори до Нового Заповіту, перш ніж Його написати?» і «Чи сфальшували біографію Ісуса, щоб започаткувати нову релігію та привабити послідовників?» Якщо їхні записи – вигадки релігійних фанатиків, то вже неважливо, скільки копій існувало, в якому стані збереглися манускрипти і чи цілісний їхній зміст.

Я поставив питання руба. Адже йшлося про Бога, вічність і мою душу. Чи були підстави довіряти Матвієві, Марку, Луці та Івану? Адже професор заявив, що в жодному з чотирьох Євангелій не згадували їхніх імен, а заголовки додали пізніше. У такому разі, які докази виступали «проти», а які «за»?

Свідчення ранньої Церкви

У процесі дослідження я дізнався, що рання Церква ретельно перевіряла тексти Святого Письма й згодом затвердила авторство Євангелій[44]. Цієї інформації мені бракувало, але такою була офіційна позиція. Отці, що згадували авторів Нового Заповіту в своїх творах, були християнами, тому, на перший погляд, їхні свідчення апріорі упереджені.

Цікаво, що перші християни не поспішали визнавати першеліпше послання богонатхненним і не включали його в Канон, навіть якщо автором цього тексту був хтось із апостолів Ісуса Христа. Церква спростувала й відхилила через недостатню надійність цілу гору писанини, авторство якої приписували апостолам або де в текстах фігурували їхні імена[45].

Парадокс полягав у тому, що Церква визнала усі чотири Євангелії, написані Матвієм, Марком, Лукою та Іваном, незважаючи на досить слабку доказову базу, і водночас відкинула ті «Євангелії», в яких чітко зазначалися імена авторів. Це свідчило про те, що духовенство перших століть вкрай обережно та проникливо ставилася до питання авторства. Тому підозри про упередженість не мали під собою міцного підґрунтя.

Виявляється, не існує історичних записів про тогочасні суперечки навколо авторства чотирьох Євангелій. У ранньохристиянський період ніхто не сумнівався в тому, хто саме їх написав. Зауважмо, що Церква постійно наражалася на небезпеку й жорсткий опір, а богословські суперечки точилися безперервно. Мені здалося дивним, що за таких «сприятливих» обставин у опонентів не знайшлося вагомих доказів для спростування авторства або легітимності чотирьох Євангелій.

Якби Матвій, Марк, Лука та Іван не написали ці твори, то супротивники одним махом розтрощили б їхні претензії на авторство разом із Євангеліями. Народ ненавидів збирачів податків, яким був Матвій. Люди ставилися з презирством до цієї професії, навіть коли податківцем був їхній побратим. Марк узагалі навчався в апостола Петра, тому писав біографію Ісуса зі слів свого наставника. Про Луку ніхто й не згадував за часів Христа, до того ж, він був язичником. Чому послідовники Ісуса не приписали авторство, скажімо, Петру, чиє ім'я мало значно більший авторитет? Якщо хлопці вигадали байку, чом би не скористатися ім'ям авторитетного апостола? Для цього достатньо вписати його в текст. Натомість подібних фальсифікацій з боку жодного із чотирьох авторів не спостерігалося.

Свідчення очевидців

Я ще не знайшов вагомої причини, яка могла спростувати авторство апостолів. Історія чітко документувала, що саме ці четверо написали Євангелії. Контраргументів не було. Апостоли не відповідали портрету шахрайства. У Євангеліях від Луки та Івана зазначалося, що автори самі бачили те, про що писали. Окрім того, вони врахували свідчення інших очевидців. Зокрема, автор Євангелії від Івана скромно називає себе «учнем», який власними очима бачив життя Ісуса: «Багато ж і інших ознак учинив був Ісус у присутності учнів Своїх, що в книзі оцій не записані. Це ж написано, щоб ви ввірували, що Ісус є Христос, Божий Син, і щоб, віруючи, життя мали в Ім'я Його! [...] Це той учень, що свідчить про це, що й оце написав. І знаємо ми, що правдиве свідоцтво його!» (Ів. 20:30-31; 21:24).

Іван також повторив цю думку в одному зі своїх послань, яке увійшло в Новий Заповіт: «Що було від початку, що ми чули, що бачили власними очима, що розглядали, і чого руки наші торкалися – про Слово життя. А Життя з'явилось, і ми бачили, і свідчимо, і звіщаємо вам життя вічне, що в Отця перебувало й з'явилося нам. Що ми бачили й чули, про те звіщаємо вам, щоб і ви мали спільність із нами. Спільність же наша з Отцем і Сином Його Ісусом Христом. А це пишемо вам, щоб повна була ваша радість!» (1Ів. 1:1-4).

Автор Євангелії від Луки недвозначно повідомив у перших реченнях, що зібрав свідчення очевидців, які особисто перевірив: «Через те, що багато-хто брався розповісти про справи, які стались між нами, за свідченням тих, хто з самого початку були очевидцями й служителями Слова, тому і я, все від першої хвилі докладно розвідавши, забажав описати за порядком для тебе, високодостойний Теофіле, щоб пізнав ти сутність науки, якої навчився» (Лк. 1:1-4).

У цих рядках не згадано імені автора. Тому опоненти Євангелії могли легко скористатися цим фактом, щоб знівелювати надійність новозаповітних текстів. Ісус сотворив усі дива в Ізраїлі, як написано в Новому Заповіті. Отже, існував цілий натовп осіб, яких Він вилікував і які могли підтвердити або спростувати Його чудотворну силу. Прихід Христа взагалі був найбільшою подією в історії людства.

Якщо розповіді про дива Господні сфабрикували його послідовники, то заява Луки була би цілковитим безглуздям і не витримала б жодної критики ще за часів ранньої Церкви, особливо, зважаючи на постійний тиск ворожих до християнства сил. Лікар Лука часто супроводжував Павла і мав достатньо можливостей мандрувати Ізраїлем, досліджувати факти, спілкуватися з місцевим населенням, докладно розпитувати про досвід зустрічі з Ісусом. Лука зауважує, що багато-хто намагався розповісти про події життя Спасителя. Це означає, що він назбирав чимало матеріалу від очевидців – учнів Христа та пересічних громадян. Якщо Ісус таки творив дива і мав божественну силу, то безліч людей захотіла б їх задокументувати. Було нескладно уявити себе на місці очевидців і відчути, наскільки природним було таке бажання.

Медична термінологія Луки

Якщо третю Євангелію та Книгу Дій написав Лука (як традиційно вважають християни), то нікого не здивує певна термінологія в його індивідуальному стилі. Адже ми, лікарі, полюбляємо вживати медичні терміни навіть у повсякденному житті, бо вони конкретні та змістовні.

1882 року дослідник на ім'я Вільям Кірк Гобарт (William Kirk Hobart) написав працю на тему «Медичне мовлення святого Луки»[46]. Він продемонстрував, що обидві книги сповнені типової термінології, яку не знаходимо в інших книгах Нового Заповіту.

У першому розділі другому вірші, наприклад, вжито грецьке слово «автоптис», що означає очевидець. Автоптис – медичний термін, що означав спостереження від самого початку. Сучасний відповідник «автопсія» (розтин тіла) походить саме від цього давньогрецького терміна. У Євангеліях від Луки та книзі Дії апостолів присутні інші подібні слова, що не зустрічаються в інших книгах Нового Заповіту.

Це ще не доводило, що саме Лука написав обидві книги, проте свідчило, що, ймовірно, їхнім автором була одна й та сама людина, лікар за фахом. Вірогідність збігу обставин була мізерна. Специфіка індивідуального мовлення – важливий аспект доказу Нового Заповіту з точки зору текстології. Шахрай, який спробував би підтасувати факти або вигадати байку, опираючись на власні релігійні мотиви, вдавався б до інакшого стилю.

3. Ісус – легенда?

Я не міг знайти переконливі аргументи, що спростовували б авторство Матвія, Марка, Луки та Івана. Навпаки, факти й історичний контекст свідчили на їхню користь.

Найостаннішим об'єктом мого дослідження був зміст чотирьох Євангелій. Чи вигадали їхні автори доктрину воскресіння й узагалі християнство? Ісус – міф? Чи справді євангельські розповіді – це збірка легенд, що передавалися з вуст в уста, як стверджувала викладач аудіокурсів?

Цей етап відігравав вирішальну роль. Свідчення очевидців не означали, що внаслідок текстологічного аналізу Євангелія не зазнає краху, коли з'ясується, що автори підробили зміст.

Під час написання Євангелій від Матвія, Марка та Луки всі свідки зазначених подій були при житті. До того ж, серед очевидців були й вороже налаштовані особи, які прагнули знищити християнство. Тому, як вважав Мак-Давел та чимало інших авторів, важко уявлялося, щоб тогочасне суспільство пробачило авторам фальшивку. Опоненти послідовників Ісуса неодмінно скористалися б нагодою спростувати й дискредитувати Євангелію. Надто багато людей в Ізраїлі на власні очі бачили дива й на власні вуха чули проповіді Ісуса. Вони мали право особисто перевірити й розкритикувати написане.

Я очікував знайти серйозні докази з боку опонентів християнства, що спростовували заяви апостолів, проте не знайшов жодного! Існувало нуль доказів того, що в авторстві чи змісті чотирьох Євангелій сумнівався бодай хто-небудь у той час. Історія замовчувала. Це мене й дивувало, адже в усіх чотирьох Євангеліях йшлося про надприродне – воскресіння Ісуса Христа. Явище оживлення мертвого, а тим більше, самого себе – в корені аномальне для цього світу, тим паче для історії. Природно очікувати, що хтось мав поставити під сумнів або спробувати опротестувати подібні заяви.

Апостоли пішли на крок далі – казали правду в очі своїм супротивникам, які чудово розуміли контекст і могли в будь-який момент заперечити: «Мужі ізраїльські, послухайте ви оцих слів. Ісуса Назарянина, Мужа, що Його Бог прославив вам силою, і чудами, і тими знаменами, що Бог через Нього вчинив серед вас, як самі ви те знаєте…» (Дії 2:22).

В інших уривках Нового Заповіту я помітив, що вороже налаштоване юдейське духовенство неодноразово виступало прямим свідком чудес, які створив Ісус. Фарисеї не могли змиритися з цілющою силою Христа, тому робили все, щоб пересвідчитися, чи справді сталося диво. Наприклад, після того, як Ісус уздоровив чоловіка, який від народження був сліпий, релігійники влаштували нещасному допит! На цьому фарисеї не заспокоїлися й допитали батьків зціленого, аби ті підтвердили, що їхній син справді народився незрячим[47]. У Євангелії від Івана зазначено, що первосвященики захотіли вбити Лазаря після того, як Ісус воскресив його з мертвих, бо саме через оживлення цієї людини чимало юдеїв повірили в Ісуса Христа[48]. У Книзі Дій також є розповідь про «кривого», якого зцілили в Храмі апостоли Петро та Іван[49]. Представники духовенства посадили їх у в'язницю й міркували, як діяти далі: «А бачивши сміливість Петра та Івана і спостерігши, що то люди обидва невчені та прості, дивувалися, і впізнали їх, що вони з Ісусом були. Та бачивши, що уздоровлений чоловік стоїть з ними, нічого проти сказати не могли. І, звелівши їм вийти із синедріону, почали радитися між собою, говорячи: "Що робити нам із цими людьми? Бо ж усім мешканцям Єрусалиму відомо, що вчинили вони явне чудо, і не можемо того заперечити"» (Дії 4:13-16). Якби Лука вигадав ці слова, то священики, садукеї та інші офіційні особи, що були свідками промови апостолів, неодмінно розбили б ущент його писанину після оприлюднення. Вони також спростували б факт «дива», якби його насправді не сталося. Проте ніхто з них не наважився на такий крок. Навпаки, релігійні лідери наче води в рот понабирали. Не потрібно довго ламати голову, щоб зрозуміти: їхня мовчанка свідчила про те, що диво справді сталося – апостоли зцілили «кривого з утроби матері» силою воскреслого Ісуса Христа.

Я не розглядав ці біблійні події під таким кутом, доки не натрапив на роздуми Джоша Мак-Давела. Він звернув увагу на реакцію релігійних осіб на випадки надприродного. Безпорадність опонентів перед дивами, що сталися на їхніх очах, відкидала гіпотезу про фальшування чи гіперболізацію євангельських розповідей.

Також не клеїлася тенденційна заява про те, що доктрину воскресіння вигадали самі християни у значно пізніший період історії. Виникало запитання: навіщо? Річ у тім, що від самого початку існування Церкви воскресіння було невід'ємною складовою віри. Зокрема, апостол Павло вважав: якщо Ісус не воскрес із мертвих, то християнство – це, так би мовити, дірка від бублика: «Як немає ж воскресіння мертвих, то й Христос не воскрес! Коли ж бо Христос не воскрес, то проповідь наша марна, марна і віра ваша! Ми знайшлися б тоді неправдивими свідками Божими. Адже про Бога свідчили, що воскресив Він Христа, Якого Він не воскресив, якщо не воскресають померлі. Бо коли мертві не воскресають, то й Христос не воскрес! Коли ж Христос не воскрес, то й віра ваша даремна, ви в своїх ще гріхах, тоді загинули й ті, що в Христі упокоїлись! Коли надіємося на Христа тільки в цьому житті, то ми найнещасніші від усіх людей! Та нині Христос воскрес із мертвих, первісток серед покійних» (1Кор. 15:13-20).

Зауважмо, що апостол Павло не навернувся до християнства завдяки проповіді інших віруючих або наївній вірі у воскресіння Ісуса. Він заявив, що особисто бачив воскреслого Христа, сам на сам. Я не міг зарадити думці: «Навіщо Павлу прикидатися, що вірить у воскресіння Ісуса, а потім заперечувати, що християнства без воскресіння не існує?» Писати так, як писав Павло, могла тільки та людина, яка не сумнівалася у воскресінні.

Я подумав про таке. У часи першої церкви не існувало Нового Заповіту в тому вигляді, в якому Його читаємо сьогодні ми. Він сформувався згодом, у ході поширення християнства. Спочатку «Біблією» християн було юдейське Письмо. Із Нового Заповіту зрозуміло, що багато повірило в Ісуса Христа через юдейські пророцтва, що збулися. Іншими словами, чимало людей стало християнами, не бачивши Євангелії, та не мали можливості її читати, вивчати й аналізувати. Коли апостоли проповідували про Ісуса, то цитували юдейське Святе Письмо.

У такому разі переконливим аргументом і підґрунтям легітимності віри для першого покоління християн було юдейське Святе Письмо. Я вже переконався в унікальності пророцтв про Месію, що збулися всупереч супротивникам християнства. Вони не залежали від новозаповітних книг, адже існували на кілька століть раніше. Це перекреслювало заяви обох професорів про те, що воскресіння та інші подробиці життя Ісуса лише відображають міфи та легенди, що сформувалися значно пізніше після євангельських подій.

Якщо ключові доктрини християнства розробили релігійні маніпулянти «значно пізніше», то яким чином ці доктрини потрапили на сторінки давньоюдейського Письма і звідки про них дізналися пророки? Все було б інакше, якби вчення про те, що Бог прийшов на землю в особі Христа, помер за гріхи людей, а потім ще й воскрес із мертвих, не мало під собою підґрунтя. Я б насторожено поставився до такої «новинки». Натомість християнство тісно перепліталося з Торою, пророчими та іншими священними книгами юдеїв. Ісус ідеально відповідав опису Месії в юдейському Письмі, що неодноразово згадувало жертву за гріх.

Доктрини Нового Заповіту значною мірою витікали з пророцтв і прообразів юдейського Письма. Неймовірним чином Бог відкривав пророкам події майбутнього, що стануться за кількасот років. Тепер я особисто з'ясував зміст пророцтв і прообразів, упевнився в їхній правдивості та адекватності, переконався, що вони унікальним чином втілилися в Ісусі Христі. Таким чином, теорія міфологізації та обростання легендами «впродовж тривалого часу» втрачала силу. Заяви про те, що християнство – це штучно створена релігія, яка поступово розвивалася, у той час як сутність його головних доктрин було передбачено й задокументовано за сотні років до виникнення, не мали підстав .

Очевидно, професори почувалися б незручно, якби взялися неупереджено обговорювати ці питання, тому вони просто проігнорували альтернативну думку. Їм було набагато комфортніше пропагувати необґрунтовану теорію змови апостолів, які начебто розробили свої ключові доктрини згодом, після смерті Ісуса.

Докладно проаналізувавши факти, я зробив висновок, що Новий Заповіт неможливо розглядати відокремлено від юдейського Письма (Старого Заповіту), адже в Євангелії сказано, що про Ісуса писали «Закон і пророки». Отже, обидва професори проігнорували текстологію юдейського Письма.

Згадаймо хоча б слова Павла: «Бо я передав вам спочатку те, що й прийняв – Христос умер ради наших гріхів за Писанням, і Він був похований, і третього дня Він воскрес за Писанням» (1Кор. 15:3-4). Як бачимо, перші християни постійно проголошували, що смерть і воскресіння Христа сталися «за Писанням». Апостол Павло завжди апелював до древнього юдейського Письма, коли свідчив про Ісуса. Деякі богослови вважають Павлове Послання до римлян найважливішою книгою Нового Заповіту, адже в ній ідеться про найважливіші доктрини Біблії. Сімдесят два рази апостол цитує юдейське Письмо, і це в одному лише посланні! У цілому, в Новому Заповіті щонайменше триста сорок три прямі цитати з юдейських писань та дві тисячі триста дев'ять посилань на них. Яким тоді чином два викладачі вважали, що християнство – результат легенд і вигаданих історій?[50] Цитувати Письмо ще не означає надавати докази, але навіть неозброєним оком видно, що доктрина апостолів тісно пов'язана з юдейськими писаннями.

Мене приголомшили практично всі пророцтва про Месію. Я також не міг стверджувати, що християни перекручували зміст. Пророцтва й образи надто точно відображали подробиці життя Ісуса. Хай там як, але заяви про те, що вчення апостолів – це результат міфу чи байкарства, не відповідали здоровому глузду.

З однієї із заяв Ісуса чітко видно, що Він вважав Себе Богом, про Якого написано в юдейському Письмі: «А юдеї ж до Нього сказали: "Ти й п'ятдесяти років не маєш іще, і Авраама Ти бачив?" Ісус їм відказав: "Поправді, поправді кажу вам: перш, ніж був Авраам, Я є". І схопили каміння вони, щоб кинути на Нього. Та сховався Ісус, і з храму пішов»

(Ів. 8:57-59). Згідно з коментарями, «Я є» – ім'я Бога, що Він об'явив Мойсею. Ось як написано в Старому Заповіті: «І сказав Мойсей до Бога: "Ото я прийду до Ізраїлевих синів та й скажу їм: Бог ваших батьків послав мене до вас. Та вони запитають мене: "Яке Ім'я Його?" Що відповім їм?" І мовив Бог Мойсеєві: "Я Той, що є". І сказав: "Отак скажеш Ізраїлевим синам: Сущий послав мене до вас". І сказав іще Бог до Мойсея: "Отак скажи Ізраїлевим синам: Господь, Бог батьків ваших, Бог Авраама, Бог Ісака й Бог Якова послав мене до вас. А оце Ім'я Моє навіки, і це пам'ять про Мене з роду в рід» (Вихід 3:13-15).

Отже, Учитель із Назарету заявив юдеям, що був «Тим, що є», – Сущим. Саме в такого Бога вони вірили споконвіку. Не дивно, що за ці слова Ісуса хотіли вбити камінням! Навряд чи скептики миттю увірують, ознайомившись з Його претензійною заявою, проте я не міг не помітити тісний зв'язок, що існував між Новим Заповітом і юдейськими Письмом. Він безперечно спростовував думку про те, що Новий Заповіт – це набір байок, вигаданий релігійними діячами у ранньому середньовіччі.

Я не збирався ставати релігійним фанатиком, тому не хотів керуватися емоціями та ігнорувати факти, однак упереджені професори мене відверто роздратували. Вони вирішили викладати предмет, що зачіпав глибинні питання душі та вічності, але при цьому не ознайомили слухачів із усебічними доказами й фактами! Якщо взялися порушувати фундаментальні питання буття, то чом би не згадати про альтернативні точки зору на проблему? Звісно, в такому разі їм довелося би мати справу з критикою та всілякими коментарями, відповідно, підготувати контраргументи. Очевидно, не потрібен диплом теолога, щоб знайти ключові факти й почути альтернативну думку, про що навмисне замовчували горе-викладачі.

Я дійшов висновку, що Новий Заповіт витримав тиск текстології. Мене сповнили суперечливі відчуття, бо що глибше копав, то переконливішою ставала євангельська розповідь. Мій розум не був до цього готовий. На початковому етапі мого дослідження Новий Заповіт здавався мені, як і багатьом скептикам, релігійною казочкою, проте я зробив для себе ціле відкриття, коли з'ясував, що насправді він стояв на міцній історичній основі. Помилки та зміни були такі незначні, що язик не повертався називати їх «розбіжностями». Пророцтва й образи продемонстрували, що існувала неймовірна гармонія між юдейським Письмом та Новим Заповітом.

Я не знайшов адекватних доказів, здатних спростувати авторство чотирьох Євангелій. З іншого боку, не існувало прямих доказів того, що їх написали Матвій, Марк, Лука та Іван, проте аргументи на їхню користь були переконливі. Версія про підробку Євангельської розповіді на догоду релігійним переконанням не витримала критики, хоча спочатку здавалася природною. Аналіз тексту свідчив про недостатню мотивацію для фальсифікацій, а наявність свідків, які зберігали тишу навіть тоді, коли випадав ідеальний шанс розправитися з Ісусом, тільки підтверджувала недолугість заяв про фальшування. Усі чотири біографії Ісуса включали багато таких деталей, що упереджені автори залюбки їх уникають (наприклад, згадка про жінок, які ще й свідчили про те, що гробниця порожня).

Теорія міфотворення, яку пропагували викладачі, розбилася, мов скло, на дрібні уламки об результати текстологічного методу. Йшлося не тільки про Ісуса, Який відповідав описам Месії, зробленим за кілька століть до Свого приходу, а й про доктрини Нового Заповіту, що чітко простежувалися в Старому. Мені було непросто визнати правду, але я мусив погодитися. Залишився останній тест.

Інші джерела[51]

Щоб остаточно переконатися в коректності чи хибності Євангелії, потрібно розглянути інші джерела, які можуть заперечити правдивість подій, змальованих у Ній. Які альтернативні джерела коментують автентичність і точність об'єкта нашого дослідження з історичної точки зору? Чи згадується ім'я Ісуса в інших книгах античності, окрім Нового Заповіту? Чи підтверджені імена людей або географічні назви, що згадуються в Біблії, археологічними знахідками та іншими документами давнини? Ці запитання мені сподобалися.

1. Археологія

Я розпочав з археології. Здивувало те, що існували цілі томи археологічних досліджень, які підтверджували нескінченну кількість фактів, імен, географічних назв, що згадуються в Біблії[52-53]. Заінтригував той факт, що жодна археологічна знахідка не довела, що біблійна розповідь була неправдива[54].

Археологічних знахідок на користь Біблії існувало тисячі! Я вже зазначив, що Лука був медиком, але водночас чудовим істориком. Вважалося, що саме він написав Євангелію та п'яту книгу Нового Заповіту – Дії апостолів. Лука згадує чимало географічних назв, дат, імен правителів. Археологія підтвердила правдивість його матеріалу[55].

Сер Вільям Рамзай захотів дискредитувати твори Луки, тому особисто зайнявся археологією та перевіркою всіх географічних назв, що згадувалися в Євангелії. Закінчив учений тим, що переосмислив власний світогляд і навіть зробив кілька нових відкриттів, які підтверджували історичність праць Луки. Апостол загадував чимало точних деталей, які свідчили про те, що він був сучасником подій, про які писав[56].

Існували й суперечки серед істориків стосовно Луки, адже деякі з них вважали його працю ненадійною лише через те, що просто не вірили фактам, які було складно довести в той час. Проте сучасні археологічні відкриття виправдали Луку й змусили науковців змінити свою думку. Багато інших фактів, відображених у Біблії, також підтвердила археологія.

Цікаво, що донедавна чимало дослідників не вірили, що Понтій Пілат справді існував як історична фігура і що присудив Ісусові смертну кару через розп'яття. Проте 1961-го року археологи знайшли камінь, датований першим століттям, на якому чітко викарбовано ім'я та посаду Пілата, що тільки підтвердило його існування як реальної історичної особи часів Ісуса[57].

Мене задовольнили докази археології, що підтверджували географічні та інші назви, які зустрічалися в Біблії. Археологічні знахідки не підтверджували істинність доктрин, проте демонстрували, що Письмо було точним і надійним документом і що особи, географічні назви й дати відповідають дійсності.

2. Інші джерела античності

Я звернувся до інших джерел давнини. Спочатку розглянув твори християнських авторів. Звісно, вони відстоювали свою віру. Кілька документів другого століття підтверджували авторство Матвія, Марка, Луки та Івана.

Святий Папій, єпископ Єрапольський (з міста Єраполь, розташованого на території сучасної Туреччини), писав свої твори близько сто тридцятого року нашої ери. За його свідченнями, Марк записав інформацію з вуст апостола Петра, а Матвій справді написав одну з чотирьох Євангелій[58].

Іриней Ліонський (наставником якого був Полікарп, учень апостола Івана) зробив кілька впевнених заяв щодо авторства чотирьох Євангелій, як-от: «Основа, на якій спочивають чотири Євангелії, настільки міцна, що з нею рахуються навіть єретики»[59]. Жоден із отців ранньої Церкви не довів авторство апостолів стовідсотково. Проте, судячи з їхньої документації, у той час жоден із них не мав сумнівів щодо автентичності Євангелій.

Ісуса Христа згадували і в нехристиянських творах античності. Наприклад, у юдейській літературі, Талмуді, Ісуса звинувачували в чаклунстві. Це лише підтверджувало Його екстраординарні здібності[60]. Там ішлося і про розп'яття Ісуса на свято Пасхи, і про бажання релігійних правителів убити Його. Ці слова переконували, адже їх писали автори, які не визнавали Ісуса Месією.

Римський історик Тацит підтвердив той факт, що розп'яття Ісуса відбулося за часів Понтія Пілата. Зокрема, він записав, що послідовники Ісуса страждали «шкідливим марновірством», пов'язаним із розп'яттям[61]. Відомий єврейський історик Йосип Флавій у першому столітті написав чимало праць, що підтверджували історичні деталі, згадані в Біблії[62]. Давньоримський політичний діяч і письменник Пліній Молодший, який проживав на території Малої Азії (сучасної Туреччини), у тому ж столітті згадував у своїх творах християн, які поклоняються Богу[63]. А в другому столітті давньогрецький письменник-сатирик Лукіан висміював християн через те, що вони претендують на «безсмертя», в той час як їхнього лідера розіп'яли й відправили на той світ[64].

Критики Джоша Мак-Давела намагалися поставити під сумнів надійність матеріалів, на які він посилається. Проте їхні аргументи були надто розлогі й упереджені. Здавалося, що опоненти шукали бодай соломинку, аби тільки вхопитися за неї та дискредитувати дослідника. Хоч альтернативні погляди були дещо куці, я, однак, задовольнив свою допитливість, ознайомившись із різними точками зору.

Таким чином, я дійшов висновку, що Новий Заповіт склав останній іспит, відповідно до трьох фундаментальних критеріїв оцінювання. Існували археологічні та нехристиянські джерела, що підтверджували надійність Нового Заповіту й розповіді про Ісуса Христа в ранньохристиянських працях. Яскравий контраст між такою кількістю доступної сьогодні науково-аналітичної інформації стосовно християнства і цілковитою відсутністю цих фактів у повсякденному житті мене розчаровував. Їх мали висвітлювати хоча б у навчальних програмах відповідних рівнів. Ця невідповідність ніяк не клеїлася докупи. Якщо факти, винайдені аматором, далеким від християнства, вражали, то чому віруючі не поспішали висвітлювати їх серед суспільства? Самі хоч здогадуються, на якому потужному фундаменті стоїть їхня віра?

Відповіді професорів

Отже, Новий Заповіт не лише задовольнив прискіпливі вимоги до історичної надійності, а навіть перевершив за цим критерієм інші документи давнини. Цікаво, що записів про життя Ісуса Христа виявилося значно більше, ніж про інших героїв античності. Здавалося, що спроби опонентів дискредитувати Святе Письмо постійно зазнавали фіаско.

Наступне, що вирішив зробити, це зв'язатися електронною поштою з викладачами Нового Заповіту, чиї аудіолекції мав честь прослухати. Вони, хоч і викладали цей предмет, самі не вірили в історичну реальність Нового Заповіту. Я зібрав факти й хотів побачити, як відреагують викладачі, тому запитав: «Чому не вірите, що тексти Нового Заповіту відповідають дійсності?»

Першою люб'язно відповіла жінка. Запевнила, що автори Нового Заповіту необ'єктивно висвітлювали події, бо мали сформовані релігійні переконання, котрі вплинули на їхній світогляд і сприйняття історичної дійсності. Таке твердження мене здивувало, бо, проаналізувавши текст, уважний читач з'ясує, що учні Ісуса взагалі не розуміли, що мав на увазі Христос, коли говорив про смерть і воскресіння. Навпаки, їхні «релігійні переконання» розбилися вщент після розп'яття Ісуса. Адже апостоли по-своєму уявляли сутність Месії. Всі очікували Воєначальника, який визволить Ізраїль від гніту Риму. Ніхто й не думав, що Христос принесе Себе в жертву заради спасіння людства. Учні не переймалися проблемами гріха чи потойбічного. Радше їх цікавили власні посади в цьогосвітньому царстві, що його невдовзі встановить їхній Учитель. Ось про які «релігійні переконання» йшлося. І ці «переконання» дуже скоро зазнали краху. До речі, проповідувати в той час про те, що Ісус – Бог, означало найбрутальніший прояв богозневаги, відповідно до юдейської релігійної системи. Тому відповідь професорки не відповідала фактам.

Заради цікавості я запитав: «А у що вірите ви?» Лекторка відповіла, що сама не знає, бо, наприклад, не була присутня під час подій, змальованих у Євангеліях. Чому тоді викладала предмет «Новий Заповіт» зовсім не так, ніби «нічого не знає»? Професорка не надала всебічних фактів у своїх лекціях. Очевидно, позиція «не можу знати» — типова відмовка агностиків. Вони вірять, що Бога неможливо пізнати. Це здалося мені дивним. Якщо відомо, що Новий Заповіт найкраще й найтверезіше відповідає історичним фактам серед усіх інших творів античності, чому викладач відмовляється прийняти хоча б визнані факти? Якщо науковці, що перевіряли достовірність історичних подій, використовували ті самі стандарти й методи і для Нового Заповіту, то підтверджені факти мали б насамперед сприймати фахівці, які претендували на роль експертів у біблеїстиці. Адже більшість даних про Давню Грецію чи Рим, які прийнято вважати фактами, має досить куцу доказову базу, порівняно з Новим Заповітом. Однак у світському середовищі ці історичні події чомусь не ставлять під сумнів.

Наприклад, «Записки про Галльську війну», написані Юлієм Цезарем, дійшли до нас лише в десяти копіях, а найдавнішу з них написано за дев'ятсот років після подій, про які йшлося у творі[65]. Брюс Мецґер, дослідник Нового Заповіту, зауважив: «Праці кількох античних авторів висять на тонесенькій ниточці зв'язку між минувшиною і твором. Натомість, текстологія Нового Заповіту засоромлює критиків багатством підтверджених фактів»[66].

І коту було зрозуміло: існувала очевидна підміна понять і стандартів, яку застосовували для оцінки Біблійної історії. Чому? Бо в ній змальовані Бог, надприродні явища та багато іншого, у що не хочуть вірити скептики? Це насторожувало дедалі частіше. Особливо після того, як історичну достовірність Нового Заповіту на тлі інших документів античної історії.

Гаразд, чи мала сенс заява професорки про те, що, в разі відсутності на місці події, пізнати істину неможливо? Розглянемо це питання на прикладі тесту. Наприклад: як помер Юлій Цезар? Варіанти відповіді:

А. Повішався.
Б. Від серцевого нападу в ліжку.
В. Від удару стилетом під час засідання в римському сенаті.
Г. Від аварії колісниці.

Правильна відповідь «В». Варіанти А, Б, Г – хибні. Правильна відповідь виключає інші варіанти. Учні не мають права сказати екзаменатору: «Не існує єдиної правильної відповіді», а екзаменатор учням: «Це не біда, якщо ви вірите у варіант "А", я – у варіант "Б", а ваш сусід за партою – в "Г"». Як чудово! У кожного власна думка». Правда виключає неправду. Така її сутність. Професорка розчарувала мене вкотре. Питання стояло чітко: Ісус або воскрес із мертвих, або ні. Сталася або одна історична подія, або інша.

Професори, яких прослухав, необ'єктивно висвітлювали матеріал. Вони цілком проігнорували тему історичності Біблії. Один із викладачів взагалі стверджував те, чого в ній не було написано. (Заявив, що Ісус ніколи не вважав себе Богом, хоча його заяву спростували результати текстологічної перевірки). Стандарти, якими керувалися опоненти християнства для оцінки античної історії, раптово й підозріло змінювалися, залежно від того, чи йшлося в їхній розповіді про Новий Заповіт. Найбільшим каменем спотикання для них були дива й надприродні явища. Внутрішній голос вказував на хибність такого підходу, тільки я не до кінця розумів, у чому саме вона полягала. Здавалося, працівники світського навчального закладу навмисне заперечували очевидні факти, про існування яких добре знали. Може, вони підтримували «ауру» академізму заради наукових ступенів і грошей? Адже на дослідження, що базуються на дарвінізмі, виділяють чималі ґранти. Я відчував змову, та все-таки не міг збагнути, навіщо викладачам лукавити.

Останній пункт змусив мене усміхнутися. Опоненти так настирливо наполягали на «невідповідностях» Письма, що не помітили власних суперечностей. Один із них стверджував, що історики не можуть знати що-небудь про Бога чи надприродні явища, адже довести одне чи інше неможливо. На перший погляд, його судження звучало логічно. Проблема полягала в іншому. Ісус, як вважалося, воскрес із мертвих силою Божою. Якщо професор «не міг нічого знати про Бога», то яке право мав стверджувати, що цього не сталося? Важко йому сиділося на двох стільцях одночасно.

Я не вважав себе віруючим в Ісуса Христа, але розумів: якщо Бог існує, то надприродні явища, хай би як їх називали люди, мають місце в історії. Адже для Бога нема нічого неможливого. Це люди обмежені простором і часом. Особистими переконаннями та гучними заявами професор сам зводив власну позицію нанівець! Здавалося, мене обкрутили навколо пальця, мов дурника. Що коли воскресіння Ісуса насправді відбулося? Через пропаганду й особисту неприязнь до віри професори ледь не зруйнувати моє прагнення знайти істину! Мене розлютила фальшива легітимізація цих діячів клоакою академізму.

Чи не прикривали вони своє приховане бажання заперечити божественну природу Ісуса Христа псевдонауковістю та спробами завуалювати факти, що свідчили протилежне? Переконавши себе в тому, що Ісус ніколи не вважав себе Богом, вони спокійно відкидали Його взагалі. Я здогадувався про хід їхніх думок, бо сам постійно стояв перед вибором – приймати однобічні заяви опонентів християнства чи шукати об'єктивну істину. Щось усередині чинило супротив Христу. Його присутність в історії створювала дискомфорт у моїй душі, яка мусила якось реагувати. Я хотів утекти від зіткнення з реальністю Ісуса. Мушу зізнатися, що подумки осуджував двох професорів за те, що відкидали Новий Заповіт як історичну книгу, про що свідчив цілий пласт інформації, підтвердженої наукою, проте сам не поспішав допускати Христа до свого серця. Чому? Що мене утримувало? Я вагався.

Чи намагалися професори бути політкоректними? Можливо, викладачам університету було соромно відкрито визнавати божественну природу Ісуса Христа? Тим більше, в епоху, коли на лаві підсудних можна опинитися за Різдвяний вертеп. Знову виникла уточнена думка: «Хто присвячує своє життя кар'єрі з метою спростувати основи віри»? Я не міг пригадати жодної професії в світі, що відповідала такому критерію. Хто отримує диплом із того, в що сам не вірить? Як можна здобути науковий ступінь у галузі, що має потужне документальне підтвердження в античній історії, та при цьому заявляти про особисте невизнання й некоректність власної теми дослідження?

Нутром чув, що в корені щось було не так. Мені складно вірилося, що таку маніпуляцію фактами поширюють у сучасних університетах. Викладачі не надали достатньо доказів і позбавили слухачів можливості зробити власні висновки на основі всебічного вивчення проблеми. Це вже було диво, що я самостійно й безсторонньо дослідив основні факти християнства та Біблії, хоча починав із вкрай скептичним ставленням. Поміркувавши, я здогадався про те, що відбувалося насправді.

Докази приголомшували, адже вказували на точність і правдивість Нового Заповіту з історичної точки зору. Факти, з якими мав честь ознайомитися в найрізноманітніших джерелах, лише підтверджували те, що Ісус справді перебував на цій землі, а після розп'яття ожив, гробниця спорожніла. Я не очікував, що прийду до таких висновків. Якщо це істина, то як стосується сучасного світу й культури? Поки що видно, як суспільство робить усе для того, щоб атакувати й неправдиво висвітлювати цю складову історії людства. Якщо Новий Заповіт – правда, то світ глибоко помиляється. Виникло запитання: якщо нас віднесло аж так далеко від істини, то чи могло це вплинути на нас таким чином, що ми вдаємося до будь-яких хитрощів, аби тільки приховати цей факт? Це лякало, і я ще не знав, вірити в Бога чи ні.

Поки що я не поспішав приймати результати свого дослідження як істину, попри те, що і відчуття, і факти вказували на те, що мав би. Я все ще відштовхував Ісуса й почувався дискомфортно через Його претензії на Божество, а особливо через те, що Він пішов на Голгофу заради мого спасіння. Щось усередині підштовхувало мене повірити професорам, прийняти їхній погляд і таким чином знайти вихід для втечі від мук сумління. З іншого боку, я водночас погоджувався, що саме через такі претензії Христа Біблія заслуговувала на найретельніше і найкритичніше дослідження. Поки не наважувався ставити останню крапку над «і», я продовжив її читати.

Аргументи на користь Христа

Мене зацікавила думка експертів, які могли надати неупереджені об'єктивні докази. Тут стала у пригоді книга «Аргументи на користь Христа», написана Лі Стробелом (Lee Strobel). Ця праця й розставила останні крапки над «і»[67]. З перших сторінок мене вразив хід думок цього автора. З самого початку свого дослідження Лі не мав жодного стосунку до християнства. «Когось це мені нагадує», – я усміхнувся собі. Стробел працював журналістом. Одного разу він вирішив з'ясувати, які ж існують аргументи на користь Христа.

Річ у тім, що якось його дружина стала християнкою, і він злякався, що відтепер його життя стане нудним і нецікавим! «Найперше, чого я злякався, це втрати сексуального життя через бажання дружини стати невістою Христа, – зізнався він. – Новоспечена монахиня, борони Боже, проміняє успішне й динамічне життя на всенощні молитви й пости, запишеться волонтером на благочинну службу церковної кухні, ще й подаватиме безкоштовний суп безхатченкам!»[68]

Розділ VI. Четвертий етап. Історичні докази Нового Заповіту

Лі Стробел не був християнином, але вирішив дослідити найскладніші аспекти християнства, принципово дотримуючись неупередженого підходу. Як професійний журналіст він узяв інтерв'ю в тринадцятьох науковців найвищого ґатунку, які спеціалізувалися на різних аспектах християнства. Кожен надавав відповідні докази на користь Ісуса й відповідав на незручні запитання. Висновки із книги Стробела подано нижче.

Види доказів	Запитання	Експерти, які дали відповіді
1. Докази очевидців	Чи можна довіряти біографіям Ісуса Христа? Чи витримують біографії сучасну критику?	Ґрег Л. Блумберг (Craig L. Bloomberg), доктор наук
2. Документальні докази	Чи належно збереглися до наших днів біографії Ісуса?	Брюс М. Мецгер (Bruce M. Metzger), доктор наук
3. Докази інших джерел	Чи існують надійні докази на користь Ісуса Христа, окрім Його біографій?	Едвін М. Ямаучі (Edwin M. Yamauchi), доктор наук
4. Наукові докази	Чи підтверджують археологічні знахідки написане у біографіях Ісуса, а чи суперечать їм?	Джон Мак-Рей (John McRay), доктор наук
5. Докази відповідності	Чи відображений Ісус в історії так само, як у християнстві?	Ґреґорі А. Бойд (Gregory A. Boyd), доктор наук
6. Доказ ідентичності	Чи справді Ісус був переконаний у тому, що є Сином Божим?	Бен Витерінгтон III (Ben Witherington III), доктор наук
7. Психологічні докази	Чи був Ісус душевно хворою людиною, вважаючи Себе Сином Божим?	Ґері Р. Коллінс (Gary R. Collins), доктор наук
8. Доказ характеристики особи	Чи відповідав Ісус характеристикам особи Бога?	Дональд А. Карсон (Donald A. Carson), доктор наук
9. Доказ унікальності	Чи Ісус, і тільки Ісус, відповідав ідентичності Месії?	Льюїс С. Лепідез (Louis S. Lapides), священнослужитель, магістр теології
10. Медичний доказ	Чи була смерть Ісуса несправжньою, а воскресіння – шахрайством?	Александр Метерел (Alexander Metherell), священнослужитель, доктор наук
11. Доказ відсутності тіла	Чи справді тіла Ісуса не було у гробниці?	Вільям Лейн Крґ, (William Lane Craig), доктор наук, доктор теології
12. Докази явлення Христа	Чи бачили Ісуса живим після Його смерті на хресті?	Ґарі Габермас (Gary Habermas), доктор наук
13. Доказ обставин	Чи існують факти, що вказують на воскресіння?	Джеймс П.Мореленд (J. P. Moreland), доктор наук

Мене вразили аргументація, докази і відповіді на складні та конкретні запитання, багато з яких я не враховував раніше. Висновки науковців були вагомі та логічні й перевершили мої критичні очікування. Виявляється, в Ісуса Христа вірять авторитетні представники академічного середовища!

Прочитавши книгу Стробела, я отримав відповіді на всі свої запитання та заперечення. З моїх плечей спав тяжкий камінь, я почувався вільно й піднесено, та водночас тривожно. Щойно сказав собі: «Нарешті можна ставити крапку!», як новою хвилею почався мозковий штурм із безкінечних запитань: «Чи готовий прийняти Ісуса Христа? Як це відбувається? Чи доведеться тепер ходити від дверей до дверей із Біблією в руках? Адже я переконався в її правдивості. Як тепер дивитися в очі співробітниці, яка читала Біблію? Чи доведеться щодня ставати на коліна й молитися? Чи обов'язково ходити до церкви? А що робити зі спиртним, лайливими словами, вечірками? Життя наповниться нудотою? Люди вважатимуть мене диваком? Я нагадуватиму сусідів, від яких мене раніше нудило? Чим узагалі займатися у житті?» Миттєвих відповідей я не мав, однак усвідомив одне: настав час прийняти Рішення.

Розділ VII
РІШЕННЯ

– Любий? Що з тобою? Ти весь час працював на комп'ютері та читав. Це вже не перший тиждень. Можеш нарешті відкласти справи і порозмовляти з дружиною? – безнадійно звернулася Рут зі спальні на другому поверсі.

– Можу. Зараз буду.

Підіймаючись сходами нагору, я відчував такий психологічний тиск, що, здавалося, мозок от-от вибухне від перенасичення інформацією. Згадав студентські роки в медуніверситеті, коли щотижня доводилося зазубрювати сотні нових фактів і концепцій.

Коли увійшов до кімнати, дружина сиділа на ліжку, а діти бавилися на підлозі й дивилися телевізор.

– Звершилося! – оголосив я.

– Та невже! Чим же ти займався весь час? – запитала Рут.

– Читав, – відповів несміливо.

– Що саме?

– Книгу, яку ти порекомендувала. Про докази християнства. Її написав скептик, який у процесі дослідження сам став віруючим, – пробурмотів я.

Рут байдуже гортала якийсь журнал й розмовляла, опустивши голову, доки не почула мою останню відповідь. Від несподіванки вона подивилася мені прямо в очі. Більшість книг я зберігав в електронному форматі на комп'ютері, а друкований матеріал зазвичай читав пізно увечері, тому дружина не підозрювала, куди насправді мене занесло.

– І що? – не припиняла дивуватися Рут. Вираз її обличчя свідчив про неабиякий подив. Я почувався незручно:

– Є про що подумати, – відповів.

Секунд на п'ятнадцять-двадцять запала тиша. Можливо, дружина очікувала, що її чоловік почне щось жваво розповідати, але я мовчав. «Чому так дивно дивиться?» – подумав.

– У тебе кумедний вираз обличчя. Останнім часом мовчиш як риба. З тобою все гаразд? – допитувалася Рут.

– Так. Тільки трохи втомився і хочу відпочити, – відповів.

Я справді перевантажив себе інформацією за останні кілька тижнів, тому не дивно, що дружина це помітила. Матеріали мого дослідження так сильно відрізнялися від реалій, у яких я виріс, що не могли не залишити слід. Я пішов спати, нічого не пояснюючи, і мене швидко накрив сон.

Наступного дня була субота, я добре виспався. Розбудили звуки іграшкових тракторів: «Р-р-р... Р-р-р... Е-е-е... Е-е-е...», – обидва хлопчики торохкотіли на весь будинок. Наближався день народження, куди запросили наших дітей, тому їхній радості не було меж. А я радів іншій нагоді: залишитися вдома на самоті, у спокої. Вони виїхали біля одинадцятої ранку. Я спустився сходами донизу, увімкнув газовий камін.

Кортіло обміркувати все у сприятливих умовах. Мене не залишало дивне відчуття, що впливало на атмосферу навколо. Здавалося, ніби щось змінилося, тільки я не міг пояснити, що саме. Хтось ніби весь час перебував поруч. Я пояснював це собі тим, що відчуття в людини бувають різні. Я подивився на язики полум'я, що витанцьовували в каміні, й поринув у роздуми.

Етап читання й дослідження завершився. Настав час рішень. Я мав підбити підсумки. Що робити з Ісусом? Я опинився в ситуації, яку ще недавно не міг навіть уявити. Адже спочатку мав зуб на віруючих сусідів, яких вважав лицемірами. Роздратований, хотів довести їм неадекватність християнства, опираючись на їхню ж Біблію, та в кінці своєї мандрівки опинився на роздоріжжі: приймати чи не приймати результати дослідження, які вказували на те, що Ісус – Бог.

Новий Заповіт захопив мене зненацька. Я не чекав, що натраплю на таке чітке послання про Божий прихід на землю заради мого спасіння. Спершу ця заїжджена ідея здавалася мені надто примітивною, та що глибше я занурювався, то більше переконувався, що ця фундаментальна доктрина варта довіри. Записи очевидців витримали найжорсткішу критику. Древні пророцтва змальовували особистість Рятівника. Поза сумнівами, Ісус чітко вписувався в їхню картину ідентичності Месії.

Спочатку розповідь про воскресіння здалася мені фантазіями або мріями релігійних осіб, однак швидко заінтригувала мене й змусила поставити ряд правильних запитань. Парадоксально, але найадекватнішим поясненням усіх обставин навколо проблеми воскресіння було те, що Ісус справді ожив. Я не міг підкопатися до цієї дивної події в історії людства. Воскресіння преобразило життя багатьох, а вороги прикусили язика й не знаходили жодного логічного пояснення, окрім страхітливого висновку про те, що Ісус таки воскрес. Тепер мене обурювали університетські аудіолектори, які свідомо поперекручували все догори дриґом. Я неупереджено й ретельно вивчив докази й дійшов висновку, що воскресіння – реальність.

Не хотілося визнавати надприродне. Розум намагався знайти ниточки приземленої логіки, щоб дискредитувати воскресіння, проте результати пошуку тільки посилювали внутрішнє переконання в історичності цього факту. Що сильніше я намагався спростувати воскресіння, то більше переконувався в його істинності.

Біблія виявилася найнадійнішим документом античності в усій історії античності. Вона витримала іспит на достовірність, добре зберегалася до наших днів, відбила удари критики, включно з питаннями, які хвилювали й мене. Я постійно запитував себе: якщо докази настільки надійні та переконливі, чому всі люди на землі не стали християнами? Все, що я прочитав і з'ясував на цю тему, вражало і розум, і серце. Душею прагнув, щоб усе прочитане було правдою, та розум наполягав на тому, що треба знайти будь-який можливий шлях для втечі від Бога. Щойно намацував чорний вхід, як перед самим носом зачинялися його двері.

Мене роздирало на шматки через висновки, логіку та факти. Адже все вказувало на те, що я мав повірити в Бога і прийняти істинність християнства. Здавалося, у мені залишалася якась вперта частинка скептицизму. Вона все співала своє й дивувалася, чому я не почув про Ісуса Христа і християнство в невимушеній обстановці (за винятком кількох випадків) за тридцять шість років життя? «Хіба може світ ігнорувати життєво важливі питання, відповіді на які доступні кожному?» – запитував себе. Сміх та й годі. «А еволюція? А інші релігії? Мені доведеться скласти компанію фанатикам, що вирішили покататися на лижах? Не міг же я ось так, на рівному місці, стати християнином! Люди ж засміють!» – витирав піт із чола.

Мене більше лякали наслідки, що вплинуть на репутацію, аніж вольове рішення. Я не хотів, щоб на мене дивилися, як на ще одного добренького віруючого з дірявими кишенями, адже саме так уявляв собі християнство. Не мав бажання відповідати на безглузді запитання прихожан. Хіба не можна спокійно жити собі на цьому світі й веселитися? Як зізнатися в тому, що тепер вірую в Бога? Чи не подумають, що я став диваком, слабаком або втікачем від помилки, якої припустився колись у житті?

Плин моїх думок нагадував гойдалку, що то підіймалася, то опускалася. Щойно почувався комфортно з одними аргументами, і раптом мене кидало в протилежний бік, бо не всі вони клеїлися докупи. Я не міг примирити наукові докази, Письмо та звичайні аргументи на користь християнства із сучасним середовищем. Або Ісус ніколи не був Богом, або світ зійшов з рейок. Мене глибоко непокоїла радикальна розбіжність між обома світами.

Серце та розум перебували у стані війни через Новий Заповіт. Як ставитися до чудес? Важко вірилося в дива Ісуса. Здавалося, їх просто не буває, інакше євангельські сюжети – це сфера фантастики. Непросто визнавати реальність надприродного, коли світ, у якому я виріс і сформувався, стояв на цілком натуралістичній основі. Фактор дива не найкращим чином пояснював воскресіння та раптове виникнення християнства, а я і не поспішав фанатіти.

Раптом усвідомив, що ігнорував у своїх міркуваннях фактор Бога! Я аналізував Біблію так, неначе Його не існувало або ніби Він не втручався у реалії хід історії або мої повсякденні реалії. Адже сучасний світогляд і власний життєвий досвід наштовхували на думку, що Богові байдуже до всього, що відбувається навколо, що Його неможливо пізнати. Якщо Він усе-таки існує, а Ісус – Його втілення, то немає нічого дивного в диві. Якщо все написане в Біблії – істина, то Бог міг справді створити Всесвіт Своїм словом. Навряд чи всемогутньому Богу складно створити будь-що. Неможливе для людини можливе для Бога.

Якщо врахувати фактор реальності Бога, зникав цілий ряд запитань, відповіді на які не давала наука. Алогічно оцінювати книгу про Бога, не припускаючи Його існування. Таким чином, я простіше поставився до теми чудес у Святому Письмі. Виникла інша проблема. Коли Бог справді є, чому тоді люди Його ігнорують, сперечаються про Нього, врешті-решт, висувають цілу купу гіпотез про Його сутність?

Я втомився і розчарувався, бо досі мав відкриті запитання. Дивно, що провів стільки часу, читаючи про Ісуса та воскресіння. Ніхто з моїх знайомих не згадував про Біблію чи Ісуса у звичайних розмовах, а я нишком витрачав усе дозвілля, занурюючись у релігійну тематику. Щоразу, коли відкладав рішення наблизитися до Бога, воно йшло за мною по п'ятах. Крок, на який ніяк не наважувався, означав, що я все ще відкидаю Ісуса, бо відсутність рішення – теж рішення. Не міг не думати про все, що прочитав і дослідив. Знову і знову усвідомлював, що настав час визначитися, якою дорогою іти. Я не збирався скоювати інтелектуальне самогубство або приймати віру наосліп, не маючи основи. Вражала кількість інформації, фактів і доказів, що підтримували християнство та Біблію. Без них я давно сказав би «до побачення» християнству як ще одній із багатьох релігій. Проте зараз, якби вирішив прийняти Христа, я почувався би цілком комфортно, адже мав достатньо обгрунтування для своєї віри.

Потім щось усередині наче казало: «Це все лишень інтелектуальна зарядка. Хіба рішення повірити в Ісуса й ходити до церкви важливе? Хіба достатньо опиратися на результати дослідження? Усі твої знахідки жодним чином не стосуються повсякденного життя. Ти марно копаєшся в протрухлявілій античній історії та віддалених від реалій доктринах про Бога». Конфлікт у душі наростав.

– Ґреґу? Ґреґу? Ми вдома, – вигукнула Рут, відчинивши гараж. Я не сказав, що все ще перебуваю в роздумах. Вона помітила, як я сиджу на дивані, й спитала: – Як ти? Чому не відповідаєш?

– Вибач, я задумався. А ви як? Добре повеселилися?

Будинок наповнили звуки маленьких ніжок, що затупотіли від гаража до кімнати. Хлопці повернулися з призами, які виграли на вечірці. Вони одразу повивертали пакунки на кухонний стіл і, мов зголоднілі ведмеді, взялися завзято перебирати те, що було всередині.

– Діти повеселилися на славу. А ти чим займався?

– Сидів на дивані й думав.

– У тебе дивний вигляд. Ти якийсь тихий. Таке враження, що ніяк не можеш розслабитися, – зауважила Рут.

Я не хотів ні з ким говорити про свої роздуми, навіть із дружиною. Не був готовий вдаватися в подробиці.

– Не звертай уваги. Просто в голові крутиться багато всього. Я приєднаюся до вас пізніше.

– Гаразд. Я пройдуся по магазинах із Ким, повернуся за кілька годин. Посидь тим часом із дітьми.

Я пішов до хлопців, ми чудово погралися. Я зрадів нагоді перемкнути увагу на інше.

Того вечора мав їхати до аеропорту. Прилітала сестра моєї дружини. Була шоста вечора, я сидів у своєму «бункері» й читав Біблію на комп'ютері. Не давав спокою один уривок із Євангелії від Івана. Я перечитував його знову і знову: «А Хома, один із Дванадцятьох, званий Близнюк, із ними не був, як приходив Ісус. Інші ж учні сказали йому: "Ми бачили Господа!..." А він відказав їм: "Коли на руках Його знаку відцвяшного не побачу, і пальця свого не вкладу до відцвяшної рани, і своєї руки не вкладу до боку Його, не ввірую!" За вісім же день знов удома були Його учні, а з ними й Хома. І, як замкнені двері були, прийшов Ісус, і став посередині та й проказав: "Мир вам!" Потім каже Хомі: "Простягни свого пальця сюди, та на руки Мої подивись. Простягни й свою руку, і вклади до боку Мого. І не будь ти невіруючий, але віруючий!" А Хома відповів і сказав Йому: "Господь мій і Бог мій!" Промовляє до нього Ісус: "Тому ввірував ти, що побачив Мене? Блаженні, що не бачили й увірували!" Багато ж і інших ознак учинив був Ісус у присутності учнів Своїх, що в книзі оцій не записані. Це ж написано, щоб ви ввірували, що Ісус є Христос, Божий Син, і щоб, віруючи, життя мали в Ім'я Його!» (Ів. 20:24-31).

Якщо ці рядки правдиві, то апостол Іван бачив Бога на власні очі й жив із Ним. Він написав Євангелію, щоб люди в усьому світі знали про те, що сталося. Можливо, згодом Іван сам здивувався, які важливі слова вийшли з-під його пера.

Я ж почувався, мов той Хома невірний, який все мав побачити на власні очі, перш, ніж повірить. Невдовзі мою увагу привернули слова Ісуса. Здавалося, Він говорить особисто до мене. «Хоч не бачив Ісуса на власні очі, але Йому вірю», – зізнався собі.

Нарешті Рішення назріло. «Гаразд, я впускаю віру в своє життя. Свідомо погоджуюся з християнством. Можу навіть піти до церкви. Не вб'ють же мене там, врешті-решт. Що втрачати?» Я трохи нервував, коли наважувався на крок зближення з Богом. Моє серце билося, я почувався тривожно, обдумуючи своє рішення.

– Ґреґу? Ґреґу! Час їхати в аеропорт. Скоро прибуде сестра, – нагадала Рут крізь двері.

– Іду.

Я виїхав на дорогу, надворі стемніло, в салоні – тиша. Зазвичай я одразу вмикав радіо. Проте цього разу роздуми не давали спокою. Я захотів сказати вголос «Вірую!», хоч навколо – ні душі. В серці вирували найсильніші за весь час почуття. Я завагався й нічого не вигукнув, хоча подумки утвердився у своїй позиції.

Нарешті, коли доїхав до перехрестя й опинився на головній дорозі, я твердо промовив: «Вірую. Вірю, що Ісус помер на хресті за мої гріхи і що воскрес із мертвих». Щойно сказав це, як відчув дивне полегшення і спокій на серці. Тепер став релігійною людиною? Прямуючи до аеропорту, міркував про те, як зміниться життя відтепер.

Я вирішив, що піду до церкви – одягнуся належно, візьму якийсь блокнот, щоб конспектувати проповідь, спробую бути люб'язним. Бог помітить, що я змінився, подобрішав, і візьме мене до раю, коли постану перед Ним. Він же бачив, скільки зусиль я доклав, щоб стати християнином. Тому, вочевидь, задовольниться моєю поведінкою. Чом би й ні? Від таких думок мені полегшало. Так, я знайшов у собі сили запустити механізм християнської віри у своєму житті! Ще не розумів: християнство передбачає дещо інше. Та тієї хвилини подумав, що біблійні події охоплюють такий тривалий період світової історії, що я можу вивчати її до самої смерті. Тому розумів, що без віри ніяк. Я мав просто прийняти результати власного дослідження й прислухатися до голосу своєї інтуїції. Нарешті мене сповнили радісні відчуття. Насамперед через те, що все закінчилося… Та чи все? Я навіть не уявляв, що це лише початок.

Розділ VIII
ПРОБУДЖЕННЯ

Був ранок понеділка, я поспішав на роботу. Світлофор показав зелений, але машина, що була попереду, не рушала. «Ідіот! Зелений – значить їдь! Ніжкою на педаль газу – і вперед!» – крикнув я водієві. Нарешті черепаха посунула, нікуди не поспішаючи. Роздратований, я сунув за нею на мінімальній дистанції, доки вивільнилося місце на сусідній смузі. Нарешті! Я рвонув ліворуч й випередив загальмованого водія. «Ось так!» – вигукнув йому, демонструючи, як треба їздити.

Добрався до наступного світлофора. Поруч опинився інший суперник, праворуч. Я витріщився на червоне світло та позиркував на світлофор, що виглядав із іншого боку перехрестя. Так я вираховував, коли увімкнеться зелений, щоб миттю продовжити рух. Ось він перемкнувся на жовтий, я приготувався натиснути на педаль газу. Щойно засвітився зелений, як я втопив газу її та кулею помчав уперед. Зиркнув у дзеркало й побачив ще одну черепаху, яка тільки-тільки висувалася з димової завіси. Тепер спокійно зайняв праву смугу, скрививши гримасу переможця.

Святий Дух?

Я прибув на роботу й одразу почимчикував у лабораторію, щоб добратися до компа. Теммі, людина-Біблія, уже була на місці й читала. Вона підвелася, неквапом підійшла до мене й запитала: «Як ваші успіхи?» Неважко було здогадатися, що саме її цікавитиме. Коли Теммі насувалася, я встиг підготувати експромт-відповідь. Ще не настав час ошелешити всіх присутніх новиною про те, що я вирішив стати християнином, а по вечорах читаю Біблію.

Відповідь дав лаконічну:

– Непогано. Перечитав чимало джерел. Тепер аналізую інформацію.

Жінка мала кумедний вигляд. Я помітив, як вона трішки підняла брови. Раптом заявила:

– Я молюся, щоб Святий Дух явив вам Себе. – І пішла собі.

Розділ VIII. Пробудження

Теммі натякала на те, що зі мною от-от мало щось статися. Я не розумів, що вона мала на увазі, але почувався надто ніяково, щоб розпитувати. Розмірковуючи над її словами, я звернув увагу, що словосполучення «Святий Дух» крутиться в моїх думках цілий день. «Що мала на увазі колега?»

Того вечора я запрацювався у домашньому «бункері» допізна, всі давно полягали спати. Слова Теммі не давали мені спокою. «Молюся, щоб Святий Дух явив Себе»… Я злякався. «Який ще Дух Святий?» – подумав. Я досі відчував присутність когось або чогось навколо себе, але реальність надприродного посилилася, відколи колега заїкнулася про Духа Святого. Я захвилювався. «Щось має статися? Хтось має з'явитися? Може, я просто здурів?»

Я розвернув крісло, на якому сидів, аби переконатися, що за моєю спиною нікого немає. «О-па! Все чисто», – підсумував, полегшено зітхнувши. За кілька хвилин тишком зиркнув на стелю, щоб пересвідчитися, чи побачу там щось ненароком. Не знав, чого очікувати, тому й поводився дивакувато. «Та опануй же себе!» – наказав. Я не міг згадати нічого конкретного про Духа Святого в Біблії, ні з гірськолижної подорожі, ані з острова Марко.

Щовечора, коли працював на самоті у домашньому кабінеті, я розмірковував над фразою Теммі. Відчував, що мало щось відбутися, але не знав, що саме.

Пацієнт

Наступного тижня до клініки завітала нова особа, від якої в мене закипів мозок. Назвемо його просто: пацієнт. Понеділок. Ранок. Клініку наповнив типовий робочий шум відвідувачів, медсестер. Одна з них повідомила:

– Сьогодні особливий випадок.

Я зиркнув на розклад і помітив ще одне ім'я, додане до списку, роздрукованому на принтері. Ім'я написали синіми чорнилами. Зазвичай відвідувачів обслуговують за чергою, відповідно до попереднього запису. Я виконав усі справи і попрямував до кімнати номер чотири, в якій на мене чекав «особливий випадок».

Ним був високий стрункий чоловік років п'ятдесяти з коротким рідким сиво-каштановим волоссям. Він сидів на кушетці, його довгі ноги мимоволі погойдувались. Руки поклав на коліна. Чоловік дивився прямо на мене. В його очах сяяв незвичайний вогник. Це одразу привернуло мою увагу. Коли придивився до пацієнта уважніше, щось тьохнуло всередині, бо вираз його очей нагадав мені отих студентів-християн, з якими катався на лижах. Його погляд пронизував мене наскрізь, тому я почувався дискомфортно, проте відкрита усмішка зігрівала теплотою.

Я глянув у його медичну картку. Пацієнт мав рак шкіри, а це означало, що він звернувся за правильною адресою. Я ознайомився з базовими даними, медичними висновками та історією хвороби. З'ясувалося, він працював у церкві. Це теж привернуло мою увагу, адже я тільки-но вирішив стати християнином.

– Отже, ви працюєте у церкві? – уточнив.

– Так, сер, – відповів служитель.

Він тримався просто й відкрито. Його світлі проникливі очі дивилися прямо, наче бачили мене наскрізь, через що я почувався незручно.

Під час обстеження шкіри пацієнт лежав спокійно на кушетці й дивився на стелю. Мене здивував його глибокий спокій, що передавався й мені. Його не зовсім хвилював чи цікавив рак; це здивувало. Більшість нервує, їх з'їдає допитливість, вони неспокійно вовтузяться у кріслах, мають безліч запитань і тривог.

– У вас є запитання чи скарги на самопочуття? – запитав я.

– Ні, сер. Зі мною все буде гаразд, – відповів чоловік, розглядаючи стелю.

У ньому було щось незвичайне. Медсестра, яка стояла позаду (він не бачив її), знизала плечима. Вираз її обличчя казав щось на зразок: «Сама не розумію, чому він такий спокійний».

Я залишив кімнату, а медсестра розпочала підготовку до операції. Рак уразив невеличку ділянку шкіри біля скроні, що підлягала оперуванню. Я повернувся, щоб розпочати першу фазу операції. Пацієнт спокійно лежав на місці й безтурботно дивився вгору. Його огортав неземний спокій. Чоловік ледь усміхався й увесь його вигляд свідчив про те, що жодна обставина цього життя його не напружує. Він повільно повернувся і подивився мені в очі, коли я почав накривати його обличчя марлею. Пацієнт нічого не сказав, тільки дивно подивився. Його очі та вираз обличчя випромінювали щире співчуття.

«Чому він дивиться на мене з такою любов'ю?» – здивувався я. Пригадалася теплота, з якою ставилася до мене бабуся, і та насолода, з якою вона спілкувалася зі мною. Розум негайно заблокував потік цих думок, і мені захотілося позбутися цього дивака. Коли я накладав пов'язку на невеличку зону біля лоба, медсестра, очевидно, помітила мій стан. Вони збентежено й приголомшено зиркнула на мене. «Що за дивний пацієнт... Чому він впливає на мій емоційний стан?» – запитав я себе.

Я усунув рак шкіри першої стадії й вийшов. Зазвичай після перев'язки я повертався до операційної, щоб перепитати, як почувається пацієнт. Цього разу я так не вчинив. Зразок ракової тканини, взятий з його шкіри, одразу передали в лабораторію для перевірки на патологію. За тридцять хвилин мені надали зразок для аналізу під мікроскопом. На щастя, рак шкіри було повністю усунено, наступних етапів оперування не знадобилося. «Потрібно якнайшвидше випровадити цього лунатика», – подумав я. Звернувся до медсестри:

– Підготуйте пацієнта на вихід. Рана така незначна, що заживе самостійно. Нема потреби накладати шви.

Настав час відпустити людину, я мав повернутися до кімнати. Він сидів у кріслі й чекав. Маленька біла пов'язка закривала ліву частину його чола. Я повідомив пацієнта про добрі новини, а він не зводив із мене очей. Складно описати дивне відчуття від його присутності. Він нічого не казав, нічого не просив. Просто дивився на мене, як баран на нові ворота. Потім раптово й несподівано зазирнув мені прямо в очі й запитав: «Ви прийняли Ісуса Христа як свого Господа і Спасителя?»

Я втратив дар мови. Здавалося, моя душа заховалася в п'ятки. Я наче падав з найвищої точки американських гірок у прірву. Кров відхлинула від мого обличчя. Я зблід, мов стіна, відчуваючи внутрішній тиск, що наростав щосекунди. Усе сталося несподівано. «Навіщо він це питає?» – я не міг мовити ні слова. Чоловік дивився на мене, ніби прочитав усе те, над чим я ламав голову останні кілька тижнів. Я зиркнув на медсестру, яка стояла за його спиною. Вона підняла брови й дивилася на пацієнта з відкритим ротом. Також не знала, що сказати. За десять років практики я жодного разу не мав пацієнта, який промовив би що-небудь подібне у такий несподіваний момент.

— Гмммм... Е-е-е... Я маю зайти до... хмммм, повернутися до... гмммм... лабораторії, — відказав, запинаючись.

Я кулею вилетів із операційної й подався прямо до кухні. Впав у м'яке крісло. Мене вкрило холодним потом, серце вискакувало з грудей. Я налив собі склянку води й спорожнив миттю. Знову відчув присутність якоїсь дивної сили навколо. Ситуація вибивала мене з колії, проте я перебував на робочому місці, тому примусив себе зібратися з думками.

— Про що він? — запитала медсестра, коли прийшла на офісну кухню, тримаючи медичну картку «особливого» клієнта.

— Уже пішов? — не витримав я.

— Так. Щойно провела його до дверей.

— Чудово. Час повернутися до праці, — підсумував я й підвівся.

Не хотів обговорювати цю тему з медсестрою, тому скористався перевагою щільного графіка, щоб уникнути зайвих балачок. На щастя, день видався суєтним, і це допомогло вивітрити голову від зайвих думок. Однак відтоді мені не давало спокою постійне відчуття присутності чогось потойбічного.

Увечері, коли повернувся додому, Рут здогадалася, що зі мною щось не так.

— Що таке? Ти якийсь не такий, — висловила стурбованість.

Мабуть, дружину насторожила моя мовчанка. Адже зазвичай я багато базікав, коли повертався додому після роботи. Я не відповів нічого і залишив її спантеличеною. Вийшов на ґанок, аби переварити все, що відбувалося. Думав про слова колеги, яка сподівалася, що на мене «зійде Дух Святий». Що означали її слова? Що мала на увазі? «Може, сама не знає, що каже?» — пробубонів я, намагаючись заспокоїти себе.

Здавалося, хтось був поруч, особливо, коли я залишався наодинці. Навколо мене утворювалася дивна аура; я не міг пояснити її, а тільки відчувати й усвідомлювати. Ця аура була мирною, теплою, та водночас вона тривожила мене, бо я не знав, що воно таке і звідки взялося. Я нікому не казав про свої переживання, особливо Рут. Навіть вона могла подумати, що я з'їхав з котушок. На щастя, дружина була мудра жінка, не висіла в мене на шиї й не навантажувала зайвими запитаннями, хоча я знав, що їй надзвичайно цікаво дізнатися про все, що коїлося в моїй душі.

Зазвичай після роботи я хотів миру та спокою, але цього разу неабияк потішила активність моїх малих енерджайзерів, що гасали по дому. Ми з Рут лягли спати рано. Я не зізнався їй у тому, що головна причина мого бажання якнайшвидше потрапити у спальню полягала в тому, що я не хотів залишатися у домашньому кабінеті на самоті. Мене просто лякала присутність невідомого.

Сусід

Наступного дня я порався на дворі. Зайшов сусід. Ми перекинулися кількома словами, він запросив мене до церкви тієї ж неділі. «Раджу завітати до нас. Там усе просто. Люди вивчають Біблію та поклоняються Богу», – запропонував сусід. Мене здивувало його запрошення, бо ми ніколи не розмовляли разом про Бога. Він і не підозрював про те, скільки літератури я переколошматив останнім часом.

– Не знаю, що й сказати, – відповів ніяково.

– Тобі не обов'язково одягати костюм. Приходь, як є, в джинсах і сорочці, взагалі, як тобі зручно, – повідомив сусід.

Його ентузіазм наростав. Мабуть, він помітив моє полегшення від слів про те, що необов'язково одягати костюм. Це й справді посилило мій інтерес. Сусід вів далі:

– Там навіть своя кав'ярня зі справжньою кавовою машиною!

Останні слова мене звеселили. Церква й кава? Я любив каву і не любив костюми. Зрештою, вже визрів, щоб відвідати якусь церкву. Просто соромився іти один. Також не хотів іти до незнайомих людей і слухати запитання на зразок: «А хто ви такий? Як вас сюди занесло?» Взагалі не хотів, щоб хтось знав про те, що я досліджую Біблію і християнство.

– Гаразд. Піду, – погодився я.

– От і чудово. Можете поїхати за мною. Це неподалік, за поворотом.

– Тоді до зустрічі.

Я увійшов у дім і подумав напружився: як сказати про своє рішення Рут? Мені було соромно і ніяково повідомляти її про бажання піти до церкви. Дружина сиділа з дітьми за столом на кухні.

– Девід запросив мене до церкви в неділю. Не знаю, чи треба туди йти чи ні.

Я відверто збрехав, бо насправді знав: треба. Просто не хотів виказувати своє бажання туди потрапити.

– Невже? І що – ти підеш? – запитала дружина. Її обличчя випромінювало щирий подив. Мої слова приємно здивували її.

– А ти що скажеш? – повторив я, дотримуючись тактики: дозволити їй подумати, що я не поспішаю туди піти, залишаючи останнє слово за нею.

– Ідея чудова. Я – за, – погодилася Рут.

– Гаразд, тоді скажу Девіду, що ми йдемо.

Я вийшов на подвір'я, щоб дружина зрозуміла, що я даю позитивну відповідь сусіду. Що поробиш, мені було соромно зізнатися, що уже сказав «так».

Церква

Настала неділя, я одягнув джинси і сорочку поло. Рут була в слаксах і блузці. Я зібрав дітей, усі повмощувалися в машині. Девід уже чекав на нас, коли я під'їхав. Ми рушили слідом за ним. Я почувався ніяково, мене навіть нудило. Та й не дивно, адже попередні спроби познайомитися з церквою ніколи не закінчувалися добре.

За словами сусіда, храм був неподалік у кінці дороги. Коли Девід повернув на стоянку, мені здалося, що він поїхав не туди. «Люба, він їде у торговельне містечко», – зауважив я. Дружина вказала рукою: «Навряд. Ось бачиш? На табличці написано: "Каплиця на Голгофі" (Calvary Chapel). То ж церква».

Як з'ясувалося, то справді був храм. Тільки не такий, яким його собі уявляв. Я не побачив типової бані зі шпилем, кольорових фресок або великих парадних дверей білого кольору. Споруда була чимала, довга, одноповерхова. Люди стікалися звідусіль і заходили у два входи. На стоянці ніде було горошині впасти. Машин приїхало так багато, що волонтери допомагали скеровувати їх на вільні ділянки. «Не зрозумів. Стільки людей хочуть потрапити до церкви?» – не міг повірити своїм очам. Майже кожен мав при собі Біблію. Навіщо нести Її в церкву? Я заходив у храми кілька разів у житті, проте жодного разу не помічав, щоб прихожани приходили зі своїми Бібліями.

Коли ми підійшли до входу, я чомусь відчув себе вдома. «Не можу повірити. Зникло почуття дискомфорту», – помітив. Люди цієї громади відрізнялися від інших релігійних осіб, яких бачив у своєму житті. Біля дверей мене зустріла жіночка, яка сяяла усмішкою. «Ласкаво просимо», – мовила вона й вручила буклет із розкладом роботи церкви.

Я відчув приємний аромат щойно змеленої кави й подався туди, звідки він походив, – до церковної кав'ярні, розташованої ліворуч від входу. І вухами, і носом я чув еспресо-машину, яка варила каву з чудовою молочною пінкою. «А ось і звуки благодаті», – усміхнувся собі. Я не зовсім виписувався в громаду, але мені здалося, що однією ногою я вже на небі.

Поки мені готували лате, я спостерігав за людьми, що заходили всередину. Усміхнені обличчя, дружні обійми, привітне й тепле середовище. Коли я усвідомив, де опинився, мені стало заздрісно. «Чому ці люди такі щасливі? У мене ж є все, чого душа забажає, а почуваюся, ніби чогось бракує». Здавалося, я загнав себе в куток. Спробував проаналізувати деяких прихожан і розкритикувати їх, аби почуватися краще.

«Он дядько – якийсь схиблений. О, дивись! Діва Марія у всій красі. Плаття до п'ят. Ой боженьки! А хто це такий у нас манірний? На вигляд чоловік, а стільки лагідних жестів, що, здається, це жінка!» – зловтішався подумки. Уже й захвилювався, чи зможу позбутися шарму цієї церкви. Я ж не був таким, як вони.

Заграла музика. Звуки лунали звідкись ізнизу, з-за дверей переді мною. Туди я й рушив, відчинив двері й зайшов до зали разом із Рут і Девідом.

Одразу відчув духовне піднесення й радість. Здавалося, кожен радів і всерйоз сприймав усе, що відбувалося в церкві. Під час «прославлення» (так називали музичну частину богослужіння) чимало людей стояли із заплющеними очима, піднявши вгору руки. Час від часу плескали в долоні. Я бачив, що вони щось відчували, але не знав, що саме і яким чином цього досягали. Відчуття було дивне, але цікаве, і чимось приваблювало. Водночас усюди панував порядок. Прихожани здалися мені дуже вдячними Богу людьми, які глибоко Його шанували. Я відчував, що їхнє життя наповнене чимось прекрасним, вони були всім задоволені, мали те, чого я ніяк не міг знайти, і чого свідомо чи несвідомо завжди шукав. «Як таке може бути?» – дивувався.

Знову повернулося почуття заздрості. Жінка на сцені співала із заплющеними очима, а хлопець, який грав на перкусійних інструментах, дивився на стелю, та ще й усміхався на всі зуби. Ці люди не можуть мати те, що маю я. «У них нема такої освіти, такої кваліфікації, таких професійних знань, якими володію я», – подумав. Музика була цікава, але я не міг дочекатися, коли вона закінчиться.

Нарешті з'явився пастор. Музиканти саме закінчили грати останню пісню. Він провів урок хвилин на сорок, прямісінько з Біблії. Розглядав рядок за рядком якийсь уривок із Євангелії від Матвія. Всі уважно стежили за проповіддю, звіряючи сказане зі своїми Бібліями. Тепер я зрозумів, чому в кожного прихожанина вона була. Хоч я відвідував храм разів зо два в житті, але помітив, що методика цього пастора відрізнялася від того, що я бачив у церквах раніше. Зазвичай проповідники багато говорили, а цей нагадував учителя, який методично роз'яснює значення кожного речення й допомагає слухачам зрозуміти написане у Святому Письмі. Він не намагався вразити присутніх нестандартними варіантами тлумачень уривка, і це мені сподобалося. Він просто хотів показати, що говорить сама Біблія.

Наприкінці проповіді пастор сказав кілька слів про те, що потрібно «прийняти Христа». Він кілька разів вжив це дивне словосполучення. Я не міг зрозуміти його значення. «Що проповідник має на увазі?» Ісус помер дві тисячі років тому і перебуває на небі. «Яка процедура Його "прийняття"? – запитував себе. – Хіба я не "прийняв Його", коли погодився, що Біблія правдива, і вирішив піти до церкви?»

Загалом, богослужіння мені сподобалося. Дещо дратували колективна радість і душевний мир, але я не дозволив дріб'язковим негативним емоціям затьмарити те добре, що побачив у церкві. Ніхто на мене не тиснув, ніхто не набридав, не дивився на мене, як на новенького або «не такого». Звісно, сподобалася церковна кав'ярня й те, що я міг прийти в такому одязі, в якому хотів. Хоч останні два фактори відігравали другорядну роль, проте я завжди вбачав певне лицемірство в тому, коли люди наряджаються, мов пави, у церкву, після чого повертаються додому й поводяться, як усі смертні.

Нарешті я сказав дружині: «От сюди я б ходив по неділях». Рут зраділа, а Девід був на сьомому небі. «Чому сусід радіє? Що тут такого? Йому-то що з того, що я ходитиму до церкви?» – дивувався.

Лід розтанув

Наступного дня сталося дещо дивне. Я працював допізна у домашньому кабінеті. Всі спали. Я не міг зосередитися, бо весь час думав про Ісуса Христа і Біблію. Мене все ще лякала фраза про Дух Святий. Я досі відчував присутність чогось потойбічного, і це відчуття посилювалося. Було дивно і водночас спокійно. Постійно чулося відлуння слів пацієнта: «Ти прийняв Ісуса Христа як свого Господа і Спасителя?» Хіба не ці ж самі слова казав проповідник?

Раптом я згадав випадки з минулого, коли повівся з кимось неправильно, коли образив інших нечемними словами. Мої прогріхи неначе ожили в усіх подробицях, починаючи з дитинства, закінчуючи дорослим життям, і постали перед моїми очима. Мені стало страшно й бридко від самого себе. Я бачив цілі сцени, хотів їх вимкнути, але не міг. Вони виникали одна за одною, мов у кіно, показуючи на екрані не найприємнішу картину мого життя.

«Слухай ти, невдахо і тюхтію! Вирядився, мов дівчисько! – накинувся на новенького хлопчика на майданчику початкової школи. – Ми не хочемо, щоб ти з нами грався». Хлопець пішов у сльозах. «Що? Пішов плакатися своїй матусі?» – гукнув я навздогін.

«Слухай, Даґу! Прикольнімося з Кріса! Зміємося тихенько, поки він у туалеті. Коли вийде, не знатиме, куди ми зникли!» – запропонував товаришу, коли навчався в четвертому класі.

«Ти бридка. Жоден нормальний пацан не зверне на тебе уваги!» – глузував, коли навчався у восьмому класі. Обличчя дівчини перекосилося, як після вистрілу в серце. Вона дивилася на мене, не вірячи моїм словам, співчутливо хитаючи головою. Я тільки усміхнувся у відповідь, радіючи, що влучив у ціль.

«Не можу повірити, що ти мене обманув, – схлипуючи, промовила дівчина, з якою зустрічався в десятому класі. – Як ти міг так зі мною вчинити? Хіба не розумієш, що я тебе люблю?» Сльози котилися в неї по щоках. Вона ридала так, що ледве переводила подих. Мені було байдуже. «Тепер мені подобається інша», – холодно відповів.

«Я зможу організувати професійну роботу у вашому клубі. А цей ваш діджей повний йолоп! Найміть мене, і я з першого дня покажу, як усе має працювати!» – випалив потенційному роботодавцю, коли ще навчався в універі. На канікулах я отримав роботу, а діджей втратив свою.

«Татусю, вийдеш зі мною погратися?» – попросив чотирирічний син, тримаючи м'ячик в руках. «Не зараз! Ти що, не бачиш? Я зайнятий!» – викрикнув. Бідолаха кинув з переляку м'яч і втік, плачучи.

«Та що з тобою таке?!» – не витримала Рут. «Усе в порядку. А з тобою ні. Просто замовкни й зникни з моїх очей. Скільки можна капати мені на голову? – парирував. – Ти завжди якась накручена і нетерпляча!» – «А ти завжди огризаєшся», – схлипуючи, відповіла дружина. «Та припини киснути й зачини за собою двері. Я не збираюся колупатися в цьому!..» – «От і добре!» – вигукнула дружина, гуркнувши дверима. «Жінки – прищик на одному місці», – пробубонів у відповідь.

«Ви, бовдури! Що робите? А ну геть [...] сходами по кімнатах, і то негайно!» – гаркнув на синів, одному було чотири роки, другому – п'ять. Вони побігли нагору, плачучи й завиваючи. «Мамусю! Мамусю! Татусь знову на нас кричить». Я намагався попідбирати їхні іграшки, розкидані по підлозі. Рут збігла сходами донизу. «Та що з тобою таке? Ти постійно верещиш на дітей!» – «Складний день на роботі», – пояснив я.

Епізод за епізодом прокручувався у моїй свідомості, мов у кінострічці на старій кіноплівці. То був фільм жахів. А я був кінозіркою, що виконувала головну роль. Почав прозрівати, яким жорстоким, недоброзичливим, заздрісним, гордим був. Не вмів пробачати людей, не хотів проявляти до них елементарну любов. Я наче побачив свою душу в дзеркалі. Поклав лікті на робочий стіл, обхопив руками голову. Заплакав, мов дитина, усвідомивши те, яким монстром був у стількох ситуаціях! Здавалося, якась невидима сила відкрила мені очі на те, ким я був насправді. І правда виявилася гіркою.

Біль від усвідомлення своєї внутрішньої сутності пронизував мене наскрізь. Сльози потекли потоком, а схлипування перейшли в ридання, на душі щеміло. Несподівано уперше в житті я відчув таку явну присутність Бога, яку не міг пояснити словами. Всім своїм єством знав, що Він стоїть переді мною, і це злякало. Я жахнувся святості Божої, зрозумівши власну гріховність, і затремтів від власної ницості.

Миттю я опинився біля ліжка, що було за моєю спиною, впав на коліна. Я виплеснув назовні все, що назбиралося всередині, так голосно, що не міг повірити, що не розбудив увесь дім. Я тремтів, сповнений страхом й жалем. Час від часу здригався, схлипуючи, мов мала дитина. «Боже! Пробач мені. Прошу, пробач. Я помилявся. Накоїв стільки зла. Мені соромно і жаль за минуле. Ісусе, поможи мені!»

Я не заспокоївся й казав далі: «Не хочу більше так жити. Зміни мене, о Ісусе, прошу, зміни мене! Очисти і освяти мою душу. Вірю, що

Ти справді помер на хресті за мої гріхи. Я прогрішився перед Тобою, хоч раніше цього не усвідомлював…» – я плакав у душевних муках.

У такому стані я перебував хвилин із десять. Ридав так сильно, що кожне слово, котре виривалося з моїх вуст, лунало окремо. Я покорився перед Богом. Довірив усього себе милості Божій і благав про прощення, мов злочинець благає помилування у судді. Неймовірним чином я відчував Божу силу, від чого ридав іще більше. Я не планував раптового виплеску емоцій і не хотів цього, адже завжди вважав себе успішним професіоналом і зрілим чоловіком. Слова наче самі виходили з моїх вуст. Щось ніби накрило мене й змусило покаятися, покоритися й просити помилування. Лід моєї душі розтанув. Ця молитва відіграла вирішальну роль у моєму житті.

Емоції стихли. Я відпустив усі важелі контролю. Повільно зібрався з думками. Почувався дивно. Мені навіть стало соромно за емоції, хоча перебував на самоті. Підтюпцем я пішов до спальні, впевнений у тому, що Рут прокинулася й чекає на пояснення. Натомість вона мирно спала. Я заліз у ліжко, намагаючись налаштуватися на сон. Глибоке почуття миру та спокою огорнуло мою душу. Це був незвичайний стан, у якому раніше ніколи не перебував. «Оце так, – міркував я, – навіть уявити не міг, який благодатний вплив матиме щирий плач». Я заснув, не усвідомлюючи, що сталося незвичайне дещо більше, ніж прояв емоцій. Спав, мов немовля. Тоді не знав, що більше ніколи не прокинуся тим, ким був раніше.

Розділ IX
ПРЕОБРАЖЕННЯ

Пробудження

Наступного ранку я дивився на світ іншими очима. Ніколи не підберу достатньо слів, щоб передати дивовижний стан, у якому опинився. За силою впливу переживання святості Божої можна порівняти хіба що з враженням сліпого з народження, який раптом прозрів. Здавалося, я прокинувся зі сну, що тривав тридцять шість років.

Запілікав будильник. Була п'ята тридцять ранку. Прокидався неохоче, адже досі перебував у приголомшеному і спантеличеному стані. Я повільно протягнув руку й натиснув на кнопку, щоб вимкнути. Сів на край ліжка й несподівано відчув інший новий, невідомий досі, стан. «У моєму серці неймовірний мир. Зникли тривога й стрес через суєту кожного робочого дня, як це було раніше. Більше нема внутрішньої напруги, з моїх пліч спав тяжкий тягар, про існування якого я й не підозрював», – зауважив собі.

На дворі було ще темно. Я небавом пішов зі спальні в душову. Тепла вода освіжила голову й тіло. «Що змінилося?» – не міг збагнути я, намилюючи й потираючи руками голову. Закрив очі й насолодився тією хвилиною, коли теплий душ змивав шампунь. «Мій розум спокійний!» – спостеріг. Суєтний потік хаотичних думок, що зазвичай штурмували мій мозок, зник!

Тієї хвилини я зрозумів, як раніше завжди після ранкового пробудження мій розум напружував мою свідомість най різноманітнішими турботами та справами. «Насувається дата погашення іпотечного кредиту. Діти хворіють. Акції, що недавно викупив, падають у ціні. Треба заїхати в банк, здати білизну у прання, сходити в спортзал, підготувати презентацію, відремонтувати туалет, замінити мастило в автомобілі».

Дріб'язкові думки бомбардували мій мозок роками, щойно очі розплющувалися після сну. Сьогодні цілий пласт повсякденних тягарів пішов геть! Уперше, відколи пам'ятав, плутанина, стрес, розчарування в погоні за чим завгодно вже не наповнювали мою голову, і через це я почувався дивовижно! Якщо порівняти мозковий штурм із заторами на

Розділ IX. Преображення

дорозі, то цього ранку на ній було вільно. «Це дивно, але дивовижно!» – усміхнувся собі.

Я витиснув залишки пасти на щітку й задоволено розпочав чистити зуби. Чомусь у мене була звичка чистити їх в душі. Я шурував щіткою вгору-вниз, а тепленька водичка спокійно лилася мені на голову й спинку. «Ох і прекрасно ж почуваюся! – тішився. – Але звідки стільки радості без явної на те причини?» Відчуття щастя, немов морські хвилі, знову і знову сповнювало моє серце, я не міг пояснити, чому. «Лише прокинувся. Нічого не придбав у магазині. Нічого такого не сталося, щоб почуватися щасливим. Звідки таке прекрасне самопочуття?»

Колись радів, мов дитя, коли вперше сів за кермо новенького BMW «М-3» із відкидним дахом. Я заволодів шедевром найкращих автоінженерів світу і відчув приплив життєвих сил та ентузіазму. Ейфорія була неймовірна. Я хотів насолоджуватися нею щодня, з нетерпінням чекав моменту, коли виїжджатиму своєю красулею на вулицю, а всі навколо розкриватимуть роти від її блискучого вигляду. Проблема полягала в тому, що щастя тривало якихось кілька тижнів, після чого в'януло з кожним днем.

«Відчуття схожі, тільки не можу зрозуміти, в чому різниця. Минуло кілька хвилин, відколи устав з ліжка!» – подумав. Зазвичай я виповзав із нього, мов черепаха, роздратований, розчарований життям, напружений з однієї лишень думки, що попереду ще один робочий день. Може, і хотів прикидатися зі світлішим настроєм, але тягарі, що накопичувалися роками, природним чином сформували типовий внутрішній стан.

Ранкову процедуру завершувало гоління. Я наклав піну на обидві щоки, вставив у станок лезо. Не припиняв дивуватися, як усе змінилося. Так, стан внутрішнього задоволення був мені знайомий, проте він завжди стосувався покупок, виграшів, подарунків, чогось матеріального й тимчасового.

Я пригадав радісний настрій на вечірках. Почувався піднесено, коли випивав два бокали вина (але тільки перших два)... Однак цього разу – жодної краплі, а на душі свято! Тіло розслабилося від щирої ейфорії та радості, що відчував тепер. Це справді нагадувало стан, в якому перебував після вживання якісного вина. «Це ненормально. Я ж... просто приймаю душ!»

Іще недавно знімав внутрішню напругу бокалом вина, аби звільнитися від життєвих турбот, відчути полегшення і радість. Здавалося, спиртне заповнювало невидиму прогалину в моєму житті, тільки ефект тривав недовго. До того ж, наслідком такого щастя частенько ставав головний біль від похмілля наступного дня. Сьогоднішній день був іншим. По моєму тілу текла водичка, я стояв у душовій і почувався дивовижно без явної на те причини! Чудасія! Не випив жодної краплі спиртного! Тільки-но встав на ноги. Попереду робочий тиждень, сьогодні не п'ятниця, не той щасливий день, якого чекав з понеділка. У гаражі не було нової машини. На столі не тішила око путівка на курорт. «Може, бракує чашечки міцненького еспресо, – шукав пояснення, – може, кофеїн нормалізує мою психіку, і я нарешті второпаю, що й до чого».

Я вийшов з ванної, одягнувся й спустився сходами донизу. Чекав, коли мозок нарешті запрацює у звичному режимі. Піднесення нікуди не зникало. Я швиденько змолов, приготував і спорожнив порцію еспресо. Завмер на хвилинку, очікуючи, що кава остаточно розбудить мене й виведе зі стану приємної, але дивної нірвани. Нічого не змінилося. Я змолов ще одну порцію, проковтнув, зібрав речі й сів у машину. Здавалося, рушив у довгождану мандрівку, хоча прямував на роботу, а не до Лас-Вегаса.

Кілька днів поспіль я почувався, мов на літніх канікулах. Мене сповнювали щастя й радість, я дихав на повні груди. Почався новий якісно інший етап у житті.

Новий понеділок

Отже, я сів у машину й подався на роботу. «Навіщо кудись летіти, випереджати всіх підряд, доводити водіям, хто перший?» – подумав. Затори на дорогах більше не дратували. Якийсь гаврик підрізав мене, та я не захотів посигналити йому у відповідь чи показати те, чого не варто показувати в присутності дітей. Мобільний телефон я забув удома, але не рвав на голові волосся через таку «трагедію». Коли світлофор показав червоний, мною не тіпало від того, хто першим натисне на газ. «Дивно», – промугикав уголос. Невже я проміняв легендарного автогонщика Маріо Андретті в собі на містера Роджерса, ведучого телепрограм для малят?

Розділ IX. Преображення

Коли прибув на роботу, почуття радості посилилися, а неочікувані зміни в моїй поведінці впали в очі колегам. Графік був щільний, але це не означало, що я мав нервувати чи звинувачувати в усьому медсестер. До того ж, до нас завітала стервозна й вимоглива тітонька, проте мого запасу терпіння виявилося більше ніж достатньо.

Жіночка була першою пацієнткою у списку. Я відчинив двері й побачив бабулю, що сиділа на кушетці й тримала зіжмаканий шматок паперу. Вона грізно витріщилася, вимагаючи негайної уваги. Щойно побачила мене, як узяла розмову під свій контроль.

– Докторе Віман, ось перелік запитань, з якими ви маєте ознайомитися, – наказала, помахуючи папірцем у повітрі.

«Переліки» – завжди поганий знак для лікарів. Але замість того, щоб подумати «О, ні!», я відповів: «Чудово. Чим можу вам допомогти?» Ці слова злетіли з моїх вуст не через етику професійного спілкування, а через те, що я щиро хотів допомогти людині. Це вже зовсім ненормально, подумав я. Бабуля не дратувала, не їла мені печінки, не навантажувала.

Мене сповнили глибокі почуття любові й турботи про пацієнтку, що звернулася по допомогу. Здавалося, у мені з'явилося щось, що давало силу для прояву доброзичливості до складної та вимогливої пацієнтки. Не було потреби вдавати із себе актора. Все було по-справжньому. Зазвичай я прикидався добреньким, коли це було можливо, хоча в серці думав: «Коли ви вже згинете з моїх очей?» Тепер не міг пояснити зміни ставлення до людей. «Чому дивакувата жінка мені симпатична?»

Медсестра помітила, що я продемонстрував непритаманну мені поведінку. Вона здивовано подивилася на мене: «Що з вами?» Хоч моя поведінка була незвичною, я залишався самим собою. Було трохи дивно почуватися новою людиною в тому ж самому тілі.

Після роботи я повертався додому спантеличеним. Невидимий важкий рюкзак, щодня наповнений тривогами, розчаруваннями, порожнечею, нетерпінням, гіркотою та егоїзмом, більше не висів на моїх плечах. Гігантський тягар зник. Я відчував повноцінність без явної на те причини. У минулому завжди покладався на щось, на когось, на обставини, що даруватимуть задоволення. Проте зараз моє серце переповнювали прекрасні емоції, я радів життю без будь-яких особливих причин. Я усвідомив, що потяг до пустих справ, гонитва за більшим, кращим, вагомішим – усе це пішло геть. Хіба таке можливо?

Я завжди виїжджав рано, тому не бачив, як прокинулися дружина й діти. Коли прибув додому, побачив Рут уперше, відколи життя змінилося. Увійшов усередину через гаражні двері. Вона поралася на кухні.

Новий вечір

– Привіт, люба, я вдома, – привітався, щойно ступив за поріг.

Рут готувала вечерю, діти гралися на підлозі. Вона повернулася обличчям, і я наче вперше побачив її красу. Виникло сильнюще бажання проводити час і спілкуватися з нею, бо раніше не надавав цьому значення. Я відчув глибоку повагу до неї, і це теж було чимось новим. Колись сприймав усе, що вона робить, як належне. Потік цих думок пробіг у моїй свідомості за якусь мить.

Те ж саме сталося, коли побачив дітей. «Татусю!» – вигукнули хлоп'ята й побігли до мене. Я обійняв їх і раптом глибоко усвідомив, що був татусем двох дивовижних дітей! Замість власних егоцентричних імпульсів я хотів думати про них і те, що їх цікавить і хвилює.

Виникли глибокі, незвичні, нові думки. Хлопці повернулися до своєї гри, в той час як Рут продовжувала готувати. Я мирно сів у кухні й увібрав у себе всі приємні почуття від перебування у колі рідної сім'ї. Побачив власну сім'ю і свою роль у ній з нової перспективи. Здавалося, хтось показав, яким коротким та крихким було моє життя. Виникло бажання насолоджуватися кожним його моментом, замість того, щоб марнувати час. Я опинився на місці Емілі Гіббс із вистави «Наше містечко» і повторив долю Скруджа з «Різдвяної історії». Тепер по-новому цінував життя, навіть повсякденну рутину. «Мені скоро сорок, а життя промайнуло, як мить. Важко повірити, як легковажно я ставився до нього та до своєї сім'ї, сприймав усе, як належне». – Серце стиснулося в грудях. Ніколи не думав, що не цінував життя в ті безцінні моменти, проте зараз мені відкрилася істина. Здавалося, серце розтануло. Я спокійно дивився на свою сім'ю і захоплюватися нею.

Коли вечеряли, мене раптово огорнув страх. Відчуття провини, сорому, жалю наповнили моє серце, коли спостерігав за Рут і дітьми за столом. Оточення найрідніших на світі людей, яке можна легко не помі-

Розділ IX. Преображення

тити у повсякденній суєті, видалося мені справжнім дивом. «Чому так міркую?» – дивувався. Я пильно розглядав дружину й дітей, насолоджуючись кожною миттю їхньої присутності. Згадав минуле, і в голові прокрутився інший ряд епізодів. У кімнаті перебувало четверо, але, ймовірно, тільки я бачив перед своїми очима картинки, які звинувачували мене й мучили мій мозок.

«Ґреґу, їдьмо з нами провідати бабусю на вихідних», – запропонувала мама, коли я вчився у хайскул. «Я не їду. Залишуся на ніч у домі Джей-Бі», – відповів. «Тобі справді варто поїхати. Вона при смерті, може, ти більше не побачиш її». – «Байдуже. Не хочу нікуди їхати. Там ще й нудно».

«Ґреґу, бабуся померла. Похорон наступними вихідними», – повідомила по телефону мати. Я жив тоді в місті Дарем штату Небраска, навчався на стаціонарі за напрямком дерматології. «Не можу приїхати. Я перевантажений, і це далеко», – пояснив. «Ґреґу! Це ж твоя рідна бабуся!» Я бажав поїхати, але не хотів бачити ще одну померлу людину. Не хотів розглядати її спорожнілий будинок, який залишився у мене в пам'яті. Я егоїстично сховався від картини смерті й не поїхав.

«Любий, заходь. Побудь трохи зі мною. Просто поспілкуємося», – запропонувала Рут на якійсь вечірці. «Іншим разом. Не бачиш, я тусуюся з дружбанами? Повертайся всередину. Нам тут класно», – пояснив. За кілька хвилин дружина знову повернулася. «Йосип драний! Я що, не можу відпочити від сім'ї та розслабитися з друзями товаришами?!» – вигукнув, щоб чула вся компанія, після чого спорожнив кухоль пива. «Я давно казав, що жінка – це прищик на спині», – підсумував якийсь. Усі зареготали.

«Ґреґу, я забула забрати речі з пральні. Пробач», – повідомила Рут невпевнено. «Та що з тобою, в біса, таке! Ти можеш хоч щось зробити нормально для свого чоловіка? Ти ж не переш своїми руками!» – обурився.

«Скільки хот-доґів тобі приготувати?» – поцікавилася Рут. Я зосереджено готувався до іспиту з дерматології. «Байдуже! Клепай, скільки хочеш. Я працюю», – обурився. «Просто скажи, скільки саме ти хочеш», – наполягла Рут. «Я зайнятий. Мені байдуже. Більше не запитуй!» – відрубав я, скрегочучи зубами й стиснувши пальцями чашку. «Заспокойся, Ґреґу. Все, що мені потрібно, це зрозуміти, скільки саме ти з'їси», – ввічливо повторила дружина. Я зірвався на рівні ноги у гніві. «Якщо ти ще раз запитаєш мене про сосиски, я виллю оцю чашку кави на оцей білий килим!» Вона ані бровою не повела. «Так скільки тобі?» – тихо запитала. Я подивився їй прямо в очі й вилив чорну каву на білий килимок. Мов чорний водоспад, кава повільно розливалася на покриття. «Я ж казав: залиш мене у спокої!» – гаркнув.

«Татусю, ми можемо сьогодні увечері погратися з тобою тракторами?» – запитав трирічний син. «Не сьогодні, синку. Ми з матусею йдемо в гості до друзів».

«Татусю, прийдеш до нас у пісочницю?» – поцікавилися обидва сини. «Не зараз. Маю готуватися до тріатлону».

Картинки з минулого поступово зникли, і я раптом зрозумів, що не голодний, хоч з'їв небагато. За кілька секунд усвідомив весь жах того, яким байдужим, грубим, егоїстичним та вимогливим був стільки років життя. Мені стало соромно, на очі наринули сльози. Я намагався опанувати себе, встав з-за столу й відніс тарілку в раковину, щоб ніхто не помітив. Решту вечора грався з синами й розмовляв із Рут. Відлягло від серця.

Кожен пішов спати, а я засидівся допізна в кабінеті, перебуваючи під враженням від того, що сталося зі мною буквально за день. Намагався зрозуміти свій стан. «Почуваюся, як після прийому медпрепаратів. Здається, ніби старе «я» спочатку померло, а потім повернулося у вигляді нової людини. Що зі мною відбувається?» Я втомився від стількох переживань і навіть трохи злякався, проте внутрішня радість не покидала мене. «Сім'я досить молода. Я в розквіті сил. Ще не пізно. Ще зможу жити інакше», – пообіцяв собі.

Наступні три дні

Я спав, мов немовля, уже другу ніч поспіль. Наступний день суттєво не відрізнявся від попереднього. Щоправда, я почувався комфортніше і призвичаївся до змін. Насолоджувався спокоєм та миром, бо зазвичай накручував сам себе через усілякий дріб'язок. Досі не вкладалося в голові, що новий стан, у якому перебував, – не сон. Тільки реальність відчуттів допомагала розуміти, що все відбувалося зі мною насправді. На третій день з'явилося відчуття страху. Лякало те, що можу повернутися до колишнього «я». Хвилювався, що не протримаюся, хай би що означали нові обставини мого життя.

Знову запілікав електронний будильник о пів на шосту. Я розплющив одне око, простягнув руку й натиском на кнопку вимкнув пискливий звук. «Цікаво, чи вивітрилося дивне відчуття блаженства? Я все ще нова людина? – найперше, що подумав, як тільки прокинувся. – А раптом ейфорія зникнуть зникне – що тоді? Повернуся до старих звичок і своєї колишньої натури?» – хвилювався.

Я встав із ліжка, пішов до ванної, зиркнув у дзеркало. Улюблені труси, виявляється, одягнув задом наперед. Судячи із зачіски, на мене чекав не найкращий день у житті. Волосся навіювало думки про панк-рок. Жодна з цих деталей не хвилювала мене. «У серці мир, а суєта професійної діяльності не викликає тривоги. Це добрий знак», – зрадів, адже залишався самим собою в новій іпостасі. «Так! – переможно гукнув дзеркалу. – Так!»

Щоранку я чекав на старого «я», котрого не міг терпіти. Оте еґо могло повернутися будь-якої хвилини, але я радів, що воно досі не навідувалося.

Нове мовлення

На четвертий день помітив інші зміни. Перші три дні не звертав на них уваги, бо несподіваний поворот подій викликав надто бурхливі почуття. На дворі світало, я саме готувався до роботи. За звичкою змолов каву, коли збирав речі перед від'їздом в офіс. «Гаманець! Де мій гаманець?» – відчайдушно промовив уголос. Похапцем пройшовся по будинку, переглянув у машині – не знайшов! Перерив рюкзак, повичищав усі кишені в піджаках та іншому одязі, понишпорив на кухні, де, бувало, залишав ключі разом із портмоне.

Я не раз влаштовував «концерт», коли зникали гаманець або ключі. Просто скаженів. Цього разу відреагував значно спокійніше. Не рвав на голові волосся, проте увагу привернуло інше: я не промовив жодного нецензурного слова! Лексикон старого моряка кудись зник. Лайливі слова, замість того, щоб вилетіти, мов із гармати старого піратського судна, як це часто ставалося у дратівливих ситуаціях, вивітрилися. Я раптово припинив пошуки гаманця й на хвилину завмер. Прокрутив у голові останні три дні й зрозумів, що не обмовився жодним гнилим словом! Я сів у машину і спокійно поїхав собі на роботу.

Брудні слова увійшли в мій лексикон ще з п'ятого класу. Пригадав один табір, який чомусь називали християнським. Там я й вивчив перші матюки.

– Слухай-но, Енді, передай […] горошку, будь ласочка!

Ми їли у напівзаповненій їдальні з великими столами на всім осіб. Діти з кожної групи харчувалися за своїм столом.

– Пішов ти […], Вімен! Встань і насип собі сам! – була відповідь.

– Гаразд, заср…чику, – змирився я.

– Стеж за словами, Вімен! Інакше отримаєш по ср...! – настрахав вожатий.

Лайливі слова злітали з мого язика у вигляді найрізноманітніших частин мови – іменників, прикметників, навіть прислівників – постійно, хоч я не замислювався про зміст сказаного. Коли справи не клеїлися, із вуст навсібіч сипалися прокляття. Я навіть згадував у своїх лайках ім'я Господа, хоча не вірив у Бога. Не думаючи про значення слів, у скрутні хвилини я стріляв ними, мов із автомата Калашникова.

Нарешті доїхав до роботи, сів за стіл. Поруxав мишкою, щоб розбудити монітор, однак нічого не сталося. Мабуть, ви здогадуєтеся, що сказав би старий Віман у такому разі. Так, лайливе слово або словосполучення з іменем Ісуса. На диво, цього разу мовчав, мов риба.

Зазирнув під стіл, щоб з'ясувати, у чому проблема. Поки з'ясовував, вдарився головою об край. Здавалося, хтось добряче вшкварив мені по макітрі. Від болю аж зірочки забігали перед очима. Проте жодного гнилого слова не зірвалося з моїх вуст! Раптом усвідомив, що не намагався стримувати мовлення. Я не прикушував собі язик, не зосереджувався на словесному потоці. Брудні слова просто зникли зі словника побутового мовлення.

Я сидів, мов укопаний, на підлозі, потираючи потилицю, і дивувався з того, що сталося. «Що сталося? Чому не хочу лихословити?» – запитав себе пошепки. Спробував обміркувати можливі причини змін, що відчув у собі за останні чотири дні. «Чому почуваюся повноцінною людиною? Куди зникли погані слова? Чому добре ставлюся до людей, які раніше мене дратували? Звідки мир та спокій?» Квестія без упину штурмувала мій мозок. Я просидів під столом хвилин з п'ять, подумки прокручуючи запитання й намагаючись знайти на них відповідь.

Може, нова природа моєї особистості – це плід уяви через нещодавній виплеск емоцій? «Я відчув душевне полегшення, бо позбувся внутрішнього бруду. Може, тому лід і розтанув?» – подумав. Сильних потрясінь у моєму житті майже не траплялося, та навіть у рідкісні хвилини, коли пускав сльозу, відчував ефект звільнення від психологічного тиску. Однак теперішні зміни й відчуття радикально відрізнялися від попереднього досвіду.

Подумав про фармакологічний ефект. «Можливо, замість таблеток проти мігрені, що вживаю регулярно час від часу, мені помилково підсунули валіум?» – припустив. Звучало цілком логічно. Та хіба міг професійний аптекар переплутати такі різні ліки? Валіум справді заспокоює, дарує відчуття миру й легкого піднесення. Я вживав цей препарат лише раз у житті, коли проводив лазерну терапію в зоні ока якогось пацієнта. Валіум покращив моє самопочуття і дещо уповільнив мовлення, проте я не усвідомлював змін у своїй поведінці. Тому це припущення не відповідало теперішнім враженням. Я не міг уявити, яка ще речовина на світі могла мати такий потужний вплив на зміну поведінки людини. Весь день інші ламав голову над іншими варіантами, але ніщо путнє не спадало на думку.

Найперше, що зробив, щойно повернувся додому після роботи, це перевірив рецепт від мігрені та з'ясував, чи не переплутав ненароком аптекар таблетки, адже поки що фармацевтична гіпотеза видалася мені найімовірнішою з усіх. Похапцем дістався до ванної, відчинив шафку. Я нетерпляче перебирав пляшечку за пляшечкою. Нарешті натрапив на потрібну й швидко її відкрив. Поспішно висипав усі таблетки, кілька навіть упало на підлогу. Я нахилився, щоб уважно роздивитися позначки на цих пілюлях. Все-таки у пляшечці препарат проти головного болю! Я розхвилювався, бо не хотів, щоб нова реальність виявилася результатом впливу препаратів, і перевірка, схоже, підтверджувала моє бажання. Я затримався у ванній на кілька хвилин. Припущення про вплив таблеток на мій теперішній стан зникло, мов пара.

Тепер мене дивувало інше. Медик не міг поставити діагноз сам собі! Я стояв приголомшений. Хіба не повинна людина мого віку добре знати себе? Знати настільки, щоб пояснити драматичні зміни в своїй поведінці?

Подумав про можливий вплив Біблії, але одразу визнав, що такі радикальні зміни не стосувалися навіть релігії. Хіба можуть обряди і книги Святого Письма вплинути на людину аж так? Кілька днів тому я звернувся в молитві до Бога, визнав Ісуса і пішов до церкви. Навіть це не пояснювало те, яким чином у моїй душі сталося сталися зміни. Якщо Бог існує, а Ісус помер заради спасіння людей, то як зачепило всю мою сутність з голови до ніг? Як події двотисячолітньої давності пояснювали те, що я відчував усіма фібрами своєї душі сьогодні?

Перевірка: ганебний матч

«Гаразд, Ґреґу. Зберися з думками, – примушував себе. – У який спосіб можна перевірити, чи справді життя змінилося?»

Я відклав пляшечку з пігулками, трохи подумав і нарешті вирішив: потрібно влаштувати собі випробування.

Спустився сходами донизу у вітальню й увімкнув американський футбол. Я швидко захоплювався улюбленою грою, уявляв себе на полі серед гравців, навіть коли на екрані бігав невідомий клуб. Призвичаївся жбурляти лайливі слова в телевізор, коли команда, за яку вболівав, грала паршиво або взагалі програвала. Цього разу змагався один із моїх найулюбленіших клубів. Не встигли хлопці відіграти й чверті матчу, як табло показало, що вони відверто дують. На диво, мій рот був на замку. Захисники стояли, мов стовпи, замість того, щоб захищатися. Проте мій язик – ані чичирк! Коли на екрані повним планом з'явилося обличчя квотербека, чомусь не виникло бажання обсипати його незлим тихим словом.

У другій чверті всю ініціативу перехопив супротивник. Мені було ні холодно, ні жарко від того. Аномалія! Агресивні імпульси, злість, нецензурна лексика – все зникло невідомо куди. Я спробував напружити пам'ять і згадати лайливі варіації на тему, але не зміг. Вони вивітрилися з мого внутрішнього словника. Здавалося, ніби матч я дивився не сам.

Нікчемний сусід

Наступних кілька днів минули так само дивно, як і попередні. Моя колишня натура поки що не висовувала носа на поверхню, а спроби пояснити кардинальні зміни в моїй поведінці давали надто ефемерні результати. Я пішов на прогулянку і взяв із собою нашу красуню-лабрадорку на ім'я Дейзі.

— Вставай, дівчинко. Йдемо на прогулянку. Ти ж хочеш розім'яти свої лапки? – звернувся до вухастої. Собака ліниво лежала на одному боці, мов мертва корова, проте миттю всілася на задні, щойно почула слово «прогулянка». А почувши слово «лапки», нахилила голову вперед і радісно замахала хвостом. За якусь мить уже чекала на мене біля дверей. – Уперед, Дейзі! – Ми рушили.

Ощасливити хвостату улюбленицю прогулянкою відповідало моїм інтересам. Я мав поміркувати про глибинні зміни у своїй душі. Несподівано псина побігла до сусіда, саме того, якого я не сприймав. Щоразу, коли бачив його мармизу, відчував огиду й хотів уникнути зустрічі з ним. Я саме крокував доріжкою, поринувши у роздуми про заплутаний лабіринт життя, як небажаний тип несподівано виріс переді мною, мов гриб після дощу.

— Привіт, Ґреґу! Як поживаєш? – запитав, усміхаючись.

Я незграбно витріщився на співрозмовника. Не міг зрозуміти, чому не відчуваю негативу, куди зникли зневага й комбінації образливих слів. Я зніяковів, бо усвідомив, що сталося дещо «гірше», ніж міг собі уявити. «О, ні! У ґрунт мого серця пускає корінчики почуття дружби до цієї людини! Але для такого зв'язку нема жодних причин!» Я спробував витягти на поверхню свідомості гнів чи агресію, щоб заспокоїти себе знайомим емоційним станом, однак на моєму обличчі розпливалася благодать Божа. «Якась струна моєї душі симпатизує цьому сусідові, – дивом дивувався. – Але чому? Я завжди вважав його бридким. Він огидний і не може мені подобатися!»

Ми душевно поспілкувалися п'ятнадцять хвилин. Тримаючи в руках собачу швору, я пішов далі, почуваючись прибульцем. «Я вже божевільний? Белькочу з усіма підряд про те, про се, мов щасливий дурень, ще й тішуся від спілкування з сусідами!» В мої плани не входило розповідати кожному стрічному про те, що коїться в моїй душі, бо вони швидко зметикують, у якому стані моя психіка. Я навіть злякався, що асоціація медицини позбавить мене ліцензії на професійну діяльність, обґрунтовуючи своє рішення діагнозом якоїсь шизофренії або типовими психічними відхиленнями.

Покупки он-лайн

Наступного дня помітив, що зникло бажання постійно шукати й купувати усілякий мотлох. Манія володіти новими витребеньками, що прибувають на домашню адресу у вигляді пакунка, зникла. Я полюбляв купувати он-лайн, це дарувало мені певне задоволення. Або чекав на бандероль, яку от-от доставлять до моїх дверей, або планував наступну річ, яку мусив замовити. Що ж, довелося перевірити новоявлену духовність впливом Інтернет-торгівлі. Відкрив Polo.com, один із найулюбленіших.

О, новинка! Надійшла блакитна футболка для гри в регбі. «А мені фіолетово, – подумав, – навіщо ще одна футболка?» Розпродаж брендових сорочок «Поло»? Нецікаво. Взуття зі знижкою двадцять п'ять відсотків? Натиснув на кнопку, щоб з'ясувати, що за взуття. Проте спокуса вигідно купити щось не оволоділа мною. «Божевілля! – зміни лякали. – Завжди ж хотів купити бодай щось!»

Я знав себе краще, ніж будь-хто на цій планеті, тому зметикував останній тест. Якщо не подіє й він, доведеться навідатися до лікаря. Мала ж існувати медична відповідь!

Супермаркет

Настало Різдво. Маркетологи наче подуріли, покупці – теж. Я сів у машину й подався до місцевого супермаркету. Подумки прокручував мелодію до кінофільму «Місія неможлива». Коли заїхав на стоянку, машини були всюди. Найближче вільне місце – за милю від входу. Зазвичай у таких випадках я розвертався та їхав додому, поте цього разу скупчення машин не діяло мені на нерви. Я не злився, не розчаровувався, нікого нікуди не посилав. Якийсь ґаволов ледь не врізався у мене ззаду, але я не обсипав його лайкою. Мій середній палець, що автоматично спрацьовував у таких випадках, тепер знав своє місце. Я припаркувався біля «Тімбукту» й увійшов усередину.

Звірив емоції. Тертя й напруга зникли. Кислий вираз обличчя – теж. Навіть бажання увійти й вийти якнайшвидше не виникло. Я спокійно чимчикував, оминаючи завзятих різдвяних шоперів. Мені було байдуже. Усе чекав, коли зареве якесь із давніх почуттів, що зазвичай давало про себе знати в суєтних обставинах, та воно і не пікнуло.

Зайшов у «Волмарт». Навколо – хаос. Кілометрові черги, скрипіт возиків, дріб'язкові сімейні сварки, напружені обличчя заповнили весь простір. Кожен, хто всунув сюди носа напередодні Різдва, був несповна розуму. Знову внутрішній голос награвав мелодію «Місія неможлива». Так ось у чому річ! Це ж найпотужніша перевірка! Я ненавидів черги й натовпи, страждав через нетерплячку. Старе «я» ніколи не вижило б у такій обстановці без спалахів гніву або обурення чи роздратування. Навколо царювала ідеальна атмосфера для проявів моєї колишньої натури!

Метушня скидалася на психлікарню, сповнену колоритними фігурами, які проявляли творчі здібності, аби здобути певний товар.

Діти гасали, мов дзиги, ледь не збили мене з ніг. Возики зі святковим дрантям скрипіли звідусіль. У вухах дзвеніло від голосів, що страждально виказували розчарування й стрес. Яке сприятливе середовище для провокації! Попри все, моє старе его вперто відмовлялося грати першу скрипку! Я уже не думав «Слухай-но, ти, заср..!», «Поступися старшим, бовдуре!» або «Зараз сам у морду отримаєш!»

Зачекав кілька хвилин. Емоційного вибуху не сталося. Довелося визнати, що я склав іспит першої частини випробування, тому перейшов до другої. Вирішив придбати щось і пройти випробування стоячки в черзі. Ухопив найдешевше, що потрапило до рук, – блок жувальних гумок. Черга була така довжелезна, що більшість не бачила касира, а останній споживач чухав потилицю аж у торговельній зоні. Натовп нагадував череду корів, що намагалася пробратися до хліва. За нормальних обставин у мене піднявся б тиск, проте зараз я, опинившись у самому кінці нескінченної черги, стояв спокійний, мов удав!

Я не стиснув кулаки. Щелепа не напружилася. Зуби не заскреготіли. Я не відчував ненависті до присутніх, що стовбичили переді мною. Від подиву я засміявся вголос! Невимушений спочатку сміх переріс у майже істеричний, і це почало дратувати присутніх. «Не звертайте уваги!» – сказав я, усміхаючись у відповідь на гнівні погляди в мій бік. Проте чолов'яга, що стояв неподалік, увагу таки звернув. Розвернувся, нахмурив брови, стиснув губи й уп'ялився в мене вбивчим поглядом. А з мене – як з гуся вода!

Простоявши отак у черзі з півгодини, я вийшов зі своїми жувальними гумками надвір і сів у машину. Гармонія в моїй душі вкотре збивала мене з пантелику, я досі не розумів, що відбувалося. Раніше не контролював свої емоції, коли бачив грубу поведінку інших у дріб'язкових ситуаціях. Тепер усе змінилося. «Куди зникли нетерплячка і брак самовладання?»

Я їхав додому, перебував у трансі та розмірковував про останні спостереження. Кілька останніх днів виявилися найдивнішими у моєму житті. Розум шукав медичного обґрунтування такої поведінки й аналізував кожну деталь. «Змінилася сама природа мого існування», – казав собі. Релігія, почуття, емоції, бажання й навіть найглибші прагнення душі не здатні породити такі трансформації. Я конче мав поставити собі точний Діагноз. Сам же лікую інших!

Розділ X
ДИФЕРЕНЦІЙНИЙ ДІАГНОЗ

Нарешті я повернувся додому. Рут дивилася з дітьми телевізор.
— Чим ти займався, любий? — поцікавилася.
— Їздив у «Волмарт».
— Що купив?
Я завагався й відповів не одразу.
— Блок жуйок.
— Блок чого? — здивувалася вона.
— Це довга історія.
— Ґреґу, ти сам на себе не схожий. Що з тобою? Останнім часом ти принишк, став привітним, почав зі мною говорити. Бачу, що ти постійно усамітнюєшся. Не розумію, в чому річ.
— Зі мною все в порядку, Рут. Просто багато про що думаю. Я ще піду в кабінет попрацюю.

Дружина помітила зміни, тільки не здогадувалася, що саме пережив її чоловік. Я був неготовий усе їй розповісти. Зрештою, хотів поставити точний діагноз і добре все обміркувати на самоті, перш ніж пояснювати подробиці. Зайшов до «бункера», сів у крісло. Дістав шмат паперу й ручку, поклав на стіл.

У мені прокинулося аналітичне мислення, коли взявся до справи, як брався до обстеження пацієнтів, — з суто медичної точки зору. У медицині з'ясування діагнозу починається з докладного вивчення історії хвороби. Лікар ознайомлюється з ознаками, симптомами, обставинами недуги. Наступний етап — комплексне медичне обстеження, мета якого — зібрати додаткові відомості, що допоможуть установити загальний діагноз. Після вивчення історії хвороби та медобстеження формулюють точніший диференційний діагноз — перелік можливих причин симптомів пацієнта. Нарешті, призначають вузькоспеціалізовані діагностичні тести з метою встановити якнайточнішу причину захворювання.

Парадоксальним чином я став пацієнтом самого себе. Як пацієнт, мав пройти крізь усі етапи діагностики, щоб з'ясувати, що зі мною сталося насправді. Нове самопочуття та нові симптоми були надто особистими, щоб довіряти це делікатне питання сторонньому спеціалісту. Я

Розділ X. Диференційний діагноз

відверто боявся, що колега або не повірить, або подумає, що я втратив здоровий глузд, і поскаржиться в асоціацію медиків. Отже, я самостійно пройшов кожен крок діагностики, записуючи всі результати й знахідки, що виникли у процесі. Почав із історії, ознак і симптомів хвороби.

Історія, ознаки та симптоми хвороби

Перші симптоми виникли безпосередньо після емоційного сплеску, що пережив уночі. Спочатку мене окутав мир, який не міг нічим пояснити. Потім я відчув неймовірне внутрішнє наповнення і насолоджувався життям. На цей стан не впливали зовнішні обставини. Цілісність моєї особистості вже не залежала від інших людей або матеріальних цінностей. Порожнеча, самотність та відчуття марноти зникли без явних причин. Мене сповнювала радість від кожного прожитого дня навіть тоді, коли не було підстав почуватися піднесено. Колись моє щастя залежало від довгожданих подій або матеріальних благ, якими прагнув володіти. Тепер зі мною постійно перебувало почуття задоволення, яке не зникало. Бажання безперестанку накопичувати речі кудись пішло. Радість і мир, що наповнили душу, витіснили жадобу матеріального.

Постійні стрес, психологічний тиск, турботи, тривоги, що супроводжували мене по життю, зникли. Ставлення до людей змінилося. Щезли цинізм і журба. Замість депресії, відчуття власної нікчемності й дратівливості з'явилося почуття дивовижного спокою.

Вранці помітив, що можу терпіти інших. Мене більше не вибивали з колії ситуації, що зазвичай напружували. Відчуття свободи поступово переросло в щиру непідробну любов до людей, які раніше дратували. Я не напружувався, щоб ставитися до них доброзичливо або ввічливо. Почуття були відкритими й справжніми. Здавалося, мені трансплантували нове серце. Я хотів жити правильно навіть ціною дискомфорту. Колишня звичка дратуватися на інших, принижувати, лаятися та критикувати їх відійшла у небуття. Єдине, що хвилювало найбільше, це куди зникли колишні негативні імпульси?

Я відчув неймовірну любов до Рут і дітей. Почуття було нове, потужне, наповнювало смислом кожну хвилину мого буття. Я усвідомив, що нехтував сім'єю та егоїстично розтринькував цінні миттєвості. Мені стало гірко за минуле, я захотів змінитися і стати гідним чоловіком, кращим батьком. Сім'я тепер цікавила мене більше, ніж власне еґо. Мені відкрилися приховані мотиви, що ховалися за моїми егоцентричними та лукавими вчинками.

Раніше я скупо ділився своїм життям із іншими і скупо ним користувався. Ззовні створював враження порядної людини, проте вглибині керувався нарцисизмом. Вдавався до хитрощів та маніпуляцій, аби дістати щось для себе чи проштовхнути власні ідеї. Я жадібно брав від життя все те, що хотів для своєї плоті. Досягав цілей за рахунок інших. Все крутилося навколо моєї персони.

Саме ця егоцентрична частинка моєї колишньої сутності, здавалося, сховала голову в пісок. Уперше в житті я засмутився через усвідомлення власних егоїстичних мотивів, що зазвичай роїлися у моїй себелюбній душі. Я розумів, що вчинки неправильні, проте все одно їх здійснював. Річ не тільки в поведінці. Я ж міг керувати нею. Йшлося про внутрішній світ. Проте зараз якась невидима сила підняла мій дух над мізерністю егоцентризму, і я не міг цього осягнути.

Того ж вечора повернувся додому, провів час із дружиною та дітьми замість байдикування за комп'ютером або перед телевізором. Бувало, спілкувався, щоб не здаватися псом, загнаним у собачу будку, або щоб увімкнути таймер зразкового батька, аби набрати необхідну кількість бонусів у дітей. Тепер усе змінилося. Спілкування прагнуло моє серце.

Егоцентризм зашкалював навіть тоді, коли я помилявся. Після радикальних внутрішніх змін, що відбулися буквально за одну ніч, мені, проте, було далеко до зразкової людини. Час від часу виникали недобрі думки, я не завжди діяв правильно. Та всередині з'явилося щось прекрасне, що впливало на все життя. Це не означало, що проблеми зникли. Проте різниця між старим минулим і новим теперішнім полягала в тому, що тепер я правдиво бачив і визнавав свою ганебну поведінку. Раніше навіть слухати не хотів про те, що вона когось не влаштовує, навпаки, я пишався своїм зухвальством. Однак тепер, коли казав або чинив неправильно, мене сповнювало жахливе відчуття, що не давало спокою, доки не виправлю ситуацію. Здавалося, щось усередині все про мене знає, бо зазвичай жах зникав тоді, коли я просив вибачення. Мені стало значно легше казати «пробач» або «вибач мені, будь ласка», хоча раніше я вкрай рідко вживав ці словосполучення.

Розділ X. Диференційний діагноз

Найзагадковішою ознакою виявилося випаровування всіх лайливих слів із лексикону. Колись я вживав їх ліворуч і праворуч у вигляді різних частин мови... Лайка сипалася з моїх вуст автоматично, а тепер не вискакувала з рота навіть у стресових ситуаціях. Такі революційні ознаки й симптоми з'явилися несподівано в один і той же день.

Я не почувався хворим, втомленим або хронічно недужим. Навпаки, моя енергійність та загальний фізичний стан лише покращилися. Не спостерігалося ознак розумових відхилень, когнітивних проблем, дивакуватих думок чи аномальної поведінки, окрім позитивних змін. Їх не спричинило вживання медпрепаратів. Адже єдині ліки, що тримав на випадок спалахів мігрені, вживав за призначенням. Їх не переплутав аптекар. Я не змінював харчування, не пив алкоголю. Нікуди останнім часом не мандрував, не мали впливу хімічні речовини або підвищення адреналіну в крові через екстремальні ситуації. Я не вживав наркотиків або сумнівних трав'яних препаратів. Ніхто в моїй сім'ї чи на роботі не скаржився на подібні симптоми.

Єдине, що відрізнялося від звичного стилю життя, це поглиблений інтерес до Біблії та Ісуса Христа. Я годинами досліджував Святе Письмо в пошуках відповідей на кожне запитання, що виникало стосовно його коректності. Найцікавіше: перед появою симптомів я вирішив стати християнином.

У ніч, коли сталося внутрішнє преображення, я пережив емоційне звільнення і вперше в житті звернувся до Бога, благаючи про допомогу та прощення. То був момент чесного погляду на свою сутність і визнання власних гріхів. Я свідомо повірив у те, що Бог явив Себе в Ісусі Христі, Який помер за мої гріхи на хресті. Невидимий камінь спав з моїх плечей, і свій стан я порівнював із айсбергом, що розтанув.

Після щирої молитви у мене з'явився зв'язок із Богом. Спочатку я не розумів цього, бо шукав природних пояснень. Подумав, що найшли емоції через захоплення релігією. Тоді я заснув, мов немовля, вперше за багато років. Наступного ранку рівень симптомів зашкалював.

Ознаки не були тимчасовими й тривали безперервно тижнями. Ні покращувалися, ні погіршувалися, були стабільними. Відчуття миру та спокою не виникали раптово, а перебували зі мною постійно. Симптоми були унікальними, бо я ніколи не відчував їх раніше. У професійному середовищі людина як на долоні у всіх, тому не дивно, що колеги розглядали мене, мов під мікроскопом, в унісон запевняючи, що в мені щось змінилося.

Медобстеження

Наступний етап – діагностика фізичного стану пацієнта, безпосереднє обстеження тіла з метою знайти типові ознаки. У домашньому кабінеті в спеціальній шафці я зберігав запасний набір інструментів на випадок екстреного виклику.

Результати обстеження показали, що тіло працює нормально. Я обстежив сам себе, щоб не лякати колег нестандартним випадком. Перевірка пульсу, температури, серцебиття вказували на нормальний стан організму. Лімфовузли не збільшилися, щитоподібна – в нормі. Шуми серця та легень не мали жодних відхилень, черевна порожнина – в повному порядку. На шкірі не з'являлося висипів, ніяких інших ознак ураження. Здійснене власноруч неврологічне обстеження засвідчило про нормальний стан нервової системи. Рефлекси, здатність балансувати, інші тести на реакції мозку не показали жодних аномалій. Результати зовнішнього обстеження вказували на бездоганний стан тіла.

Розмаїття перевірок

Отже, фізичний огляд засвідчив нормальне функціонування організму. Я справді боявся показуватися на очі сімейному лікарю. Якби він почув мої «скарги», то подумав би, що колега-пацієнт втратив здоровий глузд. Тому я не звернувся до нього по направлення на аналіз крові чи ультразвукове обстеження. Хоч результати МРТ допомогли б виявити наявність або відсутність тромбу в мозку, але поки що томографія була зайва.

Дотепер я перевіряв усі симптоми на репродуктивність і постійність. Такий збудник хворобливого стану, як супермаркет, наприклад, допоміг виявити кілька специфічних ознак. По-перше, в мені посилилося терпіння, зовсім непритаманне явище для моєї персони. По-друге, кілометрові черги або запеклі покупці, що заскочили в магазин в останню хвилину перед самим Різдвом, не викликали жодних негативних

Розділ X. Диференційний діагноз

реакцій з мого боку. Злість, ненависть, розчарування та нетерплячка не проявлялися навіть у стресових ситуаціях!

У процесі обстеження з'ясував кілька нюансів. Головний «нюанс» полягав у егоїзмі. Моя нетерплячка була нічим іншим, як проявом власної егоцентричної сутності! «Я особливий, тому не повинен чекати!» – еґо завжди вимагало негайного та виняткового обслуговування. Лютощі, розчарування, ненависть і нетерплячка – типовий букет характеристик, що несла у світ моя егоцентрична персона. Я ненавидів людей, які стовбичили переді мною в черзі, бо змушували мою поважну особу чекати. Егоцентризм швидко породжував розчарування й злість, коли мені негайно не подавали на тарілочці те, чого вимагав, або коли не задовольняли моїх потреб. Я прозрів: цілий комплекс негативних рис моєї особистості вростав корінням у нарцисизм, який вимагав, щоб усе навколо крутилося навколо мого «я».

Наступна перевірка мого преображення стосувалася взаємин із сусідом, якого раніше недолюблював. Всупереч колишній зневазі, я відчув до нього приязнь і турботу, як і до інших осіб, яких раніше не сприймав. Результати випробування, що влаштувала вередлива бабця, вимагаючи виконати цілий список її вимог, узагалі побили всі рекорди. Так, у моїй сутності з'явилося нове доброзичливе ставлення до людей. Це було мені не притаманно. Я любив людей, не докладаючи особливих зусиль. Дратівливі особи або процеси не порушували мій внутрішній спокій.

Окремої уваги заслуговувала спокуса вилаятися через усілякий дріб'язок, що заважав спокійно жити. Я вдарився головою об стіл, загубив гаманець, побачив ганебну гру улюбленої футбольної команди. Жодна деталь не викликала у мене брудних слів, як це відбувалося зазвичай за подібних провокативних обставин.

Мир, спокій, безтурботність та щире задоволення життям, що відчував усі єством, наповнили мою дійсність. Вереск дітлахів, набридливі медсестри, невиховані водії, що намагалися підрізати мені дорогу, так і не спромоглися спровокувати мене на зло у відповідь.

Я усе перевіряв і перевіряв на міць свою трансформацію, та вона не провалила жоден іспит. Кожен тест лише засвідчував, що я став новою людиною.

Навіть купівля товарів через Інтернет не пробудила в мені ані найменшого бажання гнатися за новинками та знижками.

Що ж, настав час проаналізувати результати своїх спостережень. Я спустився сходами до комірчини, за звичкою намолов кави, щоб попрацювати допізна, зачинив за собою двері. Дружина з дітьми спали сном немовляти. Я прихопив старий підручник із медицини, щоб звірити деякі дані.

Аналіз симптомів

Складність постановки діагнозу полягала в тому, що всі зміни, які сталися зі мною, були бажаними. Проте я мав обстежитися, аби з'ясувати істинну причину, що призвела до кардинального покращення мого самопочуття.

Розпочав із ретельного вивчення симптомів. Записав усі на листочок і систематизував на дві категорії: нові, що з'явилися раптово, і старі, що так само раптово зникли.

Річ не тільки у відсутності поганого самопочуття, а й у появі нових, позитивних. Раніше не розглядав життя крізь призму симптомів, аж доки розпочав обстежувати себе. Завжди вважав, що такі скарги хворих, як стурбованість, тривога, гнів, внутрішня порожнеча були нормальними. Оскільки негативні прояви зникли, я мав зафіксувати ті, що виникли на їхньому місці. Адже на захворювання вказують однакові симптоми, що не зникають упродовж тривалого часу. Відповідно, відсутність симптомів вказує на ознаки одужання.

Тепер я мав розплутати головоломку, адже типових скарг на стан здоров'я не було, натомість симптоми, що здавалися парадоксальними, — мали місце.

Я перелічив кожен аспект, що змінився у моєму житті. Поміркувавши над списком, розбив його на ще дві категорії: симптоми, які стосувалися інших, і симптоми, що стосувалися особисто мене. Для зручності підсумував дані в таблиці, щоб простежити ступінь впливу симптомів (див. нижче).

I. Симптоми, що стосувалися мене

Старі симптоми, що зникли:	Нові симптоми, що з'явилися:
Відчуття внутрішньої порожнечі, марноти, незадоволення, ненаситності, розчарування у житті	Мир, відчуття повноцінності, задоволення, цілісності та стабільності
Самотність, відчай	Любов, мир
Нікчемство, депресія, апатія, цинізм	Радість
Тривога, хвилювання, внутрішня напруга, психологічний тиск	Мир, спокій
Нетерплячка, вимогливість, відсутність толерантності	Терпіння
Жадібність, очікування уваги від інших, звичка закривати очі на власні прогріхи, жадібність	Милосердя (здатність ділитися з іншими), душевний мир
Негатив, песимізм	Позитив, оптимізм

II. Симптоми, що вплинули на моє ставлення до інших

Старі симптоми, що зникли:	Нові симптоми, що з'явилися:
Злість, нетерплячка, роздратування, вибух емоцій у дріб'язкових ситуаціях	Радість, самовладання
Черствість, жорстокість, байдужість, образливість, нерозсудливість, різкість	Доброзичливість, турбота, небайдужість
Ненависть, огида, заздрість, ревнощі, презирство, зневага, снобізм, приниження, насмішки, підрив авторитету інших, глузування, грубість, відсутність любові, недружелюбність, антагонізм, ворожість, нав'язливість, нездатність пробачати, наклепи	Любов
Невдячність, нездатність цінувати інших і позитивно ставитися до них	Доброта
Гіркота на серці, смуток, роздратування	Готовність взаємодіяти, створення приємної атмосфери спілкування
Упертість, непокора	Любов
Гордість, постійне змагання з іншими, прагнення довести всім свою перевагу	Покора, відсутність необхідності доводити свою вищість, бажання насолоджуватися компанією інших
ВСЬОГО різних симптомів: 62	**Всього різних симптомів: 16**

Аналізуючи таблицю симптомів, я одразу помітив, що старі ознаки шкідливі, а нові – корисні. Неозброєним оком видно, що старих ціла купа, вони суттєво ускладнюють життя. Замість шістдесяти двох ознак старої поведінки з'явилося тільки шістнадцять нових, які значно полегшували мій психічний стан.

Наприклад, коли почувався нікчемно, мене гнітила депресія, з'їдав суцільний негатив, я злився, був нетерплячим і нещасливим, проте весь «букет» негативу витіснило одне-однісіньке почуття: радість! Зайве хвилювання, тривогу, внутрішню напругу, розчарування, самотність, душевну порожнечу, незадоволення та розчарування замінило почуття неймовірного миру, що перевершував мою уяву. Таким чином, якихось два нові симптоми очистили організм від цілої купи руйнівних емоцій!

Я досі не міг осягнути всього, що сталося зі мною. Адже перелік зазначеного в таблиці – не теорія, а віддзеркалення мого життя. Окрім спілкування з людьми, існувало безліч інших сфер, у яких я поводився неправильно й наповнював свою дійсність негативом. Однак нові симптоми полегшували життя! Мир, що огортав мою душу, походив від свідомості, що дихала вільно й легко й благодатно впливала на моє ставлення до світу.

Висновків про інформацію в таблиці напрошувалося чимало. Я розмірковував з півгодини у пошуках відповідей. Головоломку складали симптоми, впорядковані за подібністю, щоб утворити єдину картину. Я бачив шматочки, проте не поспішав їх з'єднувати, бо хотів збагнути, яким чином вони між собою пов'язані.

Зі старими симптомами я жив десятки років, а з новими лише два тижні. Очевидно, зникнення старих прямо пов'язане з появою нових. Мусив існувати ключик до розгадки всієї головоломки.

Виявлення симптомів

Серцевину старих симптомів становила перша група ознак у таблиці. Душевна порожнеча, почуття марноти, переконання в беззмістовності життя стали рушійною силою усіх інших негативних симптомів, що впливали і на внутрішній світ, і на стосунки з людьми. Ця було ядро, навколо якого крутилося все інше. Я навіть створив діаграму, щоб простежити зв'язки та взаємодію між симптомами. Тепер шматочки головоломки ідеально пасували один одному.

Марнота й внутрішня порожнеча примушували гнатися за всіляким барахельцем, нарощувати жадобу і вважати, що матеріалізм і життєвий досвід – ліки для душі. Нагромадження мотлоху, однак, вимагало суттєвих фінансових витрат. Це дало поштовх для кар'єрного зростання й самовдосконалення. Якби мав добру роботу й отримував високу зарплату, то зміг би купувати речі, яких не вистачало в житті, насолоджуватися ними й таким чином заповнити внутрішню порожнечу, міркував я. Щойно досягав мети, як одразу розчаровувався, дратувався, сумував, бо «нажите непосильною працею» не давало моєму серцю того, чого воно так прагнуло. Гонитва за матеріальним розпалювала жадання більшого, кращого, грандіознішого, що тільки ускладнювало блукання по колу.

Жага до «більшого, кращого, грандіознішого» в матеріальному світі вимагала більше й більше грошей, аби купити блага суспільства й відчути емоції, що дарували задоволення. Жодного разу матеріальні цінності не задовольнили моєї душі й не відповіли на її прагнення, внаслідок чого в мені посилювалося відчуття тривоги, розчарування та нікчемства. Навколо мене замкнулося коло, що поступово набирало оберти. Я потрапив у циклічність очікувань і розчарувань, в якій крутилися захоплення, відпустки, автомобілі, кіно, одяг, сексуальні пристрасті, інтерес до світського життя. Усе прямо чи непрямо витікало з відчуття спустошеності або нереалізованості. Я ніколи не усвідомлював цього зв'язку дотепер.

Безкінечний і марний процес наповнення спорожнілої чаші мого серця цьогосвітніми фальшивками посилював егоцентризм і жаління себе. Це породжувало внутрішню затверділість, черствість серця і цілковиту байдужість до життя інших. У моїй душі не було часу, енергії або місця для інших, там царювало тільки власне еґо.

Щойно почав усвідомлювати цей причинно-наслідковий зв'язок, як мене огорнули неспокій, страх, тривога. Нарешті я був готовий дивитися в корінь проблеми. Моя установка на заповнення чаші життя самовдоволенням, самовдосконаленням і самопотуранням пекла́, мов лютий вогонь, що постійно вимагав жертви. Що більше я годував ненаситне полум'я, то дужче воно розгоралося. Якщо з моїм здоров'ям, кар'єрою чи фінансами станеться біда, я не зможу прогодувати ненаситне вогнище, і відкриється вся правда про мою внутрішню марноту. Я мусив би подивився правді в очі й визнати своє розчарування життям всупереч матеріальним статкам. Від усвідомлення реальної картини свого внутрішнього світу мене огорнув страх. Вогонь не вщухав, підкидаючи дрова суєти й відволікаючи від реалій, аби тільки закрити очі на порожнечу в серці.

Згубне коло та його прискорюване крутіння посилювало внутрішню напругу, депресію, цинізм та журбу. Я працював не покладаючи рук усе життя, аби добратися до вершини. З'ясувалося, на фінішній прямій я опинився у нікчемнішому стані, ніж на початку марафону. Усе, чого досягнув, не захоплювало по-справжньому й не заповнювало душевний вакуум. Я з нетерпінням чекав на подарунки, які планував купити або присутністю яких мріяв насолодитися, та щойно фортуна потрапляла мені до рук, як від екстазу залишався пшик. Результат успіху був парадоксальним – усвідомлення власного нікчемства.

Такий внутрішній стан, відповідно, впливав на ставлення до інших. Кожна негативна характеристика інших походила з почуття власного нікчемства. Злоба, нестриманість, сарказм були плодами внутрішніх мук, що виливалися на інших. Я топтав інших жорстокістю, ненавистю, критиканством, аби самому пробитися нагору. Суперництво й гордощі спонукали порівнювати себе з іншими, перевершувати їх і відчувати зверхність над ними, аби заглушити власний внутрішній біль. Таким чином, я поступово складав шматочки головоломки докупи. Коренем цілого дерева проблем була душевна порожнеча.

В процесі діагностики я досить легко виявив походження й причину розвитку захворювання, що з роками перетворило мене в монстра. Поява нових симптомів пролила світло на старі. Тепер їх добре було видно. Якщо все погане в моєму житті походило з незаповненого душевного вакууму, то коренем усього прекрасного виявився новий стан, у якому постійно перебував. Цей стан походив із відчуття внутрішнього наповнення, задоволення й цілісності особистості. Він розривав замкнуте коло, перш ніж воно розпочинало свій рух. Діаграма проілюструвала, яким чином зміна кореня проблеми впливає на все інше на особистому та міжособистісному рівнях.

Тепер, із радістю та миром у серці, я не мав потреби гнатися за витребеньками, визнанням, багатством або гострими відчуттями. Відчуття повноцінності витіснило геть розчарування, гіркоту й нікчемство, які спричиняли депресивний стан. Я розірвав пута згубного кола й палючого вогню, що раніше узурпували мій час та енергію. Ненажерне полум'я скупості, жадібності, догоджання своїй плоті згасло. Більше не до-

Розділ Х. Диференційний діагноз

ведеться годувати його. Тягар скинуто, напругу знято. Нові симптоми радикально полегшили мені життя за якихось два тижні.

Внутрішнє піднесення, присутнє тепер у моєму житті незалежно від ситуацій, яке я вважав справжньою радістю, вплинуло і на мої стосунки з людьми. Ця радість мала здатність накопичуватися усередині та виплескуватися назовні в мої взаємини з іншими. Я не мав потреби когось із себе вдавати, справляти враження на оточуючих, знищувати опонентів на своєму шляху, наголошувати на власних перевагах перед присутніми й зациклюватися на своїй персоні. Свобода царювала в моєму серці з такою силою, що тепер мене щиро цікавило життя інших, особливо Рут і дітей. Спокій і душевна насолода, що панували тепер у моїй душі, одним махом відрубали нікчемну складову моєї сутності.

Шматочки головоломки нарешті утворили цілісну картину. Я зібрав їх докупи завдяки діаграмі взаємозв'язків між усіма старими симптомами (див. нижче). Ця ілюстрація розкрила сутність старих симпто-

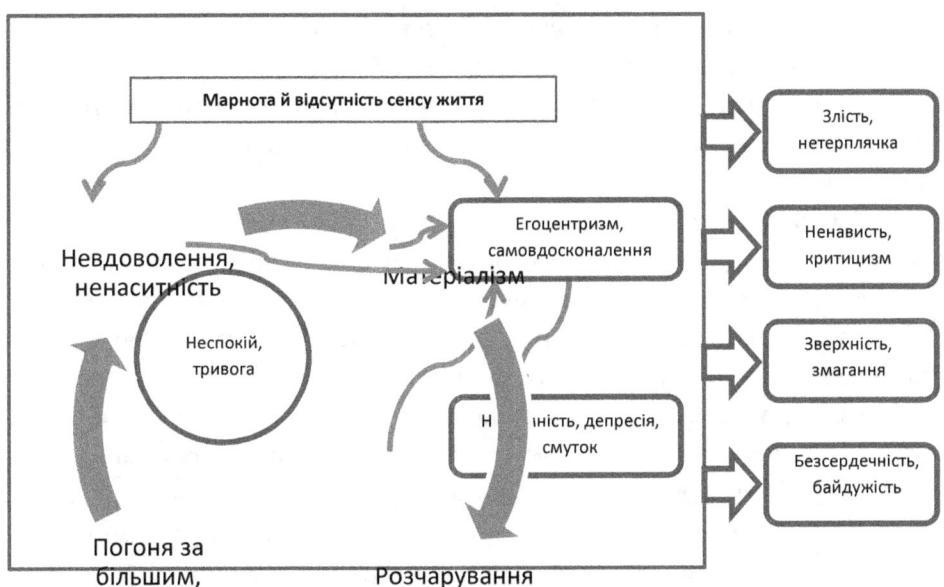

мів. У дитинстві я ...аточки за подібністю, щоб побачити повну картину. Тепер переді мною розгорнулася картина мого серця. Діаграма вказала на корінь проблеми, від якої частішало серцебиття в усіляких життєвих ситуаціях. Симптоми впливали на ставлення, мотиви, прагнення, думки, почуття, емоції, сумління. Кожен аспект життя, особистості та характеру змінився. Це означало, що в мене з'явилося нове серце, відколи прокинувся новою людиною. Як таке можливе? Медичний діагноз мав би дати відповідь на це питання. Проте внутрішній голос підказував, що навряд існуватиме медичне пояснення феномена моїх внутрішніх трансформацій. Мої пошуки істини тривали.

Диференційний аналіз

Я склав перелік можливих діагнозів. Включив навіть такі, в які важко вірилося, але цього вимагав усебічний підхід.

Диференційний діагноз охоплював наступне: психічний розлад, ейфорія від емоційного зриву внаслідок самонавіювання, дія препаратів або зовнішніх речовин, гормональний дисбаланс внаслідок ендокринного захворювання, рак головного мозку.

Припущення про ймовірне психічне захворювання не витримувало критики, бо всі когнітивні функції, мислення, почуття, вчинки відповідали нормам здорової людини. До того ж, я не демонстрував несамовитої поведінки, надмірної збудженості чи гіперактивності (що типово для осіб із маніями або фобіями). Моє мовлення не виникало раптово, не було неконтрольованим чи фрагментарним (що притаманно психічно хворим особам).

Самонавіяна ейфорія мала всі шанси претендувати на пояснення змін у моїй поведінці, проте розбилася об аналіз симптомів. «Преображення моєї душі сталося поза моєю компетенцією», – мусив зізнатися. Відчуття, емоції, реакції (наприклад, гнів) тісно пов'язані з розумовою та нервовою системами, на які впливають хімічні елементи і гормони. Як лікар я добре знав, що радикальна зміна поведінки витікає зі змін у функціонуванні мозку, нервової системи та хімічних процесах усього організму. Вони відбувалися на молекулярному та клітинному рівнях. Я потребував такого діагнозу, що пояснював би і зовнішні симптоми, і внутрішні хімічні процеси та нервову активність організму.

Препарати, алкоголь та інші речовини, що могли вплинути на настрій і викликати штучне відчуття спокою та релаксації, діяли на клітинному рівні. Саме тому на початку дослідження я припустив можли-

Розділ X. Диференційний діагноз

вий вплив ліків або сторонньої речовини. Ідеально підходив валіум, проте я не вживав цього препарату. Перевірив рецепт і можливу побічну дію таблеток-блокаторів від мігрені, проте ці ліки не могли спричинити сутнісні зміни особистості. До того ж, рецепт був точний, медикаменти ніхто не переплутав.

Якщо зміни сталися незалежно від дії зовнішніх чинників, що впливали на функціонування організму, то наступним об'єктом дослідження були внутрішні чинники. Вони також викликали більше запитань, ніж відповідей через раптовий наплив емоцій та переживань. Емоційні та психофізичні симптоми могли вказувати на захворювання слизової оболонки, щитоподібної або надниркової залоз, проте воно не могли виникнути так раптово й з таким потужним ефектом. Припущення про вплив гормонів, пов'язаних із раковим захворюванням, також не підтвердилися, як і гіпотеза про дію інших речовин. Вони жодним чином не пояснювали прояви щирої любові до людей, яких раніше не сприймав. «До того ж, – усміхнувся собі, – чи існує на цьому світі препарат проти нецензурних слів?»

Гіпотеза про рак головного мозку також відпала з тих самих причин. Я не мав жодних нарікань на типовий біль або неврологічні проблеми.

Врешті-решт, я дійшов висновку, що діагнозу досі не встановлено і жодна версія поки що не підтвердилася. Що тепер? В моїй душі поселилося щось прекрасне. За християнською термінологією, я отримав «нове серце», проте не міг збагнути, як і звідки воно у мене з'явилося. Я знову опинився безпорадним у спробах пояснити преображення своєї душі.

Розділ XI
ПОПЕРЕДНІЙ ДІАГНОЗ

Була одинадцята вечора. Всі спали, а я перебував у своїй кімнаті нагорі. За вікном ані душі. Я радів своїй професії, адже чудово розумів тіло людини. Була одна проблема: я не міг поставити діагноз собі! Містерія приголомшувала й не давала мені спокою. Я втомився й хотів спати, але відчував, як чогось не вистачало.

Мене вражали симптоми, що утворювали єдину картину, хоча діагнозу я досі не встановив. Вирішив поміркувати над цим питанням до півночі й поставити крапку. Я повернувся до основ медичної діагностики, в якій критичну роль відіграє історія хвороби. Іще раз проаналізував усі обставини, що супроводжували мене з самого початку виникнення симптомів – раптом я щось не врахував?

«Востаннє я був "нормальним", коли, як завжди, зібрався відпочити після робочого дня. Тієї ночі я в сльозах звернувся до Бога. Відтоді усе змінилося», – нагадав собі. Біблія та християнство – єдиний новий фактор, над яким розмірковував напередодні. Щоправда, я не врахував ці деталі у диференційному аналізі. Що ж, я вирішив узяти Біблію й трохи почитати. Уперше гортав її сторінки після появи нових симптомів, котрі не покидали мене вже два тижні. Наосліп ткнув пальцем у Новий Заповіт і натрапив на Послання апостола Павла до римлян, розділ шостий. Почав читати.

Одразу помітив, що Біблія здавалася мені набагато чіткішою, зрозумілішою та цікавішою, ніж раніше. Колись біблійний текст здавався далеким від реального життя. Тепер відчував, як потроху розумію її зміст. Слова неначе оживали, їхнє значення мало сенс. Я порівнював написане із власним життям і мусив визнати, що текст Письма поглиблював мій світогляд. Окрім нових симптомів, з'явилися нові враження, що нагадували про день, коли вперше начепив окуляри, – нарешті міг бачити й читати, бо кожна літера стала чіткою та зрозумілою. Я не вірив собі, адже захоплено читав Біблію та не міг зупинитися.

Послання до римлян неабияк заінтригувало. Апостол навчав про те, що відбувається з людиною після навернення у християнство. «Давня людина» (колишнє егоцентричне «я») мертвіє, бо християнин «звільнюється від гріха». Я читав далі, бо уривок доречно змальовував мою ситуацію. Обидві тези прямим чином стосувалися моєї персони. Я справді відчув свободу від гріха, щойно пережив глибинні зміни. Вередливе «я» кудись зникло, якщо взагалі не простягло ноги. Минулого тижня я на власні очі пересвідчився в тому, що життя змінилося. Хоч-не-хоч напрошувався висновок, що старий шкідник Віман відкинув ласти й відійшов у небуття. Апостол Павло докладно висвітлив цю концепцію, наголошуючи на тому, що після навернення до Бога ми «розіп'яли разом з Ісусом» свою колишню природу, а наша справжня особистість «воскресла, щоб жити в оновленні життя». Думка доволі нестандартна, міркував я і захоплювався тим, як чітко вона пояснювала симптоми отого «оновлення життя». Та що мав на увазі Павло? Чи відповів на моє запитання?

Серцебиття почастішало, долоні спітніли. Здавалося, на мене чекало щось нове. Прочитані рядки неначе описували мій нещодавній досвід. Я дочитав до наступного розділу в пошуках докладнішої інформації. Отже, в Ісусі Христі відповідь для тих, котрі усвідомили існування гріховної складової, яку вони не в змозі контролювати. Концепція апостола пояснювала і мої симптоми, тільки я не розумів, яким чином Ісус впливав на мою буденщину, доки не натрапив на восьмий розділ.

Апостол розповів про те, що Дух Божий живе у християнині. Павло навіть заявив, що справжній християнин той, «хто має Духа Божого». Цей уривок я перечитав кілька разів: «А ви не в тілі, але в дусі, бо Дух Божий живе у вас. А коли хто не має Христового Духа, той не Його. А коли Христос у вас, то хоч тіло мертве через гріх, але дух живий через праведність. А коли живе у вас Дух Того, Хто воскресив Ісуса з мертвих, то Той, хто підняв Христа з мертвих, оживить і смертельні тіла ваші через Свого Духа, що живе у вас. Тому то, браття, ми не боржники тіла, щоб жити за тілом; бо коли живете за тілом, то маєте вмерти, а коли духом умертвляєте тілесні вчинки, то будете жити. Бо всі, хто водиться Духом Божим, вони сини Божі; бо не взяли ви духа неволі знов на страх, але Духа синівства, що через Нього кличемо: "Авва, Отче!" Сам Цей Дух свідчить разом із духом нашим, що ми діти Божі» (Рим. 8:9-16).

Що означала фраза про те, що Дух Святий проживає у віруючій людині? Яким чином Він у ній проживає? Я знайшов ще кілька віршів на цю тему й натрапив на такий уривок: «У Ньому й ви, як почули слово істини, Євангелію спасіння свого, та в Нього увірували, запечатані стали Святим Духом обітниці, Який є завдаток нашої спадщини на викуп здобутого, на хвалу Його слави!» (Еф. 1:13-14).

Останній уривок я також перечитав кілька разів і спробував провести паралель зі своїм життям. Увагу привернули слова «та в Нього увірували». Ось цей момент віри і здався мені найкритичнішим, саме в мить духовного прозріння християнин отримує Святого Духа! Я розмірковував про свій шлях до християнства, щоб спробувати знайти в ньому підказку.

Спочатку повірив в Ісуса розумом, проте згодом за якийсь тиждень я звернувся до Нього серцем. Уперше помолився, попросив пробачення й змін у житті. Після інтелектуальної згоди з коректністю біблійних доктрин я не відчув суттєвих змін, однак після щирого каяття і впокорення перед Богом прокинувся іншою людиною. «Чи означає це, що тепер у мені живе Дух Божий? Це взагалі можливо? Невже християнство таке реальне? Невже наповнює собою кожен земний день? Може, в цьому і полягає пояснення мого преображення?» – запитував себе. Серце захвилювалося.

Я копав далі. Натрапив на ще один уривок, де Ісус говорив про Святого Духа: «Якщо Ви Мене любите, Мої заповіді зберігайте! І вблагаю Отця Я, і Утішителя іншого дасть вам, щоб із вами повік перебував, Духа правди, що Його світ прийняти не може, бо не бачить Його та не знає Його. Його знаєте ви, бо при вас перебуває, і в вас буде Він. Я не кину вас сиротами, Я прибуду до вас!» (Ів. 14:15-18).

Біблія запевняла, що я спасенний, і що Дух Божий тепер перебуває в мені. Це перевершувало моє розуміння. «Якщо спасіння душі спричиняє такі зміни особистості, може, в ньому і полягає відповідь», – подумав я. Таким чином, у спробах визначити діагноз я натрапив на нетрадиційний для медицини термін «спасіння». Спочатку мав зрозуміти, як він працює і чи справді пояснює всі мої симптоми. Що взагалі означають поняття «спасенний», «врятований»? Як людина стає спасенною?

Окрім поняття «спасіння», вималювалася інша деталь, Дух Святий. Ісус посилався на Нього, як на реальну особу. Оце так! Як же Святий Дух міг перебувати в мені? Хто взагалі цей Дух Святий? Чи впливав на мої симптоми?

Настав час іти спати. Я так захопився, що не хотів зупинятися, проте очі заплющувалися від фізичної втоми. Ліг у ліжко, але півкулі працювали на всі сто, думки й запитання досі ширяли у свідомості. Я не міг дочекатися завтрашнього дня. Здавалося, на мене чекало якесь відкриття, тільки не уявляв, яким неймовірним воно виявиться.

Розділ XII
ГРІХ – ХВОРОБА

Наступного ранку був неповний робочий день. Нарешті він завершився, і я помчав до книгарні, щоб знайти літературу про Святого Духа. Не гаючи ні хвилини, одразу рушив до відділу релігійної літератури. Довго шукати не довелося, бо натрапив на книгу Біллі Ґрема, що так і називалася: «Дух Святий»[69]. Я мчав додому, аби дорватися до чтива. Стояла обідня пора, діти мали повернутися не раніше трьох, дружина поїхала у справах, я залишився на самоті. Піднявся в кімнату й підбив підсумки минулого дня, записавши ключові тези у зошит, перш ніж читати нову книгу.

Мене цікавила конкретна інформація, тому я пустив у хід навички швидкого читання, як у давні часи. В університеті я обробляв безліч літератури професійного спрямування і виокремлював найнеобхідніше. Незважаючи на метод «сканування», книга захопила мене з перших рядків. Я одразу відкрив для себе кілька надзвичайно вважливих нюансів.

Містер Ґрем стверджував, що кореневою проблемою людства був гріх. У християнстві статус «спасенної» людини не означав відсутність гріха. Я не зовсім розумів значення поняття «гріх», проте вловив хід думок автора. Гріх можна легко виявити через наслідки поганої поведінки або неправильних дій людини. Вилікувати цей недуг міг тільки Христос. Якщо Біллі Ґрем мав рацію, то все, що сталося зі мною, вказувало на ознаки лікування, а не захворювання. У такому разі я мав підійти до діагностики зовсім з іншого боку!

Перш ніж сталося преображення моєї душі, я вважав себе абсолютно здоровим і адекватним. Не дивно, що того ранку, коли прокинувся новою людиною, дещо злякався. Адже новий стан нікуди не зникав. Я засумнівався, чи зі мною все гаразд. Зміни в поведінці, особистості та свідомості вказували на ознаки поки що невідомого захворювання. Все відбулося раптово, радикально та без явних причин. Природно, найперше, що я спробував зробити в цій ситуації, це поставити собі діагноз, опираючись на нові симптоми.

Проте Біллі Ґрем підходив до проблеми з іншого боку. Виявляється, я фактично хворів на гріх усе життя, сам про це не підозрюючи.

Тому симптоми, що виникли одразу після внутрішніх трансформацій, вказували не на хворобу, а на одужання завдяки Ісусу Христу! Виявляється, я хибно вважав свій стан «захворюванням», ще й досліджував його, насправді перебуваючи у звичайному стані для християнина. Звісно, я ще не розумів духовної складової свого буття.

Якщо гріх подібний до хвороби, то з самого початку своєї мандрівки я був нею інфікований, дарма що вважав себе здоровим. У процесі пошуків душа зцілилася, проте ознаки її одужання видалися мені відхиленнями від норми. Я фактично ігнорував проблему гріха, вважаючи себе нормальною людиною. Жах полягав у тому, що я міг сліпо вірити в це до кінця своїх днів! На щастя, одужав. Надприродне зцілення моєї душі перебувало за межами розуму. Якщо Біллі Ґрем правий, і гріх таки становить ключову проблему людства, то вся концепція мого існування була хибною ще з дитинства. Я мусив подивитися правді в очі й дати правдиву оцінку своїй сутності. Дедалі чіткіше усвідомлював, що весь час страждав на невиліковну хворобу – гріх.

Діагностика зачепила два глибинні стани, в яких може перебувати душа людини: спасіння і гріх. Та чи можливо належно пояснити ці поняття? Я знайшов деякі відповіді у книзі Ґрема. Відколи почав досліджувати християнство, накопав стільки інформації, що тепер вона виливалася за край. Після появи на горизонті моїх роздумів нового фактора, гріха, я мав заново дати визначення хворобі, симптомам, лікам, механізму та результатам лікування. Чітко окресливши ці поняття, зможу застосувати їх до моєї ситуації та з'ясувати, чи здатні вони пояснити зміни в моєму житті.

Тілесна й духовна природа людини

Отже, найперша хвороба, про яку було сказано в Біблії, і від якої я несвідомо потерпав із моменту появи на світ, був гріх. Але що таке «гріх»? Його прояви чітко простежувалися в моїй колишній поведінці. Проте, гріх охоплював набагато ширший спектр, ніж «груба поведінка».

З біблійної точки зору, людська істота складається з фізичного тіла (плоті), а також із внутрішньої складової – душі та духа, що існують вічно. Таким чином, людина – це тіло й дух. Тіло – фізичне, матеріальне, його можна відчути на дотик. Воно дає змогу нам взаємодіяти із зовнішнім світом. Дух і душа, як пояснено в Біблії, нематеріальні й невідчутні на дотик, але є джерелом і сферою перебування нашої особистості.

Раптом на думку спала ось яка аналогія. Фізичне тіло – це «залізо» комп'ютера, його корпус і деталі, тоді як дух і душа – це «софт», невидиме програмне забезпечення, яким начинений системний блок. Деталі комп'ютера – зовнішні, видимі – це фізичний «дім», що взаємодіє зі світом (як наше фізичне тіло з довкіллям). Дух і душа людини перебувають усередині фізичного тіла, так само, як програми, інстальовані в пам'ять комп'ютера. Його зовнішня оболонка ламається, зазнає ушкоджень і зношується так само, як зношуються наші тіла. А от невидимі програми не зношуються. Їх узагалі можна переустановити на нову комп'ютерну станцію, перенести в нове «тіло»!

«Софт» містить інформацію та коди, що змушують комп'ютер функціонувати. Так само дух і душа – джерело думок, емоцій та самої особистості людини. Наша внутрішня сутність керує зовнішніми діями. Таким чином, істинне джерело функціонування невидиме, для комп'ютера – програми, для людини – дух і душа. Коробка системного блоку мертва без наявності програм.

Людина = тіло (плоть) + дух, душа

або (за комп'ютерною аналогією):

Людина = «залізо» + «софт»

Роз'яснень про внутрішню складову людини, дух і душу, я не чув ні під час гірськолижного відпочинку, ні на острові Марко. Дотепер не замислювався над цими поняттями. Натомість теорія еволюції, шкільні уроки біології, медичний університет мені чітко втовкмачили: єдине, з чого складається людина, це органічна речовина (фізичне тіло), що виникла в процесі еволюції. Будь-який інший погляд на антропологію не вважали достатньо обґрунтованим із наукової точки зору. Попри таку політику, я припускав існування духової сфери, бо дарвінізм не давав вичерпної відповіді на складні процеси та явища.

На уроках анатомії в медуніверситеті завжди дивувався, як таке могло бути, щоб людський мозок складався винятково з «органічної речовини» і водночас мав здатність любити, виявляти емоції й відчуття, пам'ятати й навіть страждати від докорів сумління. Пояснення еволюціоністів не мало сенсу. Чомусь ніхто з невіруючих університетських професорів не поспішав давати відповідь на це запитання. Наука досі намагається з'ясувати, як і чому головний мозок людини влаштований саме так, а не інакше.

Концепція духа й душі, що перебувають у тілі, мала сенс. На перший погляд, біблійний підхід звучав дещо примітивно й занадто теоретично. Проте існував парадокс: він реалістичніше й логічніше пояснював багатогранні процеси буття людини, на противагу однобокому твердженню про те, що основу внутрішніх емоцій, вражень і самої особистості складають молекули. Безперечно, хімічні сполуки й нервові закінчення в організмі впливають на емоції та відчуття людини, проте хімія і неврологія не відповідають за її рішення і вчинки. Яким чином хімічна сполука примушує мене любити свою сім'ю? Як впливає на мою готовність віддати своє життя за ближніх? Звідки нерви та хімічні процеси знають, що я вчинив неправильно? Чому змушують мене відчувати провину, коли згрішив?

Наявність духа й душі передбачає персональну відповідальність людини, її здатність пам'ятати, любити, керувати емоціями, формувати власну думку. Усе це походить від моєї внутрішньої сутності, мого духа, що перебуває в тілі. Концепція тілесно-духовної природи людини здавалася мені доволі радикальною, проте вона мала цілковитий сенс. Тепер я розумів, що душа стосується вічного і значно більшого, ніж «компот» із органічних речовин, який сформувався внаслідок еволюційних процесів. Біблійний погляд на людину як на духовну субстанцію знайшов відгук у моєму серці. «Неймовірно! Невже моя особистість житиме вічно?» – захоплено міркував я.

Поміркувавши про тілесну й духовну природу людини, я вирішив осмислити поняття гріха.

Хвороба гріха

Я перечитав історію про Адама та Єву, намагаючись зрозуміти корінь поняття «гріх». На початку Біблії йшлося про перших людей, яких створив Бог. Після їхнього непослуху ситуація на землі кардинально змінилися на гірше. Людство фізично й духовно відокремилося від свого Творця. Втрата зв'язку з Ним дала жахливі наслідки. Роз'єднання з Богом, «гріхопадіння», породило сутнісну деградацію людей і спричинило невідворотні зміни в їхніх тілах, включно з появою фізичної смерті. Відтоді тіло людини піддавалося старінню, хворобам, травмам, гибелі.

Розділ XII. Гріх – хвороба

Після гріхопадіння вся людська раса народжувалася у стані відчуження від Бога. Упродовж історії люди з'являлися на світ Божий у деградованому грішному тілі, яке рано чи пізно мало померти. За Біблією, стан відмежування людини від Бога, а також її тіло, деградоване внаслідок первородного гріха, становило так звану «гріховну природу». Відокремлення від Творця означало духовну смерть. Якщо Біблія істинна, то це означало, що я народився духовно мертвим і відчуженим від Бога, у стані гріха.

Хвороба гріха = відчуження від Бога = духовна смерть

Гріховна людина = деградоване тіло (внаслідок гріхопадіння та відділення від Бога) + вічний дух і душа (також відділені від Бога)

Аналогія з комп'ютером допомогла мені зрозуміти сутність цієї хронічної хвороби людства. Уявімо комп'ютер (людину), під'єднаний до сервера (Бога). Раптом зв'язок урвався через вірус (гріх). Сервер від'єднав мене від мережевого підключення, і я втратив можливість обміну даними, опинився у стані відчуження. Сервер не міг допустити вірус і відправив мене «на карантин». Перш ніж відновити зв'язок, потрібно знищити вірус.

Я не зовсім розумів, як саме вчинок Адама та Єви вплинув на долю всього людства, ізолювавши його від Бога. Однак тема гріха виявилася напрочуд цікавою та актуальною. Я не бачив Бога очима, проте відчував Його присутність, і це захоплювало мене. Через те що не міг доторкнутися до Нього фізично, а раніше взагалі не горів бажанням слухати проповіді, мені було нескладно сприйняти думку про стан відокремлення людини від Бога. Колись я думав про все, що завгодно, тільки не про Бога. Тому теорія відчуженості мала цілковитий сенс.

Якщо гріх – хронічна болячка, на котру хворів до спасіння душі, то які її симптоми? Чи збігалися вони з тим станом, у якому перебував до нещодавніх трансформацій?

Розділ XIII
СИМПТОМИ ГРІХА

Усім захворюванням притаманні симптоми, що вказують на справжню проблему в організмі людини. Наприклад, біль у грудях – типовий симптом захворювання серця. Артерії, що «годують» його, закупорюються, і воно не отримує достатньо кисню. Таким чином, відчуття болю в грудях свідчить про існування серйознішої проблеми – хвороби серця.

Якщо гріх – це хвороба, то він також мусить мати симптоми. У такому разі, які ознаки супроводжують відчуження людини від Бога? Чи збігаються прояви гріха із моїми колишніми симптомами?

У пошуках відповідей я натрапив на цікавий біблійний уривок: «Учинки тіла явні, то є: перелюб, нечистість, розпуста, ідолослуження, чари, ворожнечі, сварка, заздрість, гнів, суперечки, незгоди, єресі, завидки, п'янство, гулянки й подібне до цього. Я про це попереджу вас, як і попереджав був, що хто чинить таке, не вспадкують вони Царства Божого!» (Гал. 5:19-21)

Ці рядки шокували мене. Кожне слово яскраво змальовувало мою колишню сутність. Гнів, заздрість, обман, неконтрольовані сексуальні та інші тілесні пристрасті, нетерплячка, жадібність, гордощі та багато інших характеристик були результатом мого відділення від Бога. Егоїзм грав першу скрипку, доводячи існування гріховної природи. Біблійне вчення зачіпало моє самолюбство, адже вкотре підтвердило, що все крутилося навколо мого ego. Гріх та його побічні ефекти точно відображали мою ситуацію.

Я завжди вважав, що тілесні імпульси є типовими для гомо сапієнса, кожен міг ними «похизуватися». Тепер я подивився на це питання з іншого боку. Якщо наша натура грішна внаслідок відділення від Бога, то люди народжуються з двома взаємопов'язаними проблемами. По-перше, відчуження від свого Творця, по-друге, наслідки цього розриву. Адже відсторонення від Творця спричиняє цілу низку проблем, як-от егоїзм, гордощі, самотність, смерть.

Біблія стверджує, що світ і людина гріховні (тобто, не такі, якими мали бути з самого початку). Якщо це так, то я народився із чимось у корені неправильним, і оте «щось» не зникало. Проковтнути таку гірку пілюлю у вигляді біблійного вчення про гріх було непросто. Щось пішло не так, і я не міг знайти зачіпку, що саме. «Може, у цьому причина мого розчарування життям?» – припустив.

У біблійної концепції була певна інтрига, адже погана поведінка – це результат гріха і відділення від Бога. Це вказувало на те, що я грішник. Мої гріховні дії не були джерелом проблеми, а тільки її симптомами. Як біль у грудях вказує на проблему серця, симптом гріха вказує на іншу, значно серйознішу проблему. Гріх – корінь, гріхи – плоди. Відділення від Бога дає побічні ефекти. Якщо в роботі комп'ютера регулярні збої, то винен не корпус, а операційна система.

Ніхто на світі не вчив мене брехати або страждати на нарцисизм. Я спостеріг цікаву картину. Щойно ніжки моїх малючків ступили перші кроки, а їхні вуста вимовили перші слова, я став свідком такої ж поведінки, яку сам демонстрував у дитинстві. Хлопці з народження демонстрували схильність до егоїстичних і гріховних тенденцій! Перед моїми очима красувалися два ходячі докази того, що люди з народження грішні. Завжди помітно погану поведінку. Проте її проявляли всі. Тому якось дійшов висновку, що такі вже їхні «натури», що тут казати. Ніколи не думав, що існував прадефект – корінь і першопричина такої поведінки.

Саме через відокремлення від Бога людина почувається порожньою, самотньою, ненаповненою і незадоволеною. Персональний комп'ютер, найважливіші дані якого зберігаються на сервері, втратив зв'язок із ним і здатність обмінюватися інформацією. Можна інсталювати якісь програми на від'єднану систему, щоб хоч якось використати її потенціал, однак без доступу до важливих даних її робота позбавлена смислу. Персональний комп'ютер залишиться «самотнім» і позбавленим змісту, бо не матиме зв'язку із сервером. Біблія стверджує, що люди створені для гармонійного життя зі своїм Творцем і поклоніння Йому. Відокремлення від Бога не відповідає справжньому призначенню людини на цій землі.

Ця доктрина зворушила мене. Подобається це комусь чи ні, але відокремлення людини від Бога було причиною та поясненням в багатьох аспектах, що постійно мучили мою душу. Скільки себе пам'ятав, мені завжди чогось бракувало. Я почувався незаповненим, хоча володів матеріальними благами. «Чому? Чому не відчуваю повноцінного щастя?» – роками запитував себе. Тепер розмірковував над концепцією відчуження людини від Бога. «Може, в цьому причина?» Скуштувавши все, чого душа бажала, аби тільки знайти справжній сенс життя, можливо, я пропустив не «щось», а Когось? Так уперше в житті знайшов пояснення своїм відчуттям.

Я негайно повернувся до діаграми «Згубного кола» (див. розділ десятий), що показувала старі симптоми та взаємозв'язки між ними. Стан порожнечі й вакууму в житті був контролюючим центром усіх моїх проблем і симптомів на особистому та міжособистісному рівнях. Якщо відокремлення від Бога спричиняло внутрішню порожнечу та вакуум, то я мав очевидний доказ відчуження від Бога, що тривало все життя. Усі мої симптоми збігалися з ознаками хвороби гріхом. Я почувався дивно, усвідомлюючи проблему мого існування, що тривала стільки років.

Найважливіше те, що тепер я отримав пояснення гріховній поведінці та внутрішньому вакууму, що характеризували моє минуле. Дух і душа належали до невидимої складової людини, що пояснювало її емоції, любов, сумління та саму особистість. Послідовність і узгодженість біблійних доктрин вражала. Вони відповідали на чимало фундаментальних запитань буття і пояснювали мої обставини, розкладаючи їх по поличках, і це викликало захоплення.

Гаразд, гріх і його симптоми чітко змалювали мою ситуацію, як же тоді лікування? Якщо нове «я» – результат зцілення від гріха, то як пояснити це неймовірне преображення? Яка природа ліків? Яким чином вони працюють? Які результати дають? Як саме проходить процес одужання? На ці запитання я мав отримати наступні відповіді.

Розділ XIV
ЛІКИ ВІД ГРІХА

Я вже з'ясував, що проблему гріха неможливо розв'язати без Ісуса Христа. Щоб освіжити пам'ять, переглянув усе, про що дізнався в ході дослідження. Спочатку я визнав власну гріховність, адже не раз обманював, іноді брав чужі речі, взагалі вчиняв неправильно. Карою за мої гріхи були вічна смерть і вічне відділення від свого Творця. Оскільки Бог святий і досконалий, то не може допустити перебування навіть найдрібнішого гріха в Своїй царині. Я не мав шансів потрапити у Його царство зі своїми гріхами та грішками й потребував святості та досконалості, щоб опинитися в Його святій присутності.

Бог – праведний суддя, тому має право покарати за гріх. Проте водночас Бог – любов, тому прагне пробачити і врятувати людину. Ось чому Ісус розв'язав цю дилему, коли взяв усю мою провину на Себе і відвів від мене гнів Божий. Таким чином, Бог дивиться на мене крізь призму свого Сина, свята невинна кров Якого очистила мене від гріха. Завдяки подвигу Ісуса, в очах Отця небесного моя душа має досконалий і чистий статус, наче я ніколи не грішив.

На початку дослідження я ще не усвідомлював, що з народження був відділений від Бога, духовно мертвий. Не розумів, що гріховні вчинки – лише симптоми природи і хвороби грішного тіла, що проблема набагато більша, ніж «погана поведінка».

Таким чином, ліки від гріха мали розв'язати три головні проблеми: смертну кару за гріх, відділення людини від Бога та наслідково-гріховну поведінку. Ці ліки мали задовольнити вимогу смертної кари за гріх, відновити зв'язок із Отцем, а також дати людині нову природу. Очевидно, що відновити зв'язок із Богом неможливо, доки не буде сплачено ціну за мою провину і доки не здобуду статус безгрішного в Його очах.

Я знайшов пояснення першої проблеми, проте не двох наступних. Господь узяв на Себе кару за мій гріх, отже, усунув гріх із мого досьє, і це сталося завдяки Його жертовному подвигу на хресті. Але яким чином Ісус забезпечив возз'єднання з Небесним Отцем і забезпечив нову природу, що має владу над гріхом?

В останніх двох питаннях полягали механізми зцілення та його результатів.

Механізм возз'єднання

Медикам важливо мати відомості про вплив лікування на організм людини. Це допомагає їм передбачити наслідки й оцінити ефективність усунення хвороби.

Якщо захворювання гріхом роз'єднує мене з Богом, то лікування має навпаки возз'єднати мене з Ним. Отим місточком возз'єднання став Ісус. За аналогією, комп'ютер відновить зв'язок із сервером, якщо знову запрацює мережа комунікації та обміну даних. Власне, про це йшлося в Біблії та праці Біллі Ґрема. Найбільше дивував, викликав захоплення і навіть острах сам механізм возз'єднання.

Тієї миті, коли людина волає до Бога в каятті, благає про зміни й прощення, віруючи в Ісуса Христа, у ній фактично відбувається кілька трансформацій. По-перше, Бог проголошує цю людину праведною, сприймає її безгрішною, бо кару за її гріхи (як і за гріхи всього людства) взяв на Себе Ісус Христос. Таким чином Бог бачить людину крізь призму Свого Сина цілком чистою, незважаючи на те, що на цій землі вона була грішною, залишається грішною в момент навернення і буде грішною до кінця своїх днів.

Продовжуючи аналогію з комп'ютером, Божий механізм лікування дав змогу відновити зв'язок із сервером. Уже не доведеться функціонувати ізольовано від головної системи або перебувати «на карантині» через ураження вірусом, бо вірус гріха усунено.

Вражає те, що Сам Бог став возз'єднанням. Адже Дух Святий, одна з трьох осіб Бога, входить у земне тіло віруючого і з'єднується з його духом, щоб покласти край розділенню. Це означає, що в момент спасіння Бог фактично оселяється в тілі християнина й наповнює його буття. Таке внутрішнє преображення передається терміном «спасіння». Так само, як зі звичайними захворюваннями: ліки мають увійти в тіло людини, щоб зцілити її.

«Боже! Усе чітко і зрозуміло!» – зрадів я. Коли поставив собі попередній діагноз «спасенний», іще не усвідомлював роль Святого Духа, проте зараз почав розуміти.

Якщо спасіння прямо пов'язане з молитвою каяття, то це не просто молитва, а таке звернення до Бога, яке приводить у дію механізм преображення. Християнство – це не лише те, в що ми віримо, а й те, ким стаємо. Коли людина щиро, від самого серця звертається до Бога, відбуваються зміни, що впливають на її сутність і залишаються з нею назавжди. Людина відновлює зв'язок зі своїм Творцем, оживає духовно, відновлює цілісність своєї особистості завдяки Богу, Який через Духа Святого перебуває в її серці. «Якщо це так, то це неймовірно», – подумав я.

Після того, як у навчальних закладах мене дурманили, що Бога нема (а якщо є, то Його неможливо пізнати), я дивувався й захоплювався Його реальністю, а особливо Його присутністю в мені. Грандіозно!

Усвідомлення реальності Бога спонукало ще більше читати й досліджувати. Якщо хвороба гріха відокремлювала мене від Бога і спричиняла мою духовну смерть, то відновлення зв'язку з Ним воскрешало мій дух, даруючи життя вічне! А вічне життя у християнстві – категорія не майбутнього, а вічно теперішнього. Я не перебуватиму з Богом «колись», а маю честь возз'єднатися з Ним уже тепер, цієї хвилини, зараз. Якщо це правда, то вічне життя з Богом починалося для мене з моменту спасіння моєї душі. Саме про це йдеться в Посланні до колосян: «І вас, що мертві були в гріхах та в необрізанні вашого тіла, Він оживив разом із Ним, простивши усі гріхи, знищивши рукописання на нас, що наказами було проти нас, Він із середини взяв його та й прибив його на хресті» (Кол. 2:3-14).

Спасенний = духовно живий = дух людини + Дух Святий (возз'єднання, зв'язок)

або:

Спасенний = Дух Святий у нас = вічне життя = возз'єднання з Богом

Ось що спало мені на думку. Якщо християнство істинне і Бог перебуває в мені, то це легко пояснює надприродні зміни, що сталися в моїй душі буквально за ніч. Дотепер я не міг збагнути, яким чином відбулися зміни на молекулярному рівні, як саме в моїй свідомості почали домінувати нові емоції, відчуття, ставлення, не кажучи про здатність любити тих, кого раніше не сприймав. Завдяки силі Божій, що тепер перебувала у мені, я не бачив у цьому проблеми.

Якщо справді Дух Святий перебував у мені, а я перейшов «від смерті в життя», то мав би природно очікувати змін. Я поставив собі наступне запитання: «Які видимі та відчутні результати спасіння людини та присутності Святого Духа?» Чи відповідали наслідки мого спасіння змінам, які я пережив під час преображення?

Результати лікування

Коли працював лікарем в одній клініці, я з'ясував, що у мене виразка шлунку, яка спричиняла черевний біль. На щастя, мені вдалося пройти ефективний курс лікування, біль зник, апетит відновився, сон стабілізувався, вага збалансувалася. Я пережив конкретні результати та позитивні зміни внаслідок тілесного одужання.

Чи існували ознаки одужання в духовній царині? Який ефект спричиняло «прийняття Ісуса в серце»? Якщо Ісус – Лікар хвороби гріха, що свідчить про зцілення?

Схвильований, я хотів з'ясувати результат дії духовних ліків. Чи покаже він, що спасіння – це преображення людини під благодатним впливом дії Святого Духа? Я вже знайшов теологічне пояснення захворюванню, симптомам і зціленню від гріха, проте зараз, за науковим методом, хотів отримати результати в умовах досліду. Річ у тім, що симптоми гріха притаманні кожній людині, яку зустрічав у житті. Тому важко вірилося, що може існувати хвороба, якою страждає все населення планети.

Я розумів, що у Христі крилася відповідь на проблему гріха, проте мій погляд могли сприймати як особисту точку зору або заангажоване переконання якогось фанатика. Якщо, крім віри в Ісуса, християнство не більше, ніж таврування щоденної поведінки людей «гріхом», то способу переконатися в його дієвості та впливі на життя сучасної людини не існувало. У такому разі мене чекала церковна лава, на якій спокійно протиратиму штани під час богослужінь, покладаючись на скромні результати свого дослідження стосовно Спасителя та воскресіння, і насолоджуватимуся на самоті християнством, так і не знайшовши спосіб пересвідчитися у правдивості своєї віри.

Проте існував інший сценарій. Якщо з віруючим, якого зцілює Христос, справді щось відбувається на молекулярному рівні, то доказова база мусить існувати. Як і в медицині, симптоми захворювання поступово зникають, натомість з'являються ознаки ефективного лікування та одужання.

Я радів з того, що лікування та одужання моєї душі відбувалося на очах. Ніколи не сподівався на таке зцілення. На певному етапі вже не розраховував на покращення. Без зайвих емоцій пішов укотре до церкви. Щоправда, подумки прийняв адекватність Біблії. Здавалося, Бог перебував так далеко від мого внутрішнього світу, що я і мріяти не міг про зміни. Зважаючи на стандарти сучасної культури, звичайних відвідин церкви було достатньо, міркував тоді я. Не думав, що існував спосіб, завдяки якому люди могли стовідсотково переконатися в існуванні Бога чи спасінні людини. Тоді ще сумнівався, що спасіння реальне, й вирішив зачекати до години смертної, щоб тоді все і з'ясувати. Якщо виявиться, що помилявся, то втрачати однак нічого.

Згадав свідчення Джоша Мак-Давела. Він розповідав, що поступово з його життя зникло почуття гніву після того, як в молитві прийняв Ісуса своїм Паном і Спасителем. Тоді я не розумів, про що писав відомий апологет. Як особистість людини може змінитися після молитви? Мої здобутки в медицині, науковий ступінь, практика усували будь-який зв'язок між звичайною молитвою та кардинальними змінами особистості та її емоційного стану. Адже ці явища міцно зв'язані складними процесами, що відбуваються в головному мозку та нервовій системі на біохімічному рівні. Наявність соціального фактору взагалі ускладнювала взаємодію між головним мозком та нервовою системою. Тому я вирішив, що психологічні зміни можна викликати вольовим рішенням, підсиленим релігійними переконаннями. На той час я анічогісінько не знав про Святого Духа. Тепер історія Мак-Давела мала для мене більший сенс, бо на цьому етапі дослідження я розумів реальність спасіння, що докорінно впливало на життя людини.

Я став переглядати коментарі до Біблії та книгу Біллі Ґрема. Дух Святий, що походить від Бога, не тільки звершує возз'єднання, а й є джерелом сили та впливу на життя віруючого[70]. Бог прийшов не лише для того, щоб визволити людство від прокляття гріха, а й щоб дарувати християнину владу над гріхом у повсякденному житті. За Біллі Ґремом, Бог знав, що лише пробачити гріх – недостатньо, бо та ж сама персона, яка припускається тих самих помилок, нікуди не зникає[71]. У моєму випадку той самий Ґреґ Віман, хай би в якому куточку світу він опинився, ніколи не зміг би позбутися неприємних рис свого характеру. Бог чудово знає, що насправді ми потребуємо допомоги, керівництва та надприродної сили, бо не здатні змінити себе докорінно. Дух Святий покликаний допомагати нам у цих питаннях.

Якщо Бог, що жив у мені, мав силу змінювати докорінно, то на які саме зміни я мав очікувати? Вони мусили б співвідноситися з новими симптомами преображення.

Сутність Божої любові

Бог – це любов, однак у процесі дослідження я зрозумів, що зовсім не та любов, яку собі уявляв. Божа любов – це безкорислива віддача. Спасенна людина припинила зациклюватися на собі, натомість зосередилася на іншій людині – ось головна ознака, що характеризує християнина, в якому проживає Бог любові. Ця деталь одразу привернула мою увагу, бо я помітив приплив нових сил, та не міг пояснити, куди й чому зникли егоїстичні тенденції й звідки з'явилася турбота про інших. Зміни проявлялися не лише в моїх діях, а й стосувалися моїх мотивів. Без втручання сили Божої такі трансформації неможливі. Аж ось я натрапив на рядки, що перелічували такі «симптоми» присутності Духа Святого в людині: «А плід духа: любов, радість, мир, довготерпіння, добрість, милосердя, віра, лагідність, стриманість – Закону нема на таких! А ті, що Христові Ісусові, розп'яли вони тіло з пожадливостями та з пристрастями» (Гал. 5:22-24).

Учення про плоди Святого Духа вразило мене, бо я від голови до ніг відчув кожен плід окремо та дію всіх плодів одночасно. Я був радий бачити людей, до яких раніше відчував огиду. Радість і мир дарували таке неймовірне піднесення, внутрішнє задоволення та наповнення, що я не міг виразити свій стан словами. Іспит супермаркетом узагалі продемонстрував, що в мене з'явилася досі непритаманна риса – терпіння! До того ж, мене сповнило почуття доброти до інших, яке не мало нічого спільного з себелюбством. У минулому я також діяв чемно, проте за показовою чемністю крився егоїстичний мотив. Тепер усе змінилося.

Перед преображенням я вірно виконував свої щоденні обов'язки, проте навіть у них були егоїстичні мотиви. Тепер я відчував дещо несподіване: відсутність егоїзму додає сили моїй надійності як людини й цілісності моїй особистості. Іще недавно мені бракувало самовладання та елементарного спокою. Я був імпульсивним, нестримним, постійно вибухав. Після того, як уперше зі сльозами на очах звернувся до Бога, у мене раптом з'явилося самовладання. Звісно, я не став ангелом во плоті, білим і пухнастим, проте не міг заперечити нові почуття, що потужно впливали на мою особистість. У мені оселилася дивовижна сила, яка зовсім не лестила моєму егоїзму, проте яку я міг цілком контролювати, на противагу своїй старій персоні, егоїстичній і неконтрольованій.

Розмірковуючи про Божу любов та інші плоди Духа Святого, я виокремив безкорисливу увагу до інших людей і турботу про них. Якщо людина звикла порівнювати все і всіх зі своєю персоною, страждати на нарцисизм і розлад особистості переважну частину життя, то такий «фрукт» одразу помітить неегоїстичні мотивації, що раптово з'явилися на сцені його життєвої драми. Саме прагнення жити на віддачу, звертати увагу на інших, цікавитися їхньою долею я й відчув у своїй душі, не розуміючи, як таке диво спіткало затятого егоїста. Бентежило те, що простий перелік дарів Святого Духа чітко змальовував мій новий стан.

Стара людина мертва

Одна цікава деталь щодо Духа Святого вразила мене наповал. Духовна природа людини, виявляється, може бути мертвою. Це перегукується з ученням Послання до римлян. У шостому розділі там ідеться про те, що колишня природа спасенної людини помирає. Саме це я й відчув: моя колишня персона, бридкі звички й навіть злі бажання кудись вивітрилися. Звісно, час від часу я відчував спокусу чинити неправильно або казати чимало з того, що звик казати раніше, однак тепер чітко відрізняв чорне від білого, мав силу казати «ні», обирати кращий шлях. Тепер глибоко усвідомлював реальність спокус, скерованих на знищення особистості, тому обмірковував неоднозначні ситуації, перш ніж діяти. Раніше ніколи не думав про духовну оцінку обставин і не надавав значення моральним наслідкам своїх рішень. Зазвичай діяв поспішно, миттю реагуючи на ситуацію. Усвідомлення того, що мої думки та вчинки можуть виявитися гріховними й дати погані наслідки, було для мене зовсім новим.

Поступові та постійні результати

Мої «ліки» миттєво дали грандіозний ефект. Проте більшість людей спостерігають поступові зміни. Я не став досконалим за ніч, трансформація не була проявом фантазії, внутрішнє преображення було справжнім. Не розумів, чому одні люди змінюються за ніч, а інші – поступово. Відповіді на це питання я не знайшов ні в Біблії, ні в коментарях, ні в Інтернеті.

Очевидно, що стовідсоткове звільнення спасенної людини з-під гніту гріха станеться тільки після смерті, коли вона опиниться в Царстві Божому. Хоч на цій землі я маю владу над спокусами, я все ще ламаю дрова і припускатися помилок. Богослови наголошують на потребі віруючих постійно зростати духовно. Перемога над старими плотськими звичками можлива тільки за умови постійного освячення, щоденній близькості людини з Богом.

У кількох уривках Святого Письма апостол Павло розмірковує про свою боротьбу із власною гріховною природою. Я ще не повністю розумів його слова, проте бачив, що він має рацію, бо досконалих людей не існує.

Духовне розрізнення

Ще один результат лікування – здатність розуміти духовні істини та Біблію. Дух Святий, що перебуває в людині, допомагає відрізняти добро від зла та розуміти Слово Боже: «А людина тілесна не приймає речей, що від Божого Духа, бо їй це глупота, і вона зрозуміти їх не може, бо вони розуміються тільки духовно. Духовна ж людина судить усе, а її судити не може ніхто. Бо хто розум Господній пізнав, який би його міг навчати? А ми маємо розум Христів!» (1 Кор. 2:14-16).

Це миттєво викликало позитивний резонанс у моїй свідомості. Коли вперше помолився і взяв до рук Біблію, я помітив різницю у сприйнятті тексту. Тепер набагато краще розумів Святе Письмо, взагалі палав бажанням Його читати. Йдеться не про те, що колись розумів Біблію неправильно. Просто тепер вона наче ожила, її слова стали актуальними. Так само зображення, яке має розмитий вигляд в об'єктиві, після налаштувань стає чітким. Я не міг начитатися, почуття насолоди від Біблії не зникало. Вивчення Письма нагадало мені здорове харчування. Я не розумів, як і чому почувався повноцінно. Судячи з Біблії, усе це вказувало на те, що в мені перебував Дух Святий.

Кінець порожнечі

Я дізнався, що на глибинному рівні спасенні люди переживають кінець внутрішньої порожнечі, самотності й тотального незадоволення життям. Причина полягала в усвідомленні того, що ми створені для Бога, що тільки Він може наповнити наші серця смислом і дарувати цілісність. Спасіння усуває проблему розділення людини з Богом. Це нагадує возз'єднання з коханою після довгих років розлуки. Після повернення все знову розцвіло. Я досі перебував у захваті від того, що більше не відчував порожнечі.

Підсумок

Усе, що вивчив про Біблію, про захворювання гріхом, його симптоми, лікування та результати, відповідало тому, що сталося зі мною особисто і що пережив на власному досвіді. Мій діагноз, відповідно до Біблії, мав назву «Спасіння вірою через Ісуса Христа» внаслідок возз'єднання з Богом через Духа Святого. Це дарувало мені нову природу. Я очистився й зцілився від хронічного захворювання. Біблія надихала: «Тому то, коли хто в Христі, той створіння нове, стародавнє минуло, ото сталось нове!» (2 Кор. 5:17)

Ліки від гріха розв'язали всі три проблеми: смертної кари за гріх, розділення з Богом та гріховної поведінки людини. Ісус Христос задовольнив вимоги справедливого гніву Божого й узяв на Себе смертну кару за мої гріхи. Дух Святий відновив мій зв'язок із Отцем Небесним і дарував мені нову внутрішню природу, що має владу над гріхом.

Залишився єдиний нез'ясований для мене аспект, процес лікування. Я хотів переконатися в тому, що мій досвід ішов у ногу з біблійним визначенням спасіння. Якщо Ісус – ліки від гріха, то яким чином відбувається лікування? Може, автоматично?

Як розпочати лікування

Розпочати лікування виявилося напрочуд просто. Навіть занадто просто. Людина має вірити у серці в Ісуса Христа, вірити в те, що Бог прийшов на землю в Його особі, щоб узяти на Себе кару за гріхи кожного, вірити в те, що за три дні Він воскрес із мертвих. По-друге, необхідно визнати власну гріховність і своє відділення від Бога. Далі потрібно особисто звернутися до Нього і щиро розкаятися в своїх гріхах. Найважливіше, на чому наголошувала Біблія, це прагнення людини покаятися у своїх гріхах і готовність розпочати нове життя. Каяття – це розворот на сто вісімдесят градусів від старої поведінки та початок нового руху в правильному напрямку. Йдеться не про жалюгідні докори сумління чи жаль із приводу поодиноких неприємних учинків, а про щире бажання докорінних змін, життя в гармонії з Богом, кульмінацією чого стає духовне преображення особистості.

Розмірковуючи над питанням «як», я прокручував у свідомості обставини свого навернення до Бога. Спочатку повірив в Ісуса інтелектуально. Саме тоді завершив перший етап дослідження християнства. Проте жодних суттєвих змін у моєму житті не відбулося. Шляхом елементарного історичного аналізу та свідомого прийняття результатів дослідження я дійшов висновку, що існує Бог, в Якого я міг нарешті повірити. Тоді сприймав Його у вузьких межах інтелектуалізму. Моя віра базувалася на розумовому досвіді, що полягав у детальному вивченні доказів і висновків, бо довіряв лише власним судженням.

Ніщо з того, що я бачив або про що чув у своєму житті, не пропонувало справжню можливість пізнати Бога на особистісному рівні. Адже я формувався у середовищі, далекому від Творця, у суспільстві, що ігнорувало Його. Це не приводить до путніх висновків, не відповідає на глибинні питання, хіба що надихає відвідати церкву раз у рік на Різдво. Чи справді я повірив у те, що Бог ступав ногами по цій землі в особі людини, помер на хресті, а потім воскрес на третій день? Так, повірив. Однак вважав, що це сталося надто давно. Я не мав можливості особисто торкнутися руками Ісуса чи предметів побуту Його епохи. До того ж, написане в Біблії здавалося мені архаїчним і далеким від сучасного життя. Якщо Біблія правдива, то відсутність змін на початку дослідження мала сенс, бо жодного каяття чи визнання гріхів у моєму житті не відбулося. Мій Ісус був теоретичним, а не реальним. Я вірив розумом, а не серцем, не з'єднався з Богом на сутнісному рівні, не просив Його пробачити мої гріхи й дарувати спасіння.

Попри все, однієї ночі я прийняв біблійну доктрину про спасіння, коли перейшов від розумового рівня на духовний і серцем покорився Богу. Я прийняв вірою те, що Бог явив Себе в Ісусі Христі, Який воскрес із мертвих на третій день. Визнав себе грішною людиною, звернувся до

Розділ XIV. Ліки від гріха

Бога в молитві, щиро прагнув змін у житті. Я жалкував про те, як жив, як ставився до людей. Я боявся Бога й звернувся до Нього у покорі. Тепер розумів, що вірити в Бога означало значно більше, ніж вірити в Його існування. Справжня віра полягала у цілковитій довірі Йому. Необхідно довіритися Богу на всі сто, покласти біля Його ніг усі свої турботи, взагалі активізувати свою віру. Одна річ – сидіти в кріслі й сумніватися, чи зможе воно витримати вашу вагу, й зовсім інша стовідсотково знати, що крісло – абсолютно надійний варіант.

Цікаво, що в момент навернення я нічого не робив навмисне чи штучно. Я не мав намірів промовляти вголос релігійні гасла, особливі слова або цитувати Отців Церкви. Серце наче вистрибувало з грудей. Я ж зібрався довести, що християнство – це купа лицемірів і фальшивок. Коли звернувся до Бога, ні на що, власне, й не сподівався. Навіть не уявляв, що Бог реально почує мій стогін. Коли розпочав лікування, нічого про це не підозрював.

Я міг легко загрузнути на стадії розумового сприйняття Ісуса й доктрин християнства. Адже визнав їх за тиждень до каяття. Я міг обійтися без драм і спокійно жевріти на рівні сухого інтелектуалізму, адже не уявляв про існування чогось значно більшого.

Інтелектуальне християнство нагадувало пацієнта з усіма необхідними ліками в руках, який, однак, не спробував жодної пігулки. Я можу розглядати антибіотик з усіх боків, крутити його в руках, і навіть вірити в його цілющу силу. Була тільки одна проблема: перш, ніж пустити в хід механізм зцілення, я мав вжити ліки. Скільки ж людей у християнстві загрузли на цьому рівні? Скільки людей ходило до церкви, віруючи в чудодійну силу Ліків, проте не наважувалися їх прийняти? Скільки прихожан не дозволяло Лікам благотворно впливати на зцілення своєї душі?

Не було жодних сумнівів у тому, що я прийняв Ісуса Христа по-справжньому, що Ліки від гріха розпочали свою цілющу дію. До того ж, усе, що відбулося зі мною, відповідало написаному в Святому Письмі.

Реакція на зцілення

Я досі звикав до радикальних для мого мозку концепцій. Біблійне вчення зачіпало такі пласти, про існування яких не підозрював. Коли читав і досліджував літературу, інтуїція мені підказувала, що маю справу з істиною. Мене сповнювали кардинально інші відчуття, порівняно з дослідженням будь-якої іншої тематики. Усі ознаки та симптоми, що супроводжували мій новий стан, відповідали біблійній концепції спасіння через віру в Ісуса Христа. Тоді я прозрів, наче з-перед очей усунули завісу: «Боже, я справді спасенний! Ще й відчуваю Твою присутність!» – вигукнув уголос.

Бог почув мене, врятував мою душу і сповнив Святим Духом. «Так ось про що постійно розповідала колега!» – зрозумів нарешті. Вона ж сказала: «Я молюся за вас, щоб Дух Святий відкрив вам Себе». Фактор дії Духа Святого пояснював, яким чином у мені з'явилася любов до осіб, котрих раніше не сприймав. Я відчував присутність Святого Духа, що перевершувала науковий метод!

У цей момент я став чітко усвідомлювати реальність Божої присутності. Це означало, що Бог не тільки чув мої слова, а й перебував усередині моєї душі. «Отче, ти справді тут?» – у відповідь я не почув нічого акустичного, проте надприродним чином відчував, що на рівні духа Він каже щось на зразок: «Так. Я поруч. Я завжди був з тобою». Здавалося, я наче прокинувся з глибокого сну, що тривав тридцять шість років. Я почувався щасливим і не знав, що з цим робити!

«Неймовірно! Я маю невидимий доказ самому собі. Християнство – не релігія, а реальність!» – міркував. Моя віра базувалася на новому сутнісному бутті, а не на інтелектуальній концепції, теорії чи доктрині. Це бентежило, адже неждано-негадано впало мов сніг на голову, всупереч епосі інтелектуалізму, якій притаманні терпимість до всього підряд, агностицизм і натуралізм. Від божества, далекого від повсякденних реалій людини, якого неможливо пізнати, я прийшов до Бога, Який перебував у мені та впливав на мою дійсність!

Цілюща сила Ліків нагадувала приплив морських хвиль, що раз по раз накочувалися й збивали з ніг. Плин життя, розумові процеси та враження змінювалися швидше, ніж я міг осягнути. Я вигукував: «Дивовижно! Ісус Христос реальний через присутність Святого Духа в моєму житті! Моя душа спасенна. Я не знаходжу слів, щоб висловити своє захоплення!» Увесь мій життєвий досвід не рівнявся з Божою присутністю. Преображення не вкладалося у мене в голові, та нове життя тільки починалося. Попереду на мене чекало багато викликів та нових хвиль благодаті Божої.

Розділ XV
ОСТАТОЧНИЙ ДІАГНОЗ

Остаточний діагноз мого нового стану вказував на те, що християни називали спасінням від хвороби гріха. Зцілення сталося завдяки Ісусу Христу. Ознаки та симптоми цього захворювання супроводжували мене з народження, хоч я не підозрював, що вони вказували на відсутність у мене зв'язку з Богом. Моя спроба довести, що християнство – ніщо інше, як еталон релігійного лицемірства, завершилася протилежними висновками, до яких прийшов у ході дослідження. Згодом моє інтелектуальне сприйняття християнства замінив досвід особистої зустрічі з Богом, коли одного пізнього вечора вдома вперше звернувся до Нього в молитві каяття. Те, що спочатку вважав типовим емоційним звільненням внаслідок інформаційного перевантаження (бо я справді перечитав купу релігійної літератури), насправді стало внутрішнім преображенням моєї сутності. Це вплинуло на мою долю у цьому житті та у вічності.

За християнською догматикою, я отримав «спасіння», хоча спочатку не знав, що воно означало та чи існувало взагалі. Дух Святий возз'єднався з моїм духом, дарував мені нову природу, відновив утрачений мною зв'язок із Богом. Я пішов спати, не усвідомлюючи дива, що сталося насправді.

Коли прокинувся, помітив кардинальну зміну самопочуття. Не знаходив їм пояснення. Найперше, що спало мені на думку, це те, що захворів якимось недугом. Та хто б міг подумати, що новоявлені симптоми не походили від хвороби, а вказували на одужання! Парадоксальним чином усе відбулося навпаки. У спробах поставити собі діагноз я з'ясував, що все життя хворів на гріх, сам того не усвідомлюючи. Коли зцілився від клятої болячки, одразу й не збагнув, що сталося. Не дивно, що спробував з'ясувати причину незвичного «захворювання» з медичної точки зору. Проте пішов не в тому напрямку, бо результати вказували не на хворобу, а на успішне лікування. Зміни в поведінці відбулися такі сильні, що кожен сказав би, що зі мною щось не так. Натомість, я вперше в житті перебував у правильних стосунках з Богом.

Колись вважав Бога далеким від земних реалій і побутових питань. Та за одну ніч моє ставлення радикально змінилося, коли Він став моїм особистим Спасителем, Який огорнув мене святою присутністю. Моя душа пережила визволення від рабства гріха завдяки Ісусу Христу, і тепер я відчував початок нового життя і святкував возз'єднання з Богом. Всім своїм єством відчував, що це відбувалося насправді, що нові симптоми неможливо пояснити емпіричним способом. Мій колишній стан надзвичайно точно відповідав ознакам захворювання на гріх, а зміни чітко йшли в ногу з біблійним ученням про спасіння людини завдяки Ісусу Христу. Все, що пережив за одну ніч, було аномалією в очах сучасних матеріалістів, які вважали, що дива не існує. Я став живим доказом існування та божественної сили Ісуса Христа, Який дарував мені вічне життя й відповів на питання потойбічного, які раніше не міг збагнути. У спробах поставити собі діагноз я зрозумів, що його давно поставив Бог.

Я почувався неймовірно піднесено. Не міг дочекатися, щоб розповісти друзям про свої почуття та Добру Новину. Перед роботою майже не спав. Вважав, що всі будуть в захваті від мого свідчення. Боже, я готувався шокувати найближчих мені людей!

Розділ XVI
ПІДТВЕРДЖЕННЯ ЗЦІЛЕННЯ

– Ґреґу? Ми вдома. Ти де? – гукнула дружина.

Зиркнув на годинник, було за шосту. Я з головою занурився в діагностику нового стану, розмірковував про нього кілька днів поспіль, використовуючи кожну вільну хвилину, тому цілком втратив відчуття часу й не зчувся, як промайнуло п'ять годин.

– Я нагорі. Зачекай хвилинку, зараз спущуся.

«Що скажу дружині? Як усе поясню? – запитував себе. – Зрозуміє чи ні?»

– Чим ти займався весь день? – поцікавилася Рут.

– Розповім увечері. Це довга історія.

– Навіщо чекати? Не дивуй мене. Ти цілими днями ховався за книжками, став якимось відлюдькуватим, мовчазним.

– Потрібна спокійна обстановка. Я неодмінно все розповім, коли діточки полягають спати.

– Гаразд, – погодилася дружина.

Решту вечора я ходив із дивним тягарем і тривогою на серці. Рут відвідувала домашню групу з вивчення Біблії, але я не знав, на якому рівні стосунків з Богом вона була, чи була спасенною, чи усвідомлювала реальність християнства, бо ми не розмовляли на ці теми. Не уявляв, з чого почати. Мій пульс почастішав, спливали хвилина за хвилиною. Нарешті діти полягали й настав момент істини. Серце було ладне вистрибнути із грудей.

Я увійшов до кімнати. Рут вмостилася на ліжку й читала. Я сів поруч, обперся спиною об стійку, підклавши під неї кілька подушок.

– Пам'ятаєш, ти дала мені почитати книгу? Про Біблію, – розпочав невпевнено.

– Так. А чому ти запитуєш? – відповіла дружина, відклавши читання, й уважно подивилася мені в очі.

– Я прочитав її. Також увесь Новий Заповіт, від початку до кінця. І дослідив Його. Розповідав тобі про це раніше, але ніколи не казав про справжні наміри.

– Цікаво, – відповіла Рут в очікуванні.

— Недавно я зрозумів, що можу вірити в Ісуса. Я міг би ходити до церкви й навіть асоціювати себе якимось чином із християнством.

— Чудово! Ти справді змінився, я це помітила. Тож ти ходитимеш до церкви, яку рекомендував Девід?

— Так, але це ще не все. Десь зо два тижні тому я залишився допізна в кабінеті на самоті. Визнав, що в моєму житті й з моїм характером не все гаразд. Щось почало відбуватися з моєю душею. Вперше я звернувся до Бога й попросив пробачення та змін.

Дружина знов уважно подивилася мені в очі.

— Рут, Бог вплинув на мене. Він зачепив усю мою сутність, все моє буття. Я прокинувся іншою людиною. Відтоді кожної вільної хвилини я намагався з'ясувати, що саме зі мною сталося. Нарешті зрозумів, що моя душа тепер спасенна. Коли молився, на мене зійшов Дух Святий. Відтоді Він постійно перебуває в мені, і це неймовірно. Він благодатно впливає на мене зсередини. Все змінилося.

Рут не мовила ні слова. Якусь мить тривала тиша. Дружина уважно вдивлялася в моє обличчя, щоб переконатися, чи я казав усе це всерйоз.

— Боже! Це неймовірно. Річ у тім, що я також увірувала. Тільки не мала таких сильних переживань, як ти. Все сталося само собою.

— Просто повір. Ти ж знаєш, що я нормальна людина, не став релігійним фанатиком... — спробував переконати.

— Та вірю, вірю, — запевнила дружина, проте я бачив тінь недовіри на її обличчі.

— Рут, пробач мені за те, як я ставився до тебе, — ледь видушив із себе, а очі наповнилися слізьми, — я чинив неправильно. Вибач. Мені шкода за минуле. Я спробую все виправити. Більше не повернуся до того, ким був раніше. — З очей закапали сльози.

Рут обійняла мене й промовила:

— Я прощаю тобі. Не хвилюйся, все гаразд.

— Ні! Не гаразд. Я був нікчемним, зухвалим, гордим, егоцентричним ідіотом, і про це свідчить моє колишнє ставлення до тебе, до дітей, до інших, — заперечив я, затинаючись і намагаючись стримати сльози. — Я сам не можу повірити, як життя вмить змінилося. Бог такий близький до нас, Його присутність така реальна, а люди нічого про це не говорять. Чому?! З людьми щось у корені неправильно, Рут! Щось іде зовсім не так, як потрібно. Навряд чи більшість розуміє, чим насправді є християнство. Я сам не міг збагнути, яким чином святий Бог перебуває у спасенній людині. В голові не вкладається масштаб Його впливу на мій світогляд. Ти можеш уявити, що більшу частину свого життя я прожив духовно мертвим, відділеним від Бога? Я ніколи не згадував Його у своїх розмовах, а Він перебував біля мене завжди. Бог почув мою молитву того вечора. Почув! Як же Він почув мене серед мільярдів інших людей на планеті? Лише поміркуй над цим, Рут. Хай віра в Нього залишиться в наших серцях. Ми ж навіть про себе нічого не знаємо. Наше життя схоже на збірку оповідань, які висвітлювали тільки один сюжет, замовчуючи інші. Наче міраж, що створює ілюзію правди, або фасад, що її затуляє. Весь мій світогляд, на якому будував життя і в якому бачив сенс існування, виявився брехнею. Очевидно, що все наше суспільство стоїть на великому обмані.

Я перевів подих і вів далі:

– Зміни в моє життя прийшли неочікувано. Річ не в церкві, обрядах чи іміджі приємної особи. Йдеться не про кар'єру чи особисті досягнення. Я вважав, що жив правильно, проте ніколи не припускав, що Бог такий близький і реальний сьогодні. Таким Він і є. Ісус справді перебував на цій землі, Бог справді явив Себе світу в тілі людини, прийняв смертну кару за наші гріхи. Чому тоді наплодилося стільки релігій? Моє відчуття реальності розпадається на дрібні шматочки!

– Ґреґу, вгамуйся. Ти повністю виснажений, – захвилювалася Рут.

– Люба, ти хоч розумієш, про що я кажу? – вигукнув я, витираючи очі від сліз.

– Здогадуюся. Для мене християнство також ожило по-новому. Хоч у дитинстві ходила з батьками до церкви, але все, що залишилося в моїй пам'яті про віру в Бога, це приміщення та стіни.

– Потрібно багато чого обміркувати, Рут. Кожне слово, що ти почула, має надзвичайно глибоке значення для мене. Я ще повернуся до кабінету, щоб побути трохи у спокої. Мене переповнили почуття.

– Гаразд. Завтра я хочу ще раз тебе послухати. Я люблю тебе.

– Я теж тебе люблю. Тільки прошу: нехай ця розмова залишиться між нами. Не розповідай поки що нікому. Я хочу сам розповісти про все нашим друзям і знайомим, але ще не з усім розібрався.

– Гаразд.

Розділ XVII
ЛІКИ В ДІЇ

Я відчув полегшення, коли опинився на самоті в кабінеті. Ми з Рут мали ще багато про що поговорити, але зараз я радів, що вона сприйняла мої слова всерйоз і не подумала, ніби я втратив розум абощо. Я комфортно вмостився в кріслі, по-техаському закинувши ноги на стіл. Зібрався з думками й поміркував, як діяти далі. Хотів звести докупи прості факти, які складали основу моєї віри.

Розпочав із роздумів про Бога, на Якому стоїть уся будівля віри. На чистому аркуші записав ключові тези.

БОГ

Ісус Христос – Бог. Живий і реальний. Відгукується на щиру молитву.

Я зупинився на цій думці й поміркував про те, яким чином вона стосується мого життя. Як Бог міг чути людину, якщо населення землі – понад шість мільярдів таких гавриків, як я? Звідки знав, що мої слова щирі? Звідки Йому відомо про невидимі наміри мого серця, що крилися за словами, сказаними вголос?

Далі написав наступне: *Бог – всезнаючий і всюдисущий.*

На першу думку, це й без того очевидно, адже на те Він і Бог, щоб знати все і бути присутнім скрізь. Однак, що більше я замислювався, то глибшим ставало значення цих слів. Як вони стосуються мого повсякдення? Висновок доволі простий: *Моє знання лише часткове. Я не володію абсолютними знаннями про своє буття, у той час як Бог знає правду про всю мою сутність ізсередини.* Це вражало.

РАЙ

Рай існує. Після смерті я потраплю саме туди.

Ці рядки я писав з неприхованим задоволенням. Колись думка про смерть лякала мене, особливо коли обіймав своїх дітей і дивився на них перед сном. (Ніколи не розумів, яким чином палке почуття батьківської любові витікало з «еволюційної речовини».) Якби, не дай Боже, мої діти раптом загнули, то припинили б своє існування, утратили б будь-який сенс і в процесі тління розчинилися б на хімічні елементи. (Яким чином дитя, яке має серце та душу, може складатися лише з матерії, що виникла в ході еволюції?)

Ось чому завжди боявся смерті. Але не тепер! Упевненість у вічному житті завдяки присутності Божій в моїй душі усунула хвилювання та побоювання щодо майбутнього. Я радів з того, що вся моя сім'я – дещо більше ніж еволюційний суп із органічних елементів, який рано чи пізно відправлять у вигрібну яму для коловороту речовин у природі. Я зрозумів, чому не міг сприймати смерть як нормальне явище для людини. Адже вона ніколи не була кінцем, навпаки – початком. Смерть – це перехід від холодної позбавленої смислу «вигрібної ями коловороту речовин» до входу у вічне життя з Богом. Я ніколи не мріяв про таку радикальну зміну парадигми. Мене огортала хвиля неймовірної радості. Я почувався вільним. З'явилася справжня надія, упевненість у тому, що у вічності на мене чекає тільки добро.

ПЕКЛО
Пекло існує. Недавно я прямував саме туди.

Моя рука здригнулася, коли писав ці слова. Тепер я спасенний, але ще зовсім недавно був далекий від Бога. Цікаво, що Ісус розповідав про пекло більше, ніж про рай. Морозець пробіг по спині. Я усвідомив, що все життя крокував до пекла. Усі досягнення, радісні події та світський успіх не мали жодного значення на тому світі. Як же добре, що Бог прийшов на землю, щоб урятувати мене від такої безнадії! Адже гріх розділяв мене з Ним. Я усвідомив реальність пекла і втратив спокій. В молитві й зі сльозами на очах подякував Ісусу за те, що Він урятував мене. Тепер мене сповнило відчуття вдячності. Довелося витерти сльози футболкою, щоб писати далі.

ДИВО
Я став свідком дива, що сталося в моєму житті.

Після зустрічі з Богом я наче підзарядився на молекулярному рівні. Адже був свідком дива Божого, що сталося в сучасності й стосувалося мене особисто. Я став живим доказом того, що Ісус Христос – Бог і що Він живий. Господь перебував зі мною в кімнаті, коли я помолився того вечора. Відтоді не дивувався історіям про надприродні явища, записані в Біблії. Бог здатний «перезавантажити» сучасну людину і знає її сутність, здатен творити надприродне – ходити по воді, розділяти Червоне море навпіл, зцілювати сліпих. Якщо Ісус справді воскрес із мертвих і я впевнений, що Він воскресить і мою душу, то чому повинен сумніватися в інших дивах Біблії?

БІБЛІЯ
Біблія – Слово Боже.

Якщо Бог чує все, що кажу, і знає, чим я дихаю, то Він у курсі всіх нюансів мого життя й активно бере в ньому участь. Оскільки Біблія відкриває Божий план спасіння для людини, то саме спасіння людини й хоче бачити Бог. Той, Хто досконало знає кожну дрібницю, подбав про збереження Святого Письма. Я з'ясував, що копіювання деяких помилок, зміщення акцентів через специфіку перекладу, вилучення або додавання слів чи фраз, які траплялися впродовж століть, жодним чином не змінили доктрину й головну ідею Біблії. Збереження й точність Письма вражали. Бог чудово знав, що за століття манускрипти-оригінали зазнають незначних змін, проте подбав про збереження головного послання, яке хотів донести до людей. Минули тисячоліття, а Біблія – досі ключ до життя вічного.

З часів навчання в медунівері я знав, що в наших клітинах є ДНК. У цій диво-кислоті запрограмовано специфіку нашого існування. Молекула ДНК складається із п'яти простих білків, позначених відповідними літерами, і містить генетичну інформацію. На лекціях із біології нас запевнили, що з часом у роботі ДНК можуть виникнути деякі збої. Проте більшість із них несуттєві. Однак я досі живий. Інформація, унікальним чином захована в моєму тілі, досі працює і надійно збережена. Незначні поодинокі «помилки» не заперечують факт мого існування, так само незначні «зміни» нездатні позбавити Біблію її богонатхненності. Якщо Бог знає глибини моєї душі, то здатен і всесвіт створити Словом. Якщо Він має силу вплинути на сутність мого існування і звільнити мою душу від стількох тягарів, то чому маю сумніватися в Його здатності подбати про збереження книги?

ВЕЛИКА ОМАНА
Я жив в омані.

Мені було важко стримувати сльози, коли перечитував написане. Фундаментальні концепції моєї реальності стільки років були хибними… Парадигма життя, що відповідала епосі та впливала на кожну грань мого буття, була в корені неправильна. Я почувався так, ніби прокинувся від сну, що тривав тридцять шість років. Контраст між двома реаліями був разючий.

Розділ XVIII
ДОКАЗИ ОДУЖАННЯ

Усі святкували Різдво. Я вперше усвідомив, що основа англійського слова «Різдво» (Christmas) – «Христос» (Christ)! Суспільство чомусь постійно ігнорує ім'я Іменинника, попри масове святкування Його дня народження. У сприятливу для духовних роздумів пору я вирішив перевірити вплив сучасного християнства. Адже саме тепер усі мали б розмовляти про Ісуса, чи не так? Чи вивітриться присутність Духа Святого з мого життя під тиском різдвяної суєти? «Зрештою, проживаю у Байбл-Белті, найхристиянізованішій зоні США, – нагадав собі. – Де, як не тут, можна побачити справжню віру?»

На мить уявив себе невіруючим. Чи приведе мене до істини суспільство в цей особливий час, якщо захочу знайти істину? Чи зрозумію, що Ісус – Спаситель світу, спостерігаючи за підготовкою до святкування Його народження?

Різдвяні декорації та освітлення

Я зачекав, доки стемніло, щоб поїхати у місто. Дружина почула брязкотіння ключів, що дістав із кухонного столика.

– Коханий, ти куди? – поцікавилася.

– Прокатаюся. Я ненадовго, скоро повернуся.

На дворі був мороз. Хекаючи і трясучись від холоду, я заскочив у салон. Мешканці нашої вулиці повмикали ліхтарі й підсвітку декорацій – ідеальні умови для реалізації мого задуму.

Я повільно виїхав на головну дорогу нашого поселення. Усе довкола світилося. Блакитні, червоні, зелені вогники, почеплені на дерева, блимали звідусіль. З кожного двору виглядав щонайменше один північний олень. Санта Клаус, Сніговичок, а також улюблене оленятко всіх малят і дорослих на ім'я Рудольф усміхнено поглядали на перехожих, які ще й махали їм ручкою. Проте Ісуса або хоча б що-небудь, що вказувало на прихід Спасителя, не бачив ніде.

Поїхав далі, не минаючи жодної вулички нашого району, проте не побачив навіть вертепу. Спробував зазирнути у двір сусіда навпроти –

нічогісінько, пов'язаного з християнством. Я їхав і їхав. Серце кривавилося. На очі навернулися сльози від того, що побачив на Різдво.

У дитинстві розповідали, що треба вірити в Мороза-веселуна. Про Бога, який створив мене й завжди був поруч, не чув ніколи. Натомість писав листи на Північний полюс. Про молитву до Бога, Який знає всі мої хвилювання і вболіває за мене, не могло бути й мови. Я щиро вірив у бородаля Санту, котрий подарує те, про що просив у листі. Однак до Отця Небесного, Який був поруч, на міліметр від мене, я не звертався. Серце стиснулося від того, що Бог завжди перебував зі мною, навіть коли я про це не здогадувався, навіть тоді, коли Різдво означало для мене лише подарунки, їжу, вечірки, вогники, родинне коло й пісні. Проте розмаїття мішури не мало нічого спільного з Ісусом Христом.

Я небавом просувався углиб поселення, але не помітив жодної християнської символіки – ні освітленого хреста, ні імені Ісуса, підсвіченого ліхтарями, ані вертепу зі сценою народження Христа у хліву. «Очевидно, сусіди, далекі від християнства, навіть не здогадуються про те, на честь Кого святкують Різдво», – підсумував уголос.

Місцевий супермаркет

Розчарований, я заїхав до місцевого супермаркету. Там кишіло всім, чого душа бажала. Хоча обстановка скидалася на психлікарню. Підійшов до входу. Біля дверей активно просив гроші якийсь ґаволов, переодягнений на Санта Клауса. Усередині люди штовхалися, тряслися, сперечалися й навіть з'ясовували стосунки. Надуті щоки, кислі міни, нетерплячка й груба поведінка створювали специфічну ауру. Я пробрався крізь хаос до відділу, де продавали товари християнської тематики. Ангелики, сніжинки, блискавки, ліхтарики, іграшкові солдатики, пакувальний папір оточували мене звідусіль. Між декораціями на ялинку, світлячками та дворовим причандаллям я не знайшов нічого, причетного до біблійної теми, окрім хіба що ангелів. Не бачив ні Біблії, ні картини народження Христа, нічого, пов'язаного з іменем Ісуса, в усьому магазині. Анічогісінько не свідчило про спасіння або Духа Святого. Здавалося, люди взагалі забули про існування Бога. Яка користь від Різдва, якщо в ньому нема Ісуса? Я не відчував на собі великої провини, бо жодного разу на Різдво не чув виразної розповіді про Ісуса й не мав потребу в спасінні. Просто радів собі через подарунки, сім'ю, друзів. Тепер усі щасливі спогади затьмарило розуміння, в якій омані перебував тридцять шість років. Я повільно просувався від відділу до відділу, насуплений мов хмара через нескінченний потік реклами, ледь стримуючи сльози від утрачених ілюзій.

Ресторани

Наступного дня проїхався по ресторанах, щоб вибрати один для обіду та другий для вечері. Різдвяна суєта змушувала людей купчитися біля входу й чекати, доки відвідувачі звільнять місце. Краєм вуха прислухався до розмов. Ніхто не говорив про Ісуса. Придивився до людей за столиками. Ніхто не молився перед їжею. Де-не-де виглядали новорічні ялинки й гірлянди, та ніщо не вказувало на Бога. Ту ж саму процедуру я проробив у неділю, сподіваючись почути хоч слово про Ісуса Христа. Ніщо не змінилося.

Кожен займався власними справами, сприймаючи своє перебування на цьому світі як належне. Я засумнівався, чи хто-небудь узагалі знав істину. Спостерігаючи за людьми, розумів, що сам був таким. Далекий від усвідомлення смислу життя, зайнятий самим собою до такої міри, що не помічав нікого навколо. Незважаючи на дрімучий ліс у моїй голові, Бог завжди був поруч, чув мої слова і знав моє серце. На жаль, я довго не відгукувався. У відвідувачах, які гомоніли на далекі від духовності теми, я побачив самого себе, і стало лячно.

Нарешті поставив крапку, сів у машину й повернувся додому. «Господи, якщо Ти чуєш мене й інших, то чому вони не розмовляють із Тобою? Чому навіть не згадують Твого імені в повсякденних розмовах? Якщо потребують спасіння, то чому діють так, ніби життя на цій землі – їхня заслуга?» – дивувався в молитві.

Я ще не знав, як правильно молитися, тому звертався до Бога просто, інколи взагалі риторично, щоб нагадати собі про Його присутність. Всупереч сподіванням побачити актуальність Ісуса в житті співгромадян, усе навколо переконувало в протилежному.

Офіс

Наступного ранку я зрадів, коли побачив на роботі людину-Біблію. Вона саме читала Письмо; ще не знала, що я став віруючим.

– Теммі, чому ніхто не говорить про Бога навіть на Різдво? – запитав.

– Тобто? – перепитала вона й подивилася вкрай здивовано через несподіване запитання.

— Я визнаю, що Біблія – Слово Боже і що людям потрібне спасіння. Також вірю в те, що спасіння – це окрема подія в житті людини. У певний момент Бог наповнює того, хто звертається до Нього, Своєю присутністю. Якщо серед мешканців нашого міста є спасенні люди, то як можуть про це мовчати? Хіба спасіння – не найдивовижніший стан, в якому може перебувати душа людини? Хіба не свідчить про істину, що її не знають так багато людей?

Я зупинився на хвильку й подивився на обличчя співрозмовниці, щоб переконатися, чи сприймає вона мої слова, і повів далі:

— Недавно я спостерігав за людьми в пошуках очевидних доказів існування Бога. Судячи з їхньої поведінки і стилю життя, духовні питання мало кого цікавлять. Чому я маю вірити в Ісуса, якщо про Нього ніхто не говорить?

Жінка витримала паузу й пильно подивилася мені в очі:

— Багато людей не знають істину, а ще більше не хочуть її знати, навіть якщо ходять до церкви. Чимало з них не заперечують існування Бога, Ісуса або якоїсь вищої сили, проте зазвичай люди уникають щирих стосунків зі своїм Творцем і справжньої відповідальності перед Ним, – відповіла Теммі.

— Якщо так, то добрі новини залишаються добрими, але далекими. Адже Царство Боже, вічне життя, спасіння, Бог усередині людини, надія, мир, взагалі, смисл життя… Нічого поганого в цьому нема, але… – відповів я, виказуючи своє незадоволення результатами своїх спостережень.

Увійшли медсестри, щоб з'ясувати розклад на ранок. Розмова обірвалася.

Решту тижня спостерігав за пацієнтами, вислуховував їх. Я не бачив Біблії в їхніх руках, не чув молитов із їхніх вуст перед операціями, ніхто з хворих узагалі не згадував про Ісуса. Здавалося, нікого не радував факт існування Бога, нікого не цікавило те, що люди потребують спасіння, навіть тих, хто знав про Його існування.

Тепер я дивився на світ під іншим кутом. Постійно нагадував собі, що незбагненним чином Бог чує кожну людину. Шокувала мовчанка нашої культури. Ця мовчанка змушувала ставити під сумнів власне спасіння. «Може, я просто став неадекватним? – запитував себе. – Проте спасіння однаково не залежить від мого стану. Бог перебуває в мені з інших причин. Я духовно ожив, усе змінилося. Бог чує мої молитви і знає саму сутність моєї особистості. Незважаючи ні на що, Він приймає мене таким, який я є!» – від усвідомлення цієї істини мене щоразу сповнювала радість.

Телебачення

Мені обридла наївна затія з'ясовувати, чи згадав хтось Ісуса у день Його народження. Перед очима був телевізор. Я увімкнув його й поклацав пультом, аби проглянути зміст сімейних каналів. Ведучі не сказали жодного слова про Бога. Щоправда, кілька нецензурних висловів із Його іменем таки пролунало у якомусь фільмі. Ніхто не молився, не згадував про Господа, не запрошував Його в повсякденні справи. Засоби масової інформації навіювали висновок про те, що Бог неактуальний для нашого часу, тим більше, для наших проблем або сімейного життя. Я згадав, як у популярних телешоу постійно закладали ту ж саму думку в мою свідомість, викреслюючи Бога з реальності. Тепер, коли в мені перебував Дух Святий, мовчанка ЗМІ на Різдво більше не здавалася мені позицією нейтралітету. Я чітко бачив, що ігнорування Бога – це свідоме зречення.

Поступово я усвідомлював нову реальність, що впливала на сутність мого буття. Контраст і прірва між світом навколо мене, що не визнавав Ісуса, і Його явна присутність в житті людей, які щиро вірили в Нього, вражали. Здавалося, навколо – країна «навпаки». Я радів власному спасінню й не міг збагнути, яким чином стільки років перебував в омані, що супроводжувала мене з дитинства.

Я прагнув із кимось поговорити, але не хотів розсипати перли перед кожним стрічним. Агресивно налаштовані особи могли звинуватити мене в шизофренічних відхиленнях, наплювати в душу і навіть зіпсувати кар'єру.

«Розповім усе Теммі! – вирішив я. – Їй можна довіряти. Вона говорить про Ісуса й постійно читає Біблію».

Зрештою, я висловив їй деякі думки стосовно Різдва. Тепер чекав наступного робочого дня. Мав розповісти колезі про містичну зустріч із Богом, про те, що відчуваю Його присутність, як став спасенною людиною. Хотів продовжити попередню розмову, яку нам не дали закінчити медсестри.

Розділ XIX
ТЕММІ

Огляд пацієнтів завершився доволі рано. До обідньої перерви залишалося трохи вільного часу, доречного для розмови з Теммі, «ходячою Біблією». Я не міг просто сухо «проінформувати» її про своє спасіння. «Доведеться проковтнути гордість і визнати, що помилявся, коли постійно критикував Теммі», – подумав. Як вона сприйме цю новину?

Кілька разів прокрутив подумки слова, що збирався сказати, бо не звик визнавати свою неправоту. Здогадувався, що тепер фразу «Вибач, я був неправий» доведеться казати не раз. Долоні спітніли, в грудях сперло дух. «Ти зможеш», – спробував переконати себе.

Непомітно увійшов до лабораторії. Теммі сиділа за столом і… читала Біблію. Це не здивувало. Я завагався на якусь мить. Гріховне его наступало на горло, а спасенна душа прагнула поговорити про Бога.

– Теммі! – колега повернулася на голос і допитливо подивилася на мене крізь великі окуляри, начеплені на кінчик носа. Здавалося, вона бачила на сім метрів під землю.

– Так, докторе Віман. Що сталося?

– Гммм. Можемо поговорити сам на сам у моєму кабінеті? – звернувся, не в змозі приховати хвилювання.

– Звісно. Ходімо.

Ми увійшли до кабінету, повсідалися у крісла одне навпроти одного. Офіс був у кутовій частині споруди. Обидві прозорі стіни виходили на автостоянку. Тому допитливі перехожі кидали зацікавлений погляд, аби побачити, що всередині. Перш ніж розпочати розмову, я підвівся й опустив жалюзі.

– З вами все гаразд? – здивувалася Теммі. Судячи з моєї інтонації, вона підозрювала, що зі мною щось не так, як завжди.

– Хочу розповісти про те, що зі мною сталося. Я почав читати Біблію. Спочатку хотів спростувати християнство й викрити лицемірство віруючих сусідів. Нічого не знав і не хотів знати про Бога. Всі навколо нехтували Бога, а суспільство навіяло переконання в тому, що Він неважливий для сучасного життя і що Його неможливо пізнати. Цілий місяць я досліджував матеріали про Ісуса, особливо претензії на Божественну сутність і воскресіння. Я доклав максимальних зусиль. Що глибше копав, то більше переконувався у правдивості євангельської розповіді. Версія про те, що християнство – це казочка, розбилася на очах об потужні факти. Я вирішив докопатися до істини, всупереч типовим заявам про те, що вона відносна й недоступна. Біблія пояснила походження та причини всіх проблем мого життя!

Перевівши подих, я вів далі:

– Висновки злякали. Після ретельного дослідження я повірив у Бога на розумовому рівні й почав ходити до церкви. Сталося справжнє диво, бо ніколи не належав до когорти осіб, які ходять до церкви, наряджаються, мов пави, ще й демонструють, які вони приємні та високоморальні. «Втрачати нічого», – вирішив тоді. Я радів самовдосконаленню, можливості почерпнути щось духовне із проповідей і глибше осмислити існування Бога (особливо на свята), зрештою, молитвам перед обідом. Вважав, що такого базового «релігійного пакету» достатньо. Невдовзі я із жахом усвідомив гріх, що був у мені з народження, й відчув огиду до своїх поганих вчинків та рис характеру. Від усього серця я звернувся до Ісуса, благав Його змінити моє життя й пробачити всі гріхи. Після каяття пішов спати з думкою про те, що надто розкис і надто глибоко занурився в релігію.

Наступного ранку, Теммі, я прокинувся абсолютно новою людиною. Свій новий стан не міг описати словами. Думки, мотиви, пріоритети, гнів, розчарування та багато іншого або зникло, або змінилося. Я не розумів, що сталося, і намагався поставити собі діагноз, припускаючи ймовірність захворювання або гормонального дисбалансу, проте побоювання не підтвердилися. Я повернувся до Біблії та усвідомив, що новий стан пояснювало спасіння душі, дароване Ісусом. Отже, я цілий тиждень ходив спасенною людиною, нічого про це не підозрюючи. Реальність Божої присутності вражала.

– Оце так, докторе Віман! Неймовірно. Що ж, я радію за вас. До речі, ми з друзями регулярно збираємося у мене вдома й вивчаємо й обговорюємо Біблію. Так от, ми неодноразово молилися за вас. Який же дивовижний Господь!

– Що? Ви молилися за мене? Я ж навіть не знаю, хто вони! При цьому, ваші друзі думали про мене й молилися за спасіння моєї душі? Неймовірно. Теммі, маю сказати дещо важливе. Я глибоко помилявся в житті, а особливо стосовно Бога, Біблії та ставлення до людей. Пробачте мені за те, що погано ставився до вас. Тепер починаю все з початку. Пробач мені.

— Звісно, пробачаю. Я безмежно радію з того, що Господь дарував вам спасіння. Взагалі, легко пробачати іншим, якщо розумієш, скільки пробачили тобі.

— Дякую, Теммі.

— А що каже Рут? Як відреагували інші?

— Вона дізналася найпершою. Рут усерйоз замислилася про віру в Бога на домашніх зборах церкви. Вона зраділа моїй новині, але, здається, вагалася, чи довго я протримаюся.

— Схоже, що це всерйоз і надовго. Я бачу силу Божу у вашому житті. Звісно, ви не ангел. Тому припускатиметеся помилок і грішитимете, проте ніколи не будете таким, яким були колись. Уже бачу перед собою набагато спокійнішу людину, зникла напруга, яка постійно супроводжувала вас на роботі.

— Та не тільки напруга. Здається, я перебуваю під впливом заспокійливого. Постійний мир і спокій у моєму серці неможливо передати словами. Я наче дихаю свіжим повітрям.

— А до церкви вже ходите? — поцікавилася Теммі.

— Так. Припала до душі одна громада у кінці вулиці неподалік від дому. Хоча музика там дивнувата. Люди, буває, підіймають руки, заплющують очі. Я не розумію смисл такого музичного дійства.

— Чому?

— Незвично бачити поклоніння Богу в музиці.

— А ви любите спорт, докторе Віман? Дивитеся трансляції матчів?

— Так, але до чого тут спорт? — збентежився.

— Коли ваші забивають гол, ви радієте? Стрибали коли-небудь з радості, розмахували руками в повітрі?

— Так, — відповів несміливо. Здогадувався, до чого вона хилить.

— Чому тоді дивно хвалити Бога, Який створив вас і врятував? Що дивного в тому, щоб простягти до Нього руки?

— Маєте слушність. Я просто не розумів, чому саме почувався незручно.

Теммі змінила тему.

— Окрім дружини, хто-небудь знає, що ви спасенні?

— Поки що ні. Я цілий тиждень переконувався в тому, що Ісус не залишить мене. Спостерігав за іншими, шукаючи ознак присутності Христа в їхньому житті. Побував у ресторані, супермаркеті, торговельних центрах, по всьому місту.

— І що ви там побачили?

— Мовчанку. Теммі, якщо Бог близький до нас, чує мої слова, знає моє серце, то чому ніхто про це не говорить? Спробуйте перевірити, чи знайдете бодай якусь ознаку присутності Бога в житті людей. Хіба можливо тримати в таємниці те, що зачіпає саму сутність нашого буття?

— Люди справді викреслюють Бога зі своєї культури, докторе Віман. Навколо чимало релігійності та мало справжніх стосунків. Усі хочуть «ідеї» Бога, а не Його реальності чи відповідальності перед Ним. Фраза «Я теж вірю в Бога» не означає, що «теж віруючий», спасенний або перебуває в стосунках із Богом. Тому ви маєте слушність. Хто відкрив для себе реальність Бога, не може мовчати. І це добре. Адже люди не повірять в Ісуса, якщо не бачать Його в житті своїх друзів.

— Теммі, я не часто зустрічав людей, чию віру видно, як на тарілці. Ви одна з них. Я спостерігав за вами на роботі, щоб перевірити, чи є на світі Бог, хоча ніколи про це не казав. Мабуть, душа тягнулася до Нього, тільки я боявся впливу істини на моє життя. Кілька разів благовісники намагалися розповісти мені про Ісуса, та я не слухав. Якби послухав, то довелося б визнати, і тоді вся моя парадигма життя виявилася б в корені хибною. На ній базувалася особистість, дитинство, сім'я, стиль життя, але парадигма була оманлива. Цікаво, скільки ще таких людей, як я, можуть подивитися правді в очі й змінитися?

Теммі, моє минуле часто нагадує пустий звук. Я жив відокремлено від Бога з народження. Роки стосунків, навчання, життєвого досвіду минали без жодної згадки про Бога. Дивно й сумно усвідомити, що я не підозрював про те, що весь час Він був поруч. Мовчанка минулих років лякає. Пекло на тому світі й потреба у спасінні справжні. Я наче прокинувся зі сну. Коли спав, усе здавалося нормальним. Тепер, коли прокинувся, «нормальне» здається мені кошмаром. Почуваюся, мов Кіану Рівз у фільмі «Матриця». Ти бачила це кіно?

— Ні.

– Це з розряду фантастики. Але я побачив у ньому паралель зі своїм життям. Головний герой на ім'я Нео несподівано з'ясовує, що реальність, в якій він існував, фальшива. Усе його життя – омана й брехня! Я почувався саме так. Спасіння, вічне життя і небесний аспект християнства дивовижні, однак те, в якому світлі я бачу тепер минуле, шокує.

– Настав час розповісти про це людям, докторе Віман.

– Гаразд. Почнемо з Дейші. Можете її покликати?

– Звісно.

Теммі обійняла мене по-товариськи й пішла. Дейша – головна медсестра і чудовий товариш. Я навіть не уявляв, у кого і в що вона вірить, проте хотів, щоб вона була наступною людиною, яка почує моє свідчення. Слухаючи мій монолог, Дейша усміхалася до самих вух. Коли завершив, обійняла мене по-товариськи, як щойно це зробила Теммі, і заявила, що теж християнка.

– Це неймовірно, докторе Віман. Як же я радію за вас!

Камінь спав із моїх плечей. Колеги-професіонали не подумали, що я втратив здоровий глузд! Головна медсестра знала все про спасіння й Духа Святого. Клас!

Тепер я з насолодою розповідав іншим про свої відчуття, адже зустріч із Богом і Його реальна присутність у житті були для мене чимось неймовірним і дивовижним. Душа наче оживала й сповнювалася енергією, коли я розповідав людям про те, яким чином у моє життя прийшло спасіння. Інтуїтивно відчував, що саме цим я й мав займатися, ступаючи першими кроками віри, – розповідати людям про недавні переживання. Я також відчував, що у християнстві, окрім свідчення іншим про Ісуса та очікування на «квиток у рай», існувало дещо більше, тільки не знав, що саме. «Таки мусить бути ще щось», – міркував. Бог от-от відгукнеться на мої здогадки та відкриє мені грандіозну істину про те, що означало мати особисті стосунки з Ним.

Розділ XX
СТОСУНКИ

Наступного дня я затримався в офісі. Дейша увійшла, тримаючи в руках подарунок.

– Докторе Віман, я маю дещо для вас.

Головна медсестра вручила мені запакований різдвяний пакунок завбільшки з невеличку книгу. Я розгорнув декоративний папір і побачив новенький записник у замшевій обкладинці.

– Що це, Дейшо?

– Молитовний журнал. Записуйте свої молитви й фіксуйте дату. Потім, з часом, переглядайте свої записи й фіксуйте, коли Бог на них відповідає. Це також допоможе вам чіткіше формулювати молитовні потреби.

– Що маєте на увазі? Бог відповідає на молитви? Як Йому це вдається? – наївно запитав.

Жінка зачинила двері, сіла в крісло:

– Докторе Віман, Бог – ваш Отець Небесний. Як батько, Він любить вас, перебуває з вами, прагне справжніх стосунків. Він зацікавлений у найдрібнішому аспекті вашого життя.

– Як таке може бути? Я стільки років жив без Нього. У світі мільйон дріб'язкових суєтних справ, не пов'язаних з Богом. Як же Він діє у повсякденному житті? Я думав, що достатньо «спастися» й займатися своїми справами до кінця днів, а Бог втручатиметься хіба що під час кризи. Щоденна рутина – хіба для Нього? Якщо Бог особистий, то люди мали б говорити про Нього на особистому рівні. Я не чув про це навіть із вуст благовісників. Те, що ви кажете, звучить ненормально!

– Може, вони б розповіли вам більше, якби ви слухали. Участь Бога в житті людини справді неймовірна, проте правдива. Слово «Господь» означає «пан». Він хоче бути Паном вашого життя і допомагати вам скеровувати ваші дороги у правильне русло.

– Нічого собі! Дивовижно! Я можу взаємодіяти з Ісусом не на тому світі, а на цьому! Знаю, що Він чує мене, бо почув мою молитву в ніч мого спасіння. Мабуть, «лінії духовної комунікації» відкриті переважно в періоди трагедій чи потрясінь, і саме тоді люди отримують спасіння.

— Мушу з вами не погодитися. Бог прагне бути Паном усіх аспектів вашого життя. Тільки Він не буде нав'язуватися, – уточнила Дейша.

Я збентежився:

— Але що мені зробити, щоб Він був для мене отим Паном?

— Просто спілкуйтеся з Ним постійно. Розкажіть Йому про все. Запитайте Його про те, що робити у тій чи тій ситуації. Найважливіше, просіть Його скерувати ваше життя у правильне русло й допомагати у прийнятті рішень. Розпочніть із цього і спостерігайте за змінами навколо. Читайте Біблію регулярно. Ви ж самі з'ясували, що Біблія – це Слово Боже. Це також і розмова Бога з вами, а ваші молитви – це ваша розмова із Ним. Щось на зразок діалогу між нами. Адже стосунки – це обмін думками, а не гра в одні ворота.

— А як саме Бог говоритиме через Біблію? – не міг вгамуватися я.

— Бог явив себе людству через Слово. Ви дізнаєтеся про те, Який Бог і як діє, з Його Слова Біблії. Рядки Святого Письма промовлятимуть до вашого серця. Вони проллють світло на певні аспекти вашого життя. Історії людей, про яких сказано в Біблії, прямим чином стосуються вас. Їхні помилки та перемоги записані для того, щоб навчити нас. Коли ви читатимете Біблію, Дух Святий відкриє вам істини, що стосуються вашого життя. Не забувайте, що Дух Святий перебуває у вас під час читання.

— Звучить аж надто добре. І дивовижно, і дивнувато. Як у кіно. Адже весь плин життя показував мені, що Бога неможливо пізнати, що Його не існує в побуті, а ви розповідаєте про те, що Бог скеровує кожну дрібничку особистого життя людини... Якщо так, то люди ігнорують Його в неймовірній диспропорції! Чи усвідомлюєте, який вплив мають ваші слова? Я вірю вам, проте ви, мабуть, не здогадуєтеся про реалії мого минулого.

— Потрібен час, докторе Віман. Хіба можливо осягнути Бога за мить? Просто моліться, довірте Йому своє життя, читайте Біблію й уважно стежте за тим, що відбувається навколо. Бог надприродно природний.

— Тобто?

— Люди, яких зустрічатимете на своєму шляху, обставини, в яких перебуватимете, думки й почуття у вашому серці – усе свідчитиме про те, що Бог із вами, коли будете уважним до Нього.

— Гаразд. Я безмежно вдячний Богу за спасіння, тому з радістю виконуватиму Його вказівки й пізнаватиму Його, бо на власному досвіді пересвідчився в Його реальності.

— Докторе Віман, ви звертали увагу на обставини, що привели вас до спасіння? Чи не вказували вони на Боже провидіння? Християнство не в тому, що людина шукає Бога, а в тому, що Бог шукає людину й виступає ініціатором стосунків із нею. Неймовірно, яких зусиль Він докладає, щоб врятувати одну душу.

Ошелешений, я мовчав. Швидко проаналізував події, що привели мене до спасіння: мандрівка в гори, острів Марко, людина-Біблія, пацієнт, книга Джоша Мак-Давела (Рут ненароком залишила її на шафці біля ліжка), сусід, який запросив до церкви... Я не знаходив слів.

— Дивовижно! Це не я знайшов Бога внаслідок інтелектуального дослідження, а Він явив мені Себе й урятував мою душу! Це Він збирав докупи всі шматочки головоломки і знайомив мене з різними людьми у правильний час у правильному місці. Неймовірно! Варто пометикувати над цією концепцією. І дякую за молитовний журнал. Що ж, час додому.

— Добраніч, докторе Віман.

Я всівся в машину й рушив. Обмірковував слова Дейші. Певна річ, не кожен пересічний громадянин вважатиме хірурга, який розмовляє з невидимим Богом, адекватним. Інша річ — однодумці. З чого почати? Я твердо знав, що Бог чує кожне моє слово. Серце раділо Божій присутності й тягнулося до Нього.

Молитва

«Ісусе, я знаю, що Ти чуєш мене. Поки що не розумію всього, що зі мною відбувається, проте дякую, що врятував мене. Я запрошую Тебе у своє життя і дозволяю скеровувати його в правильне русло. Формуй у мені ту особистість, яку Ти хочеш бачити. Зі свого боку я робитиму все, що в моїх силах, аби йти вслід за Тобою. Досі не віриться, що Ти був поруч із самого початку моєї мандрівки до Тебе, коли я й не думав про Тебе. Світ запевняв у тому, що Тебе неможливо пізнати, а все навколо навіювало думку про те, що Тебе не існує. Чому в дитинстві я не бачив у своїх родичах справжньої віри в Тебе? Чому Тебе викреслили зі шкільних програм? Якщо Ти істинний Бог, чому на світі стільки релігій? У мене стільки питань... Як же я почую Твій голос? Як пізнаю Твою волю? Навіть не знаю, з якого боку почати...»

Решту дороги додому подолав мовчки. Мій розум прокручував одну й ту саму думку. «Мої діти, батьки, друзі – не спасенні. Вони досі живуть, ні про що не здогадуючись, як колись це було зі мною. Маю все їм розповісти. І не тільки їм, а кожному, хто відкритий послухати про те, що сталося в моєму житті», – вирішив.

Раптом збагнув, чому фанатики з гірської мандрівки вплутали мене у свою авантюру. Я вперше визнав, що вони вчинили правильно! У моєму серці з'явився тягар співчуття до людей, які ніколи не переживали зустрічі з Богом. Я досі відчував реальність пекла, куди до останнього часу прямував сам. Було неспокійно на душі, хотілося розповісти іншим про те, що вони потребують спасіння. Я почувався не зовсім впевнено, проте відчував, що бажання розповісти іншим про свій духовний досвід відповідає Божій волі. Дейша звернула увагу на почуття серця й думки… Невже стосунки з Богом уже почалися?

Коли всі позасинали, я пішов у домашній кабінет. Він став моєю молитовною келією, святинею, в якій читав Біблію та шукав Божої волі. Я почав спілкуватися з Богом про що завгодно і про все на світі. Спочатку почувався ніяково, мов дивак, який розмовляє сам із собою, проте я швидко випрацював звичку природно спілкуватися з Богом. Все-таки я мав наверстати час, бо допустив серйозну недопрацьовку в духовних питаннях. Зрештою, мені кортіло по-справжньому спілкуватися з Богом. «Як чудово, що сам Бог прагне взаємодіяти зі мною!»

«Господи, Дейша розповіла про те, що Ти хочеш діяти в моєму житті. Ось я тут перед Тобою. Готовий до співпраці. Що маю робити?» – приблизно такими були слова моєї першої молитви, щоб розпочати повноцінні стосунки з Богом. Я відчув внутрішній поштовх розгорнути Біблію. Подумав, що це звичайний потік думок. Тому спробував продовжити молитву. Проте прагнення розгорнути Біблію не давало мені можливості зосередитися на монолозі. Єдине слово, що крутилося на думці, – «Біблія». «Гммм. Дейша сказала, що Бог говоритиме до мене через Біблію, адже це Його Слово. Мабуть, варто почитати», – постановив. Я не знав, звідки почати. Відкрив Новий Заповіт.

Слово Боже

«Учителю, котра заповідь найбільша в Законі?» Він же промовив йому: «Люби Господа Бога свого всім серцем своїм, і всією душею своею, і всією своєю думкою. Це найбільша й найперша заповідь» (Мт 22:36-38).

«Гмм. Цікаво. Які шанси втілити цей вірш у життя? – запитав себе. – Що мав на увазі Ісус? Як проявляє себе живий Бог на практиці?» На берегах Біблії були посилання на інші уривки, що стосувалися цього фрагменту. Я перечитав їх. Перший дав відповідь на запитання і привернув мою увагу: «Хто заповіді Мої має та їх зберігає, той любить Мене. А хто любить Мене, то полюбить його Мій Отець, і Я полюблю Його, і об'явлюсь йому Сам. Запитує Юда, не Іскаріотський, Його: "Що то, Господи, що Ти нам об'явитися маєш, а не світові?" Ісус відповів і до нього сказав: "Як хто любить Мене, той слово Моє берегтиме, і Отець Мій полюбить його, і Ми прийдемо до нього, і оселю закладемо в нього"» (Ів. 14:21-23).

«Оце так! – подумав я. – Що означає, що "Ісус явить Себе" мені і "закладе оселю"? Обіцянка інтригуюча. Потрібно з'ясувати, що це все означає. Отже, любити Бога – це слухати Його слово. Якщо любити Бога таким чином – це наказ, то я маю знати Його слово, тобто, Біблію, виконувати написане, і, отже, втілювати в життя заповідь любити Його. Справді: як любитиму Бога, якщо не знаю, що Він говорить до мене через Своє Слово?» – зробив висновок. Тієї хвилини я постановив у своєму серці читати й вивчати Біблію. Окрім молитви читання Біблії прямим чином стосувалося стосунків із Богом.

Я читав Святе Письмо кожної вільної хвилини. Не міг начитатися. Враження наростали в геометричній прогресії. Щоразу бачив у Біблії щось нове. Сповнювало дивовижне відчуття, коли Дух Святий відкривав духовні істини. Слова промовляли до самого серця. Істини, які для себе відкривав, прямим чином стосувалися мого життя, вказували на ті сфери, в яких потребував змін, скеровували мої наступні кроки і навіть викривали усілякі оманливі уявлення, які мав колись. До зустрічі з Богом я ніколи не відчував на собі такого потужного впливу Біблії. Тепер я прагнув Слова Божого, немов їжі.

У церкві познайомився з цікавим чоловіком, якого величали Біблійний Білл. Він запропонував мені прочитати Біблію за рік. Розпочали зі Старого Заповіту. Сказав звертатися до нього по допомогу, коли щось буде незрозуміле, дав адресу своєї електронної пошти, номер телефону. Ми зустрічалися раз-двічі на місяць за обідом, щоб обговорити прочитане. Я постійно згадував слова Дейші, коли дивився на Біблійного Білла. Справді, сам Бог привів його в моє життя, щоб навести різкість на важливі духовні питання. Я радів нагоді краще зрозуміти Святе Письмо.

На одній із наших перших зустрічей Біблійний Білл поставив дивне запитання:

– Чому ти щодня їси?

– Бо голодний, – здивувався.

– А що станеться з тобою, коли припиниш їсти? – далі питав Білл.

– Помру з голоду.

– А що відбувається з людиною, яка через голод при смерті? Поміркуй, Ґреґу, ти ж лікар.

– Тіло слабне, людина стає апатичною, взагалі перебуває у хворобливому стані, їй не вистачає вітамінів, одне слово, в'яне на очах.

– О! Біблія – твоя духовна їжа. Дитя не може рости, якщо не буде харчуватися. А в духовному плані ти – дитя, яке щойно з'явилося на світ Божий. Пам'ятаєш слова Ісуса про «народження згори»? Так от. Хіба може немовля ходити, розмовляти, самостійно їсти або захищати себе? Немовля взагалі розуміє, що немовля? А взаємодіяти зі своїм батьком на рівні дорослих людей?

– Звісно, ні, – усміхнувся я з такої простої та зрозумілої ілюстрації.

– Так от. Спершу переконайся, що харчуєшся здоровою збалансованою їжею – Словом Божим, – Білл ткнув пальцем у цей уривок: «І, немов новонароджені немовлята, жадайте щирого духовного молока, щоб ним вирости вам на спасіння, якщо ви спробували, що добрий Господь» (1 Петра 2:2-3). Він продовжив:

– Кожна книга Біблії має певний духовний раціон, вітаміни, мінерали. Вся книга – це збалансована дієта. Якщо ігнорувати певні уривки Святого Письма, то порушиться раціон. Чимало християн препаскудно харчуються і, як наслідок, погано харчуються цілі церкви, бо просто ігнорують системно-методичний підхід до вивчення всієї Біблії.

На завершення Білл зауважив:

– І не забувай про гріх. Він, мов хвороба, створює багато проблем. Натомість, здорова дієта має і профілактичний, і цілющий вплив, допомагає одужати, відновити дух, зрештою, зупинити руйнівну дію гріха.

Прославлення

– Білле, мені подобається церква. Проте я надаю перевагу навчанню, а не музиці на служінні. Навіщо музикантам мучити людей півгодини перш, ніж пастор вийде на сцену?

– Річ не просто в музиці. Прославлення – чудова нагода підготувати своє серце до сприйняття Слова Божого. Співаючи християнські пісні, ми фактично демонструємо цінність наших стосунків з Богом і отримуємо Його благословення. Взагалі Бог створив людину для поклоніння. Якщо ми не поклоняємося Йому, то будемо поклонятися іншому, навіть не усвідомлюючи цього.

– Тобто?

– Наприклад, власній персоні.

– Ого! Про це я не подумав. Болісно визнавати, що людина може поклонятися собі. Ти маєш рацію, Біле. Я поклонявся собі. Шанував сам себе й отримував благословення собі навзаєм у всьому: досягненнях, кар'єрі, зовнішності тощо.

– А ти поклоняйся Богу. Ти був створений для цього, Ґреґу. Звучить, можливо, дискомфортно, бо ти формувався на поклонінні собі та матеріальним цінностям. Це і є духовний «перелюб» – поклонятися чомусь або комусь іншому, окрім Бога.

– Як тоді поклонятися Богу? Що потрібно робити?

– Пам'ятай, що я казав. По-перше, воздай шану Йому. Прослав Бога за своє спасіння. Подякуй Христу за те, що Він помер за тебе. Визнай Бога твоїм Творцем і Отцем Небесним. Підкори Йому своє серце й життя, довірся Йому. Важливо усвідомлювати свою потребу в Ньому.

По-друге, отримай шану від Бога. Прослав Його за те, що Він любить тебе. Ти вже став свідком того, скільки Він змінив у твоєму житті заради твого спасіння. Відгукнися з подякою та вдячністю за той факт, що ти – дитя Боже. Музика допомагає зосередитися на Богові, особливо пісні з глибоким змістом, в яких йдеться про те, що тобі розповів.

– Звучить справді дискомфортно.

– Почни слухати пісні прославлення і поклоніння. Щоранку розмірковуй про характер Бога, про те, що Він для тебе зробив. Вслухайся у слова. Нехай Він спочатку наповнить тебе Своєю присутністю, а потім віддавай Йому ті почуття, що Він дав тобі. Подумай про почуття, які виникають у тебе, коли твій син вручає тобі подарунок, придбаний на кишенькові гроші, які попередньо отримав від батька.

– Гаразд. Спробую.

Стосунки з Отцем

— Білле, мене цікавить ще одна річ. Дейша, головна медсестра в моїй клініці, сказала, що Бог – мій Отець Небесний, Який прагне стосунків. Але як можна будувати стосунки із тим, кого не бачиш? Я розумію, що молитва – це моя розмова з Богом, а Біблія – це Слово Боже, що говорить до мене... Але чого насправді хоче від мене Бог?

— Ти батько двох синів?

— Так.

— А чого хочеш від них ти? Що тобі подобається у ваших стосунках найбільше?

— Час, коли ми веселимося і насолоджуємося спілкуванням. Я хочу, щоб вони слухали мої розповіді та відгукувалися на них, щоб любили мене, як я їх. Я в захваті, коли вони підбігають, обіймають мене, стрибають у мене на руках.

Білл уважно подивився на мене. Коли підняв брови, я нарешті допетрав, у чому річ. Бог прагне таких самих стосунків зі мною, яких прагнув я зі своїми дітьми.

— Неймовірно! Це справжні стосунки, Білле. Якщо провести аналогію з дітьми, то все стає значно зрозуміліше.

— Неможливо пізнавати Бога без стосунків. Йому потрібні не пафосні релігійні церемонії, а щирі взаємини. Йдеться не про обряди, автоматичне повторення сакральних словосполучень, носіння певного одягу або відвідання архаїчних приміщень щотижня чи раз на рік. Уяви собі, як упродовж тижня діти вперто ігнорують тебе, не кажуть тобі ні слова, хоч ти весь час поруч. А в неділю наряджаються в парадний одяг, урочисто крокують приміщенням, задерши носа, розводять прекрасні теревені про тебе, але не кажуть ні слова тобі особисто. Що б ти подумав про таке дійство?

— Ідіоти, що тут казати.

— А чому тоді Бог має думати інакше? Базовий принцип побудови стосунків нікуди не зникає. Будь собою. Будь чесним. Будь справжнім. Починай день з Богом. Саме такий приклад показав нам Ісус.

— Гаразд.

Ранкові роздуми

Так я щоранку перед роботою молився, слухав музику прославлення і читав Слово Боже. Біблійний Білл і Дейша підтвердили, що це три стовпи стосунків із Богом. Я запам'ятав дещо зі слів Білла: «Слово

Боже зрощує тебе, прославлення наповнює, а молитва поєднує з волею Божою. Тобі потрібне зростання, наповнення та скерованість у житті».

Я почав дотримуватися цього режиму щодня й швидко помітив цікаві речі. Почувався свіжим, сповненим сил та енергії, задоволеним, з іще глибшим миром у серці, ніж того ранку, коли прокинувся спасенною людиною. Я сумнівався, чи може людина почуватися краще, ніж у момент навернення до Бога. Тепер з'ясував, що так. Музика стала мені приємною, молитва постійно зворушувала серце, а слова Ісуса Христа освітлювали мою душу і формували новий характер. Я став оновленою, сповненою ентузіазму людиною завдяки ранковому спілкуванню з Богом. Життя нагадувало електромобіль, що постійно приїжджає на станцію зарядки акумулятора. Щоразу після ранкового спілкування з Богом я розпочинав день абсолютно задоволеною особистістю, не в змозі пояснити свої почуття словами.

Поступово я все ближче і ближче відчував присутність Божу, і це викликало неймовірне захоплення. Я почав осмислювати, який Бог, як сильно любить мене і що здійснив заради мене. У процесі богопізнання не відчував примусу «служити» Йому, радше радісне бажання чинити Його волю. Я буквально не міг дочекатися, коли прикинувся рано-вранці, щоб провести час з Ісусом Христом. «Не можу повірити, що я проводжу час з Богом, а Він чує мене! Це дивовижно!» – радів. Я присвятив кожен день свого життя Ісусу Христу і прагнув догоджати Йому. Почуття вдячності сповнювали мене з такою силою, що я більше не відчував порожнечі й самотності.

Якось випадково проспав ранкову молитву й був змушений розпочати день без спілкування з Богом перед роботою. З першої ж секунди помітив різницю. До мене повернулося роздратування, я став різким, внутрішній спокій відійшов на задній план. Це злякало мене, бо я одразу згадав типовий стан «колишнього Ґреґа». З'ясувалося, що чимало рис мого старого «еґо» нікуди не зникли. Просто якимось дивовижним чином спілкування з Ісусом у молитві, прославленні та читанні Біблії блокувало плотські прояви моєї персони. Я не розумів, яким чином усе це було пов'язане між собою, проте знав, що зв'язок між тілесною та духовною природою людини існує, тому вирішив робити все, щоб не втрачати ранкового спілкування з Богом, підсилюючи духовне начало. Я порівняв кожен день свого життя з керуванням автомобілем. Я мав дозволяти Ісусу повертати моє кермо в правильному напрямку.

Зміни в серці

Щодня я намагався підтримувати живі стосунки з Богом, молитися, берегти чисте сумління, довіряти Богу всі обставини свого життя. З дня у день спостерігав за Божою присутністю в моєму житті, дозволяючи Йому благотворно впливати на мою душу. Найперші зміни відбулися в моєму серці. Я хотів, щоб від мене пішло геть усе невгодне Богові. Наприклад, раніше я передплачував журнал для чоловіків, сторінки якого кишіли фотографіями напівголих дівиць, статтями про секс, спорт і машини. Підписку довелося скасувати. Я не мав потреби засмічувати свою душу. Ніхто не примушував мене викреслити сумнівне видання зі списку своїх уподобань, я сам захотів позбутися його раз і назавжди.

Колись вважав, що християнське життя – це нудьга, фанатизм, заборони й обмеження. Здавалося, що віруючим забороняли навіть веселитися. Тепер я бачив, що такі стереотипи не мали нічого спільного зі справжнім християнством. Те, що мало піти геть із мого життя, втратило свою привабливість. У багатьох випадках, як із журналом, я сам не міг дочекатися, доки позбудуся зайвого. Бог також відкрив мені, що колись я намагався наповнити порожнечу в серці усілякими витребеньками замість істинного джерела життя. Тепер, коли мав те, чого прагнуло моє серце і заради чого був створений, – стосунків з Богом – більше не хотів ніяких замінників.

З'явилися і протилежні бажання. Бог хотів наповнити моє життя чимось новим, іншим. Справи, якими ніколи не займався у минулому, тепер стали актуальними та цікавими. Щоп'ятниці увечері я відвідував домашню групу, щоб поспілкуватися з іншими християнами. Ми зустрічалися, ділилися духовним і життєвим досвідом, вивчали Біблію та навіть пригощалися чимсь смачненьким. Ще кілька місяців тому я не всидів би ні хвилини на таких зборах. Тепер із нетерпінням чекав наступної зустрічі!

Боже провидіння

Молитовний журнал, який подарувала Дейша, свідчив про те, що я почав молитися. В одній молитві я попросив Бога допомогти мені знайти нових друзів-християн для щирого і глибокого спілкування. Майже одразу після того стикнувся з рентгенологом, який також ходив до нашої церкви. Рут уже встигла познайомитися з його дружиною у тренажерному залі. Ми заприятелювали, і це допомогло утвердитися у вірі.

Далі я молився за можливість розповісти комусь про Ісуса Христа, і того ж таки дня до нашого офісу завітала одна жінка. Вона поводилася знервовано, прийшла з матір'ю. Я розповів їй про Ісуса й про те, як людина може мати життя вічне. Жінка пішла додому, уперше в житті помолилася й попросила Бога про спасіння. Я ледь не впав, коли наступного тижня вона знову прийшла в офіс і розповіла про це.

Коли познайомився з Біблійним Біллом, я чітко розумів, що такі зустрічі – не випадковість. Очевидно, Бог приводить певних людей на життєву дорогу людини. Моя проста роль полягала в тому, щоб розповісти про свої переживання в доречний момент або з'ясувати, з якою іншою метою ці люди з'явилися на моєму обрії.

Я чітко бачив, що знайомства з людьми не були випадковістю чи збігом обставин. Не раз дивувався з того, як Бог поміщає мене в середовище, де Сам хоче, щоб я був у певний момент. Дейша мала рацію. Я на власні очі бачив, як Бог відповідає на молитву і як Ісус скеровує мої думки та обставини. Тепер я знав, що навіть моя розмова з Дейшею була уроком, на тему стосунків Бога з людиною, який я мав засвоїти. Певна річ, існував мільйон інших способів спілкування Бога з людиною, найяскравішим із яких були стосунки з іншими віруючими.

Принцип відчинених дверей та голос Божий

Час від часу здавалося, що Господь мовчить. Запитав про це Біблійного Білла.

– Інколи не чую голосу Божого. Як у таких випадках зрозуміти волю Божу?

– По-перше, порівняй свої бажання з Біблією. Якщо видно, що ідея неправильна, то не реалізовуй її. Адже через Біблію Бог давно дав відповіді на цілу купу питань. Ось чому важливо її вивчати. Божа воля може також полягати в тому, щоб ти копнув глибше і самостійно знайшов відповіді в Біблії. Він ніби каже: «Ґреґу, Я вже сказав усе на цю тему. Просто знайди відповідь». Врешті-решт, коли не можеш її знайти, то звернися до мене або пастора. Спробуємо провести паралелі між твоєю ситуацією та біблійними уривками, щоб розглянути її в світлі Євангелії.

– Гаразд, а побутові рішення? Наприклад, чи потрібно змінювати роботу або, взагалі, щось радикально змінювати?

— Проаналізуй, чого сам хочеш. Переконайся, що твої бажання не пов'язані з гріхом і не призведуть до нього. Далі подивися, що про твоє бажання говорить Біблія. Воно егоїстичне чи скероване на інших людей? Що каже сумління? Після цього спробуй застосувати принцип «відчинених дверей». Уяви кімнату з багатьма дверима. Ти банально перевіряєш кожні двері, намагаєшся відчинити одні, інші. Коли в процесі пошуків молишся і прагнеш чинити волю Божу, то Господь відімкне саме ті двері, які потрібно, і зачинить ті, що ведуть не в ту кімнату, щоб уберегти тебе.

— Тобто? — здивувався я, не розуміючи, про які двері казав Білл.

— Ступи один крок уперед у напрямку, про який думаєш, і спостерігай за обставинами. Скажімо, ти проходиш співбесіду на нову роботу. Тебе не запросять до того роботодавця, в компанії якого тобі робити нічого. Іноді, ступивши за поріг, ти нутром чуєш: щось тут не так. Інтуїція теж допомагає зрозуміти, в які двері не варто входити. Коли з'являється пропозиція, суголосна з Божою волею, ти відчуєш її, перед тобою відкриються відповідні можливості, все йтиме природнім чином. Господь підтвердить новий поворот життя, сповнить внутрішнім миром і душевним спокоєм.

Згодом я засвоїв принцип «відчинених дверей» методом спроб і помилок. Коли рушав не в тому напрямку, двері чомусь «зачинялися». Коли виходив на правильну дорогу, навпаки, усі двері відчинялися навстіж.

У мене було двоє товаришів. Я хотів розповісти їм про сутність Євангелії. Щоразу, коли намагався це зробити, щось ставало на заваді й не дозволяло нам зустрітися. Весь час мене не залишало відчуття, що Дух Святий казав «ні», проте я не розумів, чому. Очевидно, розум людини не здатен збагнути всі процеси, що проходять на духовному рівні. Адже в інших випадках люди самі розпитували про Ісуса Христа.

Одного дня я відчував Божий поклик поїхати до Ізраїлю. Тоді читав статтю в одному журналі про мандрівку до Святої землі, й мене зачепив «тихий лагідний голос», що наче казав: «Ґреґу, поїдь». Спочатку я не надав цьому значення, проте вдруге відчув спонукання поїхати до Ізраїлю: «Ґреґу, поїдь. Ґреґу, поїдь!» Власне, оце й уся «містика», проте внутрішньо я був переконаний, що то промовляв голос Господній. Я зателефонував Біблійному Біллу і розповів про свої міркування. Запитав, чи може Бог промовляти прямим чином, наприклад, через відчуття.

Адже у Старому Заповіті чимало історій про те, як Бог промовляв до людей безпосередньо. Я не сумнівався, що Бог, якби захотів, сказав би прямо у вухо. Проте розумів, що зазвичай Господь спілкується з нами інакше. Звісно, було б дивовижно почути голос Божий на акустичному рівні. Як би це вплинуло на мої стосунки з Богом? Весь час мене не залишало переконання, що Бог називає мене по імені. Це вражало і тільки зміцнювало мою віру.

Білл вислухав мене уважно й надихнув перевірити ідею відвідати Ізраїль принципом «відчинених дверей». Я так і вчинив, а невдовзі пересвідчився, що всі «двері» дивовижним чином відчинилися. Обставини виявилися цілком сприятливими, а відпустка вдалася. Жодних неузгоджень у розкладі. Дружина без проблем відпустила мене. Коштів для подорожі було достатньо. Я відчував глибокий мир щодо свого рішення. Врешті-решт, мандрівка вплинула на моє життя.

Йти за миром

Я зрозумів, що не мав робити нічого, окрім слідування за Христом. Уважно спостерігав за тим, куди веде моє серце. Коли б ігнорував те, чого хоче від мене Ісус, то серце й розум не знаходили б спокою. Здавалося, Дух Святий підбадьорював: «Нумо вперед! Не бійся!» Я відчував внутрішній поштовх до дії. Коли виконував те, що було на серці, мене огортали мир і спокій.

Бувало навпаки. Внутрішній голос неначе посилав мені сигнал тривоги, коли щось було не так у певній ситуації. Такі відчуття завжди виправдовували себе з часом. Таким чином Господь казав мені бути обережним або звернути увагу на певні деталі. Я розумів, що мав іти за миром. У випадках сум'яття я спостерігав за обставинами і не поспішав з рішеннями. Згодом туман розсіювався, все ставало на свої місця, і мир Божий оселявся в моєму серці.

Стосунки з Богом були дивовижними! Я прокидався щодня, не знаючи, що Бог планує здійснити в моєму житті. Якось настав один із таких моментів.

Розділ XXI
ДІТИ

Годинник показав пів на шосту. Робочий день видався тяжким. Я працював у шаленому темпі й не мав достатньо часу думати про Ісуса та насолоджуватися стосунками із Ним. Скочив у машину й звернувся до Бога: «Господи, який же насичений сьогодні день! Ми були зайняті. Тепер поїдемо додому».

Упродовж життя не спілкувався з Богом, тому тепер спокійно белькотів Йому про все на світі. Мені це подобалося. Розмова зі своїм Творцем завжди нагадувала про Його присутність навіть серед тиші. Удень я думав про те, кому наступному розповісти про віру в Ісуса Христа, адже Бог дав мені чудове свідчення, щоб ділитися з іншими.

— Господи Ісусе, хто наступний? — щойно промовив, як одразу подумав про Брендана і Камерона, своїх синів. Одному п'ять, другому шість років. Вони достатньо розуміли, щоб сприйняти розповідь про Ісуса Христа і спасіння душі. Стало трішки лячно, бо я не знав, як розповісти дітям Євангелію і що саме казати. До того ж, гордість заважала мені визнавати перед хлоп'ятами власну неправоту в минулому ставленні до них. Найгіршим було те, що я мав би просити в дітей пробачення! Однак потреба серйозно поспілкуватися із синами наростала, що ближче під'їжджав до дому. Я спробував відволікти себе думками про щось інше, проте перед очима постійно бачив обличчя синів.

— Гаразд, Боже. Розповім хлопцям про Тебе.

Якби не Ісус, я б і надалі виховував синів без Бога. Ця думка налякала мене. Вони пішли б моїми слідами, ігноруючи Бога, як раніше ігнорував Його я. Необхідність спасіння власних дітей не давала спокою. Я вирішив подбати про те, щоб мої діти не виросли в такій обстановці, в якій виріс сам.

Після вечері розповів Рут про бажання поговорити з дітьми:

— Хочу розповісти хлопцям про те, що Ісус Христос дарував спасіння моїй душі, що Бог існує. Почуваюся недобре через те, що подавав неправильний приклад усій сім'ї. Діти могли вирости, ігноруючи Бога, і не отримали б спасіння!

— Гаразд, проте як ти збираєшся їм про це розповісти?

– Не знаю. Буду чесним і простим. Діти розумніші й уважніші, ніж ми собі уявляємо. Думаю, все зрозуміють. Це Божа воля, щоб я з ними поговорив. Ми почнемо новий напрямок у нашій сім'ї, і хлопці мають знати про це. Покладаюся на милість Божу.

Дружина погодилася і зібрала всіх у вітальні.

– Слухайте, хлопці. Тато хоче поговорити з вами, – оголосила.

Дітлахи запускали машинки з балюстради, ті розганялися й вилітали прямо на сходи.

– Гаразд, мамо, – відповіли боязко.

Заклик матусі прийти на розмову з батьком зазвичай віщував недобре. Хоча про всяк випадок хлопці прихопили машинки із собою. Виникла напруга, серцебиття почастішало. Діти повсідалися на блакитному шкіряному дивані рядком, бовтаючи ногами. Ми з Рут сіли разом на меншому диванчику навпроти. Усі нервували.

– Послухайте, хлопці, що вам скажу. Ви пам'ятаєте, як сусіди не звертали на нас уваги? – Хлопці бавилися машинками, возячи їх туди-сюди, тільки цього разу по ногах, руках і софі.

– Так от. Я розлився на них і почав читати Біблію.

– А чому, тату? – поцікавився Брендан.

– Бо вони вважали себе християнами, а я хотів довести, що вони поводяться не так, як мають поводитися християни.

– А хто такі християни, тату? – поцікавився Камерон. – Я чув, як одна дитина на майданчику казала іншій про те саме.

Здавалося, хлопці захотіли з'ясувати це питання.

– Християнин – це той, хто вірить в Ісуса Христа і попросив у Нього пробачення за все погане, що вчинив у житті.

Я хотів розповісти про Святого Духа, але зрозумів, що це викличе більше запитань, ніж відповідей.

– А ти віриш в Бога? – запитав Брендан, катаючи машинку по своєму животу.

– Раніше не вірив, але тепер вірю. Бог справді існує, друзі, і перебуває поруч. Про це я і хотів з вами поговорити.

Щойно це сказав, хлопці відклали свої забавки і пильно подивилися на мене. Я здивувався, проте вів далі:

– Отже, друзі, я почав читати Біблію, бо розгнівався на сусідів, але невдовзі сам повірив в Ісуса Христа.

— Так ось чим ти займався весь цей час? Ти майже не грався з нами, — зауважив Брендан.

— Так. Я досліджував Біблію та інші книги.

— І що ти дослідив? — поцікавився Брендан.

— Що Бог живий. Він змінив мене. Хлопці, я прошу у вас пробачення за те, що не розповів вам про Бога. Хоча раніше нічого про Нього не знав. Відтепер почнемо молитися, читати Біблію та ходити до церкви.

— А звідки ти знаєш, що Бог живий? — наполягав Камерон.

— Лишень подивіться навколо. Звідки, думаєте, усе це з'явилося? Ви, я, мама, пес, дерева, увесь світ... Ми не можемо бачити Бога, але бачимо Його творіння всюди. Вони вказують на Творця. Про те, що Бог справжній, написано в Біблії. Це книга, в котрій багато історій про життя людей, які вірили в Бога, спілкувалися з Ним. У Біблії Бог пояснює людям те, ким Він є насправді, і як ми можемо Його пізнавати. Він прийшов на цю землю близько двох тисяч років тому в особі Ісуса Христа. Учні, які перебували з Ісусом три роки, написали про Його життя, і їхні розповіді є в Біблії. Я звернувся до Бога кілька тижнів тому. Попросив Його пробачити мені гріхи. Він почув мою молитву, а я відчув Його присутність.

— Чому ж ми не розмовляли про Бога раніше? — здивувався Брендан.

— Бо помилялися. Ми нічого про Нього не знали. У дитинстві мої батьки не розповідали мені про Бога. Я рідко чув, щоб хтось узагалі до Нього звертався. Мама ходила до церкви, але на тому вся віра й закінчувалася. Вона теж ніколи не розповідала нам про спасіння душі.

— А що таке спасіння душі, тату? — запитав Камерон.

— Людина просить в Ісуса пробачення за свої гріхи, а Бог прощає та більше не згадує про її погану поведінку. Коли вона запрошує Його в своє серце, Він там оселяється і перебуває з нею все життя.

— І тепер Бог живе у тобі, тату? — уточнив Брендан.

— Так, сину. І в мамі теж.

— Клас! Супер! І як ти почуваєшся?

— Колись я почувався самотньо, зажурено і нещасно. Пам'ятаєте, як я постійно кричав на вас, хлопці, через якісь дурниці?

У моїх очах забриніли сльози, і я ледь стримував свій голос:

— Тепер я став іншим і почуваюся значно краще. У мене більше нема відчуття самотності та безвиході. У моєму серці спокій і мир.

— О, так, ми пам'ятаємо. Ти справді верещав на нас, татусю! — підтвердив Камерон.

— Знаю. Я помилявся. Мені щиро жаль за свою поведінку. Ви пробачаєте мені?

Обидві голівки кивнули.

— Тепер почнемо пізнавати Бога і розмовляти з Ним щодня.

— А чому я ніколи не чув, щоб про Нього розмовляли інші? — здивувався Брендан.

— Сам не розумію, чому люди не розмовляють про Бога, — відповів я. — Татусь досі намагається це з'ясувати. Проте ми більше ніколи не будемо ігнорувати Бога.

— Гаразд, тату. А тепер можна гратися?

— Звісно, вперед!

Кімната миттю наповнилася імітацією звуків автомобіля і трактора.

Рут мовчки слухала й кивала. Вона була приголомшена, коли чула слова, що лунали з моїх вуст. До самого вечора вона майже нічого не сказала, проте я відчував, що вона почувалася щасливою.

Після цієї розмови з моїх плечей спав невидимий тягар. Полегшення нагадувало дію запобіжного клапана, що випустив пар із системи. «Клапан» спрацював, коли я визнав свою неправоту, попросив пробачення і взяв на себе відповідальність, щоб вести сім'ю у правильному напрямку.

Після того, як Рут пішла спати, я зайшов до кабінету, увімкнув світло й став на коліна.

— Ісусе, я поговорив із синами. Розповів усе необхідне. Будь ласка, допоможи зрозуміти, як діяти далі. Брендан і Камерон потребують Тебе, яви Себе їм. Дякую, що дарував мені спасіння і що сини сприйняли мої слова. Дякую, Господи».

Сльози закапали з моїх очей, коли серце стиснулося через те, що був поганим батьком з самого народження дітей. «Я міг би відправити їх у пекло! О, Боже, я ледь не повів їх шляхом, яким ішов сам! — схлипував я. — Дякую, Боже, дякую. Прошу пробачити і моїх синів. Даруй їм спасіння. Не дозволь їм виростати без Тебе. Пробач мені за минуле й допоможи сьогодні. Я належу Тобі. Хай буде воля Твоя».

Слова текли рікою разом зі слізьми й схлипуваннями, що переповнювали мене. Ця молитва нагадувала ніч спасіння. Тільки цього разу моє серце було сповнене ще глибшими почуттями. Донедавна здійснював велику помилку в житті – формував сім'ю у фальшивій реальності «все гаразд без Бога». Діти вважали б, що все чудесно без Ісуса Христа й спасіння душі. Нарешті я заспокоївся та став міркувати про те, як жити по-новому.

Серце сповнило почуття любові до співробітників. Настав час розповісти їм усім про свою зустріч із Богом. Хіба складно спілкуватися з колегами? Хто-хто, а вони мусили помітити зміни в моїй поведінці. Звісно, з радістю відреагують на моє преображення, хіба ні?

Розділ XXII
СПРИЯТЛИВІ ОБСТАВИНИ

Наступного ранку дорогою до офісу я відчував потребу розповісти медсестрам усе, що сталося зі мною, від початку до кінця. Прокручував у свідомості слова, що їм скажу про те, як повірив в Ісуса і отримав спасіння. Я був новачком у релігії, але знав, що моє бажання розповісти іншим про свій духовний досвід догоджало Богу. Я відчував Його присутність, яку не міг виразити словами. Дух Святий допомагав мені синхронізувати життя з Його волею.

Час для бесіди був сприятливий, адже співвласник клініки перебував за межами країни й не планував зустрічі зі мною, а пацієнтів записалося небагато. До десятої тридцять ранку ми оглянули всіх пацієнтів, нових відвідувачів не було.

Тільки Теммі та Дейша здогадувалися про хід моїх думок. Погляд Дейші неначе казав: «Бачиш, Господь тримає все під контролем, навіть пацієнтів, які вже пішли, а тепер настав сприятливий час для бесіди». Обставини склалися ідеально, мов на замовлення. Я не пам'ятав, коли востаннє завершував усі справи так рано. Звідки Бог про все здогадався? Він явно знав усе наперед, включно з моїми намірами, що збігалися з Його планом. Якимось чином Він уплинув на розклад пацієнтів, щоб ми справилися зі своїми завданнями у рекордний час. Це означало, що Бог знав, яка стадія раку в кожного пацієнта і скільки часу піде на усунення проблеми та завершення операції. Запаморочилося в голові, коли намагався поставити себе на місце Бога. Мусив визнати, що Бог може все, зрештою, на те Він і Бог.

Медсестри

Я покликав усіх вісьмох медсестер, які чергували того дня, запросив до однієї з операційних. Вони і не здогадувалися про тему наради. Поки йшли, невимушено гомоніли між собою. Проте кімнату швидко наповнила тиша, коли колеги помітили серйозний і трохи знервований вираз на моєму обличчі. Переглянулися в пошуках когось, хто знав причину зборів. На моєму серці був тягар, і вони бачили це в моїх очах. Я ніколи не збирав медсестер на подібну зустріч, зазвичай запрошував тільки лікаря. Як правило на загальних зборах завжди присутні лікарі, а типова причина їх скликання – зміни у штатному розкладі. Кілька пар очей допитливо дивилися на мене, та після зорового контакту ніяково опускалися. Я обвів поглядом кімнату, щоб з'ясувати, хто присутній, а хто ні. У мене склалися добрі стосунки з медсестрами, але інформація, що от-от мала вийти з моїх вуст, взагалі не відповідала моєму колишньому характеру.

– Шановні колеги. Зі мною сталося дещо неймовірне. І те, що сталося, вплинуло на все моє життя. Я ніколи не вірив у існування абсолютної істини і що Бога можливо пізнати. У дитинстві не ходив до церкви і не чув, щоб хтось згадував ім'я Бога у нашому домі, у школах, засобах масової інформації, стосунках або сучасній культурі. Мовчанка стосовно Бога створювала враження, що Він неважливий і непізнаний для мене, доки стався один випадок, про який хочу вам розповісти. Бог набагато ближчий до нас, ніж можемо собі уявити.

На цих словах деякі медсестри збентежено зиркнули на мене, а деякі навіть скривилися. Очевидно, почувалися дискомфортно. Я витримав паузу і мовив:

– Ісус явив мені Себе у незвичайний спосіб. Я не шукав Його і не знав релігійних догматів, але Бог завжди чекав на мене. Коли я вперше звернувся до Нього в молитві, життя змінилося. Так само воно може змінитися і для вас. Парадигма мого життя, його мета, походження, значення та кінець нарешті повернулися на правильне місце. Якщо хочете почути подробиці, то за десять хвилин заходьте до мене в кабінет.

П'ятеро медсестер кулею залишили кімнату, щойно переконалися, що я завершив. Троє захотіли зустрітися й поговорити. Отже, п'ятеро не хотіли більше нічого чути на релігійну тему. Я здивувався, що ці жіночки не забажали послухати мою розповідь хоча б заради цікавості.

Невдовзі я розповідав трьом зацікавленим медсестрам про те, що саме сталося зі мною. Вони почули все від початку до кінця. Розмова тривала хвилин із сорок п'ять. Весь час медсестри дивилися на мене широко розплющеними, здивованими очима. Я бачив, що вони були спантеличені й навіть налякані. Найбільше їх шокувало те, що Бог абсолютно реальний, що його можливо відчути всіма фібрами своєї душі та пережити спасіння власної душі. Перед ними постав очевидний доказ реальності Ісуса Христа, в якому полягала відповідь на питання вічності, смерті та гріха. Колеги стали свідками неймовірного преображення свого керівника, що відбулося на їхніх очах буквально за кілька тижнів. Це не вкладалося у їхніх головах. Медсестри знали мене як облупленого, були знайомі з моєю сім'єю, тому не могли не помітити очевидних змін у моїй поведінці.

Вислухавши мою розлогу розповідь, одна з колег сказала:

– Я виросла в церкві. Проте зараз маю чимало запитань. Насамперед до мами. Запитаю її, чи спасенна вона людина, чи, як ви казали, «народжена згори». Бо маю сумніви щодо неї.

Вислів «народження згори» синонімічний до слова «спасіння», пояснив я і показав уривки з Біблії, в яких Ісус сказав, що людина мусить народитися згори, щоб потрапити у Царство Боже (Ів. 3:7). Мене цікавило, чому жодна з моїх колег, яка ходила стільки років до церкви і чула про Ісуса Христа, ніколи не мала стосунків із Ним, щоб отримати прощення й спасіння душі. Це дивувало й бентежило, та я вирішив не акцентувати. Адже в будь-якій церкві знайдуться люди, які ні слова не розуміють із проповіді пастора. Раніше думав, що ситуація з моєю дружиною (яка практично виросла в церкві, проте не була спасенною і не чула про спасіння) – аномалія, однак тепер, слухаючи медсестер, я засумнівався. Може, не спасенні люди в церкві – явище нормальне? Тоді чому?

Кілька місяців потому кожна із трьох медсестер, з якими я мав нагоду спілкуватися на тему християнства, стала віруючою. Відтоді не лише їхнє життя, а й атмосфера у їхніх сім'ях змінилися на краще.

Асистент лікаря

Після зустрічі з медсестрами я порозмовляв із асистентом лікаря. Він був років на тридцять років старший і завжди ставився до мене як добрий друг. Ми зустрілися в офісі. Я вкотре розповів свою історію. Асистент не сказав ні слова, і я навіть не уявляв, про що він думав або який у нього релігійний світогляд. На завершення я сказав:

— Поле, я хочу, щоб ти знав, що Ісус справжній і живий. Це не якась архаїчна легенда чи система вірувань про те, як поводитися на людях пристойно. Якщо сам звернешся до Нього, щоб Він врятував твою душу і простив за всі гріхи, то неодмінно прийдуть зміни і в твоє життя. Святий Дух, про якого вже розповідав, наповнює нас ізсередини. Найяскравіший доказ реальності Бога – це неймовірне преображення нашого характеру. У хвилини прозріння відбувається щось радикальне з нашим станом буття уже на цьому світі, перш ніж ми потрапимо в рай. Я розповідаю не теорію християнства, а реальні речі, які пережив на власному досвіді. Бог чує все, що ми кажемо! Поміркуй над цим, Поле.

Співрозмовник сидів у кріслі, але вираз його обличчя свідчив про неабиякий дискомфорт. Нарешті колега наважився на відповідь:

— Знаєш, Ґреґу, я з дитинства ходив до церкви і пройшов усі стадії релігійного життя. Служив у церкві ще юнаком, прослухав сотні проповідей. Уяви собі, за всі роки я ніколи не чув, щоб хтось розставляв такі акценти, які розставив ти. Жоден служитель не казав, щоб я рятував свою душу через каяття і «запрошення Ісуса в своє серце». Церква, яку відвідував, закликала взяти участь у церемонії конфірмації. При цьому мені чітко пояснили, які слова я повинен промовляти і які дії виконувати. Я вірив у те, що казав, проте повторення релігійних фраз скидалося на сухий релігійний обряд. Від кожного учасника очікували відповідних дій. Нас запевнили в тому, що саме цей обряд офіційно засвідчує наш статус віруючої людини. Так само стають членом клубу. Якщо прагнеш членства, то маєш ознайомитися з правилами, прийняти їх, пройти в разі необхідності певний тренінг, поставити знизу підпис. Тоді тебе зарахують.

Пол зупинився, глибоко вдихнув і став казати далі:

— Я ніколи не молився так, як ти. У мене ніколи не було «особистих стосунків із Богом». Так, я знав, що існує «Отець, Син і Дух Святий», проте навіть гадки не мав, що Дух Святий може перебувати всередині людини після спасіння її душі. У церкві нам не читали Біблію і не казали, що кожен має її читати самостійно. Я ходив собі на тематичні курси, де нас ознайомили з базовими біблійними сюжетами, проте сам я не читав і не досліджував Святого Письма. У моїй церкві вважали, що подвигу Ісуса недостатньо, кожен має сам заслужити життя вічне своїми вчинками.

Розділ XXII. Сприятливі обставини

Тепер настала моя черга замовкнути. Я був шокований, приголомшений і збентежений до глибини душі. «Як служителі церкви могли городити таке? Людина стільки часу проходила до церкви, та не знала анічогісінько про базові доктрини спасіння? Чому ніхто не розказав Полу про біблійний погляд на спасіння? Яка користь від релігії, якщо душа не спасенна?» – міркував.

Коли Пол завершив свою розповідь, я усвідомив одну парадоксальну річ: «Господи! На заваді спасіння людини стояла... релігія!» Зі страху та розуміння реальності пекла, а отже потреби людей у спасінні, защеміло серце.

– Поле, просто помолися Богу, коли повернешся додому. Звернися до Нього від усього серця, попроси пробачення за свої гріхи. Покайся. Ще не пізно. Починай стосунки з Богом уже сьогодні. Дістань Біблію, почни читати. Там же про все написано. Благаю тебе, помолися Ісусу, щоб Він врятував твою душу, не зволікай.

Пол подякував за відверту розмову, підвівся й пішов. Того ж вечора помолився Богу, пережив спасіння душі й почав живі стосунки з Богом. Він так само прозрів, як нещодавно і я. Життя Пола наповнилося глибоким смислом і назавжди змінилося.

Наприкінці робочого дня я залишився в офісі поміркувати над усім, що відбулося за останні дні. Сидів у кріслі, по-техаськи поклавши ноги на стіл, розглядав стіни, увішані нагородами, грамотами, дипломами та сертифікатами, що свідчили про земні досягнення. Мене раптом знудило, коли усвідомив, що переді мною – стіна слави моєї персони. Біблійний Білл мав рацію. Я поклонявся собі та власним досягненням. Це відкриття мене злякало, проте я мусив визнати, що так і було. Я познімав усі ці речі та сховав у комірчині.

Коли завершив, усівся у крісло й подивився на порожню стіну. Здавалося, що тепер починав життя із чистої сторінки. Мені це сподобалося. Згодом я почепив на стіни дитячі малюнки, що намазюкали мої хлопці на уроках малювання. Тим часом посидів іще трохи в кабінеті й подумав про події дня. Збивало з пантелику запитання: чому в церквах тему спасіння або ненавмисне недогледіли, або навмисне не викладали? Щось неправильне у релігії без спасіння. Я спілкувався з різними людьми і помітив, що навколо однієї з найважливіших тем, спасіння людської душі, існувало чимало оманливих ідей, особливо серед церковників.

Здавалося, що атеїсти або далекі від релігії люди значно простіше сприймали сутність Євангелії Ісуса Христа, ніж релігійні особи.

Замість того, щоб посипати голову попелом, я відчув поштовх до молитви: «Господи, що відбувається? Чому не всі сприймають мої слова? Чому деяких мої розмови лякають? Чому співрозмовники не радіють і не сповнюються радістю, як Теммі та Дейша, коли почули про моє прозріння? Я просто не розумію цього...»

Щось ішло справді не так. Через те що відкрив для себе істинність християнського послання, я вважав, ніби кожен мав повірити в Ісуса й прийняти спасіння. Адже вічне життя і прощення гріхів – неймовірні дари. Кожен, як я вважав, мав би прагнути їх. Натомість, нічого подібного навколо я не спостерігав. Інформація, що лунала з моїх вуст, була тільки вершечком айсбергу, за яким із обережністю спостерігали оточуючі. Я захотів поспілкуватися на цю тему з іншими віруючими, але не знав, до кого звернутися.

«Зрозуміло. Потрібно звернуся до пацієнта, що з'явився, мов сніг на голову. Саме він запитав мене прямо в лоб, чи прийняв я Ісуса Христа як свого Спасителя. Це сталося буквально за кілька днів до мого духовного прозріння. Водночас подякую цьому дивовижному чоловіку за сміливий заклик. Порадую його тим, що тепер спасенний. Тоді й поставлю кілька запитань про спасіння й реакцію людей на моє свідчення». Коли згадав про незвичного пацієнта, одразу відчув полегшення. Отже, наступний крок визначено!

Розділ XXIII
ПАЦІЄНТ

Роздрукований розклад

— Дейшо, потрібна твоя допомога. Знайди, будь ласка, розклад прийому пацієнтів із архіву, – звернувся до старшої медсестри.

Я вказав точний тиждень і приблизну дату, що мене цікавили. Ми зберігали розклад робочих змін в окремій папці, яку поповнювали щодня. Це було необхідно, бо, крім ведення електронної документації, чимало важливих записів лікарі й інший персонал робили ручкою. Наприклад, медсестра, відповідальна за обслуговування пацієнта, самостійно вирішувала, в якій палаті йому перебувати, й власноруч вносила відповідну позначку до роздрукованого бланка.

Пацієнт, який мене цікавив, з'явився тоді поза графіком. Я ніяк не міг пригадати його ім'я, проте пам'ять підказувала, що він прибув у четвер вранці три тижні тому й лежав у четвертій палаті. Я побачив його персональні дані не в комп'ютерній базі, а на роздруківці, записані синім чорнилом – типовий випадок для позапланових пацієнтів.

— Без проблем, докторе Віман. Документи залишу на вашому столі.

Дейша принесла папку з усіма роздруківками того тижня. У бадьорому настрої я погортав сторінки й натрапив на розклад того дня, що мене цікавив. Очі автоматично шукали сині чорнила, проте імені пацієнта чомусь не було. Я перевірив списки інших пацієнтів, знайшов усіх, окрім четвертої палати. Очевидно, ім'я пацієнта зникло. «Має ж десь воно бути! Що за чудасія! Може, не той день», – здивувався. Я швидко перевірив інші дні тижня, проте імені мого пацієнта не було і там. Це при тому, що медсестри акуратно поскладали всі документи в хронологічному порядку. Я збентежився. «Точно знаю, який саме то був тиждень», – нагадав собі.

— Дейшо, принеси, будь ласка, роздруківки на тиждень раніше і на тиждень пізніше.

— Гаразд. А що саме вас цікавить?

— Шукаю одного пацієнта. Його ім'я написали від руки на роздруківці, потім відправили у четверту палату. Я впевнений, що він прийшов саме того тижня. Хоча можу помиляюся, тому хочу звірити інші тижні. Може, він там.

— Прошу, — відповіла медсестра, — вдалих пошуків.

Спочатку я перевірив усі четверги, однак не знайшов ані натяку на ім'я загадкового пацієнта. Жодного імені в розкладі додаткових операцій у четвертій палаті. Ім'я людини кудись випарувалося!

— Дейшо, послухай, — звернувся, вказуючи на розклад містичного четверга, бо досі був впевнений, що чоловік з'явився саме тоді, — бачу пацієнтів з усіх інших палат, однак жодного з четвертої. Саме там він перебував. Його ім'я дописали до роздрукованого списку ручкою, бо він з'явився в останню хвилину без попередження. Я сам бачив ім'я, написане від руки синім чорнилом. Моя пам'ять чітко зафіксувала ту роздруківку. Я також пригадав інших пацієнтів, яких оперував того ж дня. Коли побачив їхні імена у списку, остаточно переконався, що пацієнт із четвертої палати з'явився саме тоді. Про всяк випадок я перевірив тижні до і після. Його там нема. Є імена всіх прооперованих із цієї палати в інші дні, окрім одного. Куди зникло його ім'я?

— Гммм. Дивно, докторе Віман. А чому вам кортить розшукати того пацієнта? Впевнені, що то був він?

— Впевнений, впевнений, — відповів знервовано.

— Що ж, у такому разі варто перевірити електронну базу. Окрім роздруківок, ми вносимо дані в комп'ютер. Ви ж самі розробили систему обліку. Його фото має бути у відповідних бланках і звітах. Можливо, ми забули записати його ім'я в роздруківці, а вам просто здалося, що ви бачили його там. Перевірте базу. Він має там бути. Фото допоможе одразу з'ясувати, він це чи не він.

— Дякую, Дейшо! Чому я про це не подумав? – крутнувся в кріслі до комп'ютера.

Електронна база даних

Я відкрив електронний облік пацієнтів того четверга. У загальному переліку не було даних про те, який лікар їх вів і в якій палаті вони перебували, тому я мусив роздрукувати список і перевірити окремо кожного пацієнта. Імен було з двадцять. Одну за одною я відкривав індивідуальні електронні картки, розглядав фото кожного й уточнював, який лікар займався пацієнтом. Нарешті дійшов до останнього імені й завмер. Двічі клацнув на файл із фото, затамував подих і уважно подивився на обличчя. «Не він. Його тут нема! – вигукнув на всю лабораторію. – Що за безглуздя!»

За мить згадав, що крім імен і фото існував інший критерій пошуку – медичні дані. Я чітко знав тип пухлини, дату процедури і розташування ракових клітин пацієнта. Зона ураження клітин – ліва скроня. Скористався пошуком за цим показником, проте безрезультатно. Тоді спробував знайти дані за типом захворювання – «лівий бік лобової частини та шкіра голови» – на випадок, якщо внесли неповні дані, проте жодних результатів це також не дало. Далі перевірив періоди на тиждень раніше і пізніше. Кілька результатів пошуку з'явилося на екрані, проте жоден не стосувався мого пацієнта. Будь-яка згадка про нього на всіх рівнях зникла. «Неймовірно!» – розчаровано вигукнув.

Персональні картки

Я поспіхом підійшов до столу реєстратури.

– Надайте, будь ласка, персональну картку кожного пацієнта, що обслуговувався в нас того тижня, – звернувся до однієї з асистенток. – Також надрукуйте список усіх пацієнтів того четверга. Одну людину дописали вписали додатково, мені потрібно її знайти.

– Без проблем, докторе Віман. Коли додаємо пацієнта поза планом, то автоматично заводимо на нього індивідуальну картку, як і для всіх інших. Мабуть, його ім'я написали від руки на заздалегідь роздруківці, бо зазвичай усі документи готові на день вперед. Вашу людину в будь-якому разі мали зареєструвати. А ось і список. До кінця робочого дня підготую для вас усі персональні картки.

Наш офіс користувався двома незалежними системами обліку: одна для адміністрування, інша для збору й збереження медичних даних. Інформацію про кожного пацієнта заносили в обидві системи. Навіть після позапланової реєстрації мого пацієнта мали включити до адміністративної бази. Хоч його ім'я дописали рукою, воно все-таки мусило засвітитися в одній із електронних систем на комп'ютері.

Я вхопив список і поспішив до лабораторії. Порівняв його з іншими документами у моїй базі. Якщо дивним чином ім'я зникло і з роздруківки, і з медичної системи обліку, то принаймні в персональній картці пацієнта мало бути.

Нарешті асистентка принесла персональні картки. Усі імена збігалися зі списком пацієнтів. Мусило ж існувати іще одне додаткове в останньому списку! Проте... його не було. Мене накрила хвиля гніву й розчарування. У душі наростали внутрішня напруга й тиск, як це часто бувало зі мною до навернення. Абсурдність ситуації розлютила не на жарт.

– Докторе Віман, у чому річ? – поцікавилася медсестра. – Вигляд у вас не дуже. На вас чекає пацієнт.

– Та нормальний у мене вигляд! Поясню пізніше. До справи.

– Гаразд, докторе Віман, як скажете, – затинаючись, відповіла колега. Її погляд свідчив про те, що зі мною справді щось було не так, тільки вона не могла зрозуміти, що саме.

Решту ранку я неодноразово перевіряв усі папери, припускаючи, що ненароком пропустив ім'я того пацієнта, хоча ретельно вивчив усе. Його імені не знайшлося ні в комп'ютерній базі, ні в роздрукованих документах, ні в персональних картках. Яким чином уся інформація про цю людину зникла, мов пара?

Настала обідня пора. Я зателефонував програмісту, який розробив електронну систему обліку для нашої клініки. Залишився останній критерій пошуку, проте база даних не передбачала можливості ним скористатися. Ішлося про ідентифікацію фотокарток.

– Баррі, потрібна твоя допомога. Я оплачу твою послугу. Побудуй мені пошукову систему, що ідентифікує фото клієнтів за будь-яким критерієм: стать, дата візиту, тип пухлини, ім'я лікаря тощо. Маю терміново знайти одну людину за фотозображенням.

– Без проблем. На це піде кілька днів, – погодився програміст.

– Дякую, Баррі.

Реакція медсестер

До кінця дня біля мого мікроскопа назбиралася купа паперів. Я сидів біля нього та працював на комп'ютері. Кілька медсестер увійшли до лабораторії:

– А це вам навіщо?

— Пам'ятаєте того чоловіка з четвертої палати? Він запитав мене, чи прийняв я Ісуса в своє серце, а потім зник, мов пара. Дивакуватий такий, дивився весь час на стелю, почувався цілком комфортно. Здається, ти його обслуговувала, Сінді?

Медсестри не розуміли, до чого веду.

— Так, пригадую. Він прийшов поза планом, і ми додали його до списку. Я навіть обмовилася колегам про те, як він вас налякав. Сама подумала, що то якийсь дивак. Він не сказав нічого, а потім зненацька випалив, мов із гармати, про Ісуса. Як я могла таке забути?

— Слава Богу, що пам'ятаєш! Бо я ледь не подумав, що такого пацієнта не існувало в природі й він мені просто привидівся... Це довга історія. Той чоловік справді поцікавився, чи прийняв я Ісуса. Річ у тім, що невдовзі після його запитання я став християнином. Тепер хочу знайти того провидця, щоб подякувати йому і порадувати, що моя душа тепер врятована. Взагалі нам є про що поговорити.

— Врятований від чого, докторе Віман? — здивувалася медсестра.

Вона була з тих, хто не захотів послухати продовження історії мого навернення. Я подумав, що зараз чудова нагода про все їй розповісти.

— Пекла та відчуженості від Бога — ось від чого. Раніше уявити не міг, що Ісус існує і живий сьогодні. Я звернувся до Нього й попросив, щоб Він урятував мою душу. Після молитви я не розумів, чому змінилося моє життя. Я розповім про все докладніше, коли захочеш послухати.

Відповів коротко, бо, судячи з виразу облич присутніх, великого ентузіазму слухати подробиці мого духовного досвіду у них не виникало. Навіть останніх кілька слів про те, від чого врятована моя душа, для них було забагато. Жінки нахмурилися, насупили брови, відвели погляд убік і, схоже, намірялися залишити кімнату.

Я згадав гори й острів Марко. Тоді почувався так само, коли в недоречний момент лунала розповідь про Христа. Очевидно, медсестри також відчули внутрішню напругу, страх, дискомфорт. Чому згадка імені Ісуса й спасіння людської душі часто провокує подібні реакції? «Мусить існувати причина, що несвідомо викликає такі почуття, — я почувався дивно, перебуваючи на іншому боці в питаннях віри, — варто послабити напругу».

– Вам, мабуть, дивно це чути. Донедавна мене також шокували раптові розмови про Бога, тому чудово вас розумію. Скажу коротко: це все правда.

– Так. Гаразд. Ну що ж… – спробувала підсумувати медсестра, добираючи слів, – чом би вам не перевірити роздруківки? До речі, чому вони вас так цікавлять?

Я не втримався, щоб не виказати розчарування:

– Бо імені пацієнта нема в інших документах! Він зник навіть із електронної бази. Не існує жодного запису, який би свідчив про те, що він узагалі показувався нам на очі. Втішає те, що я не здурів – інші також бачили його.

Медсестра відповіла:

– Послухайте. Ось роздрукований розклад того дня, коли він був тут. Бачите? До четвертої палати ніхто не записаний. Номери палат позначені навпроти імені кожного пацієнта, проте навпроти четвертої – пропуск. Але я добре знаю, коли пацієнт з'явився. Його ім'я вписали у цей графік синім чорнилом. На власні очі бачила цей запис. Бачили й інші.

Обличчя жінок виказували жах. Одна з них зблідла, коли подивилася спочатку на мене, потім на папірець:

– Боже! Боже! – вигукнула вона й вибігла з кімнати.

– Гммм… Гммм… Дайте нам знати про результати ваших пошуків, – промугикала інша.

Колега не наважувалася подивитися мені в очі. Вона пом'яла в руках якісь документи, аби зняти стрес. За мить медсестри кулею вилетіли з мого кабінету, ніби дізналися, що в ньому закладено бомбу.

Відтоді на роботі все змінилося. Кілька медсестер почувалися дискомфортно в моїй присутності, уникали зорового контакту. Кожен співробітник мав нагоду почути моє свідчення, хоча не кожен його сприймав. Деякі медсестри взагалі не бажали ні говорити, ані чути про Бога. Я добре розумів, про що вони думають, і співчував їм. Проповідь пацієнта і преображення їхнього боса зруйнували уявлення про дійсність, а це лякало. Що не кажи, ім'я прооперованого, якого вони бачили на власні очі і з яким персонально віталися за руку, зникло з усіх можливих записів!

Я затримався допізна, щоб перевірити купу паперів. Відклав убік усі дані про пацієнток й зосередився тільки на інформації про чоловіків. Відомо, що гість працював у церкві. Свідомість зафіксувала написане від руки ім'я на документі. Тому я перевірив кожен роздрукований папірець і докладну інформацію про кожного пацієнта. З'ясувалося, що жоден із них не працював у церкві. Отже, персональні дані про чоловіка, якого шукав, також зникли! Я повернувся додому й розповів усе Рут. Залишилося зачекати на результат роботи програміста, щоб скористатися новими можливостями пошуку.

Розширені можливості пошуку

Програміст виконав завдання швидко й наступного дня повідомив, що нові можливості пошуку розроблено, тестування завершено, базу даних оновлено. Перш ніж перейти до справи, я перевірив, які дані могли вводити асистенти в електронну базу в той день, коли пацієнт прийшов на операцію. Для кожного нового пацієнта існувало два окремих записи: для попередньої діагностики і післяопераційного звіту. Навіть якщо один із записів ненароком видалили, то фотокартка мала б зберегтися. А відомості про пацієнта ніколи не видаляли «випадково». Ймовірність «випадкового» видалення обох записів одного й того ж пацієнта дорівнювала нулю; досі в нашій практиці такого не траплялося. Окрім того, комп'ютер автоматично генерував дату візиту, тому внести хибну дату (у випадку, якби це власноруч здійснював хтось із працівників клініки) було неможливо.

Після обіду я нарешті запустив програму. Розпочав із пошуку відповідного дня. Монітор зарябив зображеннями фото кожного пацієнта, що звернувся тоді до клініки. Якщо мого хворого не сфотографували з якоїсь причини, то на місці його світлини мав би бути сірий квадрат над іменем пацієнта. Я перевірив кожне фото. Його зображення не знайшлося. Переглянув індивідуальні дані всіх, у кого не було фотографії, проте жоден із них не був тим, кого я шукав. Далі просканував кожен день тритижневого періоду до і після його появи, але безрезультатно. Отже, всі можливі записи про візит мого пацієнта зникли безслідно.

Лабораторні дані

— Не можу повірити, що його нема! — вигукнув уголос у лабораторії. Теммі саме працювала за робочим столом.

— Ви про кого? — поцікавилася.

— Про того чоловіка, який запитав мене, чи прийняв я Ісуса в серце. Не можу знайти жодну інформацію про нього. Його ім'я написали від руки, але всі дані про нього зникли з роздруківок, електронної бази та індивідуальних даних, Теммі. З усіх систем обліку. Це якесь божевілля!

— А лабораторні записи перевіряли? Якщо пацієнта оперували в нас, то його ім'я мали б зафіксувати в нашому журналі. Ми завжди фіксуємо розташування пухлини, тип захворювання тощо.

— Ще ні, — відповів, вагаючись.

Я просто забув про цей варіант. Мені навіть стало соромно через це. Кинув погляд на журнал операцій, що лежав на столі прямо переді мною. Я взяв його в руки, мов золотий скарб. Поспіхом став гортати сторінки, доки знайшов день, коли мій пацієнт з'явився в офісі. Порівняв цей список пацієнтів з усіма іншими списками. Потрібне ім'я наче провалилося крізь землю. Жодного запису про ту операцію. Того тижня я не оперував нікого іншого з таким раковим захворюванням. До того ж, усі ракові клітини було видалено ще на першій стадії. Для певності перевірив інші періоди операцій, проте нічого не знайшов.

— Теммі! Дивіться, його нема і тут. Я ж казав... Зі мною все гаразд, можете не сумніватися. Він справді приходив... Секундочку! — останнє слово зірвалося з вуст, коли дещо згадав. — Теммі, пацієнтам, яких ми оперуємо, присвоюють порядковий номер, коли беремо зразки уражених тканин.

— Та невже? — усміхнулася Теммі. — Їхні імена я й записую в журнал.

— Якщо він приходив, то йому мали дати порядковий номер, чи не так?

— Так, звісно.

— Інші пацієнти отримали номери до і після нього. Відповідно, в журналі мають бути порядкові номери, присвоєні іншим клієнтам, які приходили до і після нього.

— Так, продовжуйте.

— Якщо його ім'я відсутнє скрізь, чому всі номери записані у строгій послідовності без пропусків? Неможливо видалити ім'я зі списку, не залишивши пропуску або не порушивши нумерацію всіх інших пацієнтів. Ви розумієте, про що я?!

— Так. Якщо я присвоїла йому, скажімо, номер 100, то наступні пацієнти будуть номер 101, 102 і так далі. Якщо видалити його ім'я, то між 99 і 101 буде пропуск! Послідовність буде порушено, якогось номера не вистачатиме.

— Так можна з котушок з'їхати.

— А може, вам не потрібно його шукати, — усміхнулася колега.

— Жарти зараз недоречні, Теммі, бо я тижнями ламаю над ними голову. Недавно ви «пожартували» про Духа Святого – я не міг потім заснути.

— А що коли то був посланець від Бога? – усміхнулася вона. У мене по шкірі пробіг морозець.

— Тобто?

— Ви не знайдете його, докторе Віман, — підсумувала Теммі й пішла.

— Що маєте на увазі?

Колега озирнулася, таємниче усміхнулася, як людина, яка в курсі справи, однак більше нічого не мовила. Очевидно, свою думку вона вже висловила.

Що ж, напрошувався алогічний висновок. Пацієнт – ніхто інший як посланець Божий, що явився до нашої клініки, щоб закликати мене прийняти євангельське послання про спасіння. Взагалі, я читав у Новому Заповіті про ангелів – «духів службових», проте не міг уявити, що посланці Божі існують і нині, виконують Божу місію та ще втягують у неї мене. Реальність зустрічі з ангелом у двадцять першому столітті лякала й не вкладалася в голові. Я мав сам у всьому переконатися, перш ніж прийняти версію Теммі.

Наступні кілька днів я шукав і перевіряв усю можливу інформацію про пацієнтів. Нарешті усвідомив, що перевіряти більше нічого. Почувався, мов вичавлений лимон, розчарований у пошуках. Я не зміг знайти того пацієнта й остаточно опустив руки.

— Можете віднести ці персональні картки до архівів? – попросив медсестру, саме ту, яка перелякано вибігла з кімнати, вигукуючи «Боже! Боже!»

— Докторе Віман?.. – щось хотіла запитати вона.

Медсестра розуміла, чому на моєму столі купа документів. Їй було лячно ставити запитання. Голос виказував тривогу, зіниці розширилися:

— Ви щось знайшли? – нарешті наважилася запитати. Весь вираз її обличчя свідчив про зацікавленість і напругу.

Я витримав паузу, подивився їй прямо в очі й сказав:

— То був не пацієнт.

Обличчя медсестри зблідло. Вона завмерла, тримаючи медкартки в руках, пильно дивилася на мене кілька секунд, розмірковуючи над останніми словами:

— Боже! Господи! – перелякано вигукнула й метнулася геть із лабораторії.

Теммі перебувала в цей час в іншому кутку кімнати. Її міміка була вельми промовистою. Одного разу моє розуміння реальності вже похитнулося, коли я відчув Божу присутність у собі. Щойно осягнув нову реальність, як похитнулася й вона. Яким чином медкартка пацієнта, електронні дані, лабораторні записи, фото, взагалі всі можливі фіксації його візиту зникли безслідно? Яким чином його ім'я, написане синім по білому, зникло з роздруківки, котру ми з колегами бачили на власні очі того дня, коли він з'явився? Відповідь та висновки вказували на фактор надприродного, проте я не збирався мати з ним справу. Очевидно, Бог контролює кожну деталь цьогосвітньої й потойбічної реальності, а навколо відбувається набагато більше процесів, ніж ми здатні бачити на фізичному рівні чи збагнути на розумовому.

Обміркувавши все, я сидів ошелешений. Невже Бог послав ангела в моє життя, щоб указати шлях до спасіння? Відповідь, яку мені довелося визнати, була «так».

Розділ XXIV
ЩЕПЛЕННЯ ПРОТИ ЛІКІВ

Друг дитинства

Я повернувся додому пізно. Зателефонував другу, який проживав у Вашингтоні Колумбійського округу. Ми разом виросли, ходили до школи й залишилися друзями на все життя. Він дотримувався юдейської традиції, але його дружина, наскільки пам'ятав, була християнкою. Я дуже хотів розповісти йому про зміни в моєму житті. Можливо, його дружина мріяла про те, щоб хтось поділився з ним Євангелієм. Оскільки Біблія тісно пов'язана з юдаїкою, я сподівався на те, що, перебуваючи між «двома вогнями» – другом дитинства та власною дружиною, він урешті-решт прийме Ісуса Христа як свого Спасителя.

Набрав номер. Серце забилося частіше:

– Привіт, Філе.

– Привіт, Ґреґу. Як ся маєш?

– Зі мною сталося дещо надзвичайне. Мою душу врятував Ісус. Це неймовірно, Філе. Бог справді існує. Тобі, мабуть, цікаво дізнатися докладніше, адже в перших церквах було багато юдеїв.

– Що?! Звідки такі нісенітниці? Ти п'яний?

– Ні. Ось, що сталося в моєму житті... – Мій товариш мовчки вислухав усю розповідь від початку до кінця.

– Чудово, Ґреґу, чудово. Я радий за тебе. Очевидно, ти знайшов те, що дарує тобі щастя.

– Ні, Філе, ні. Хіба ти не зрозумів, про що я? Спасіння потрібне тобі. Це не базікання на релігійну тематику, а докорінна зміна людини. Бог, який створив тебе і мене, це і Бог Ізраїлю. Ми говоримо про одного і того ж Бога. Він явив Себе світу в особі Ісуса Христа, тому прийшов на цю землю і помер замість нас, щоб урятувати нас від вічної смерті. Ти ж знаєш, що ми з тобою грішники. Якщо сумніваєшся, то мені нескладно нагадати тобі кілька епізодів із минулого.

– Ґреґу, поговори з Алішою. Вона з дитинства ходить до церкви, навчалася в християнському закладі. Розкажи усе їй. Бо я не можу нічого второпати з твоїх слів. – Філ передав слухавку дружині.

— Ґреґу? Що сталося?

— Алішо, мене врятував Ісус Христос. Тепер я християнин. У мені перебуває Дух Святий. Я відчуваю Його присутність. Ісус прийшов на цю землю і справді здійснив подвиг спокути гріхів заради нашого спасіння. Він живий і чує наші молитви. Це неймовірно. Допоможи мені переконати Філа, що спасіння потрібне і йому.

— Стоп. Ти про що? Спасіння? Дух Святий? Спокута? Послухай, Ґреґу, Філ і без того вірить у Бога. Я теж вірю. У чому проблема?

— Алішо, людині потрібно народитися згори, щоб мати життя вічне. Про це ж розповідав Ісус. Прочитай третій розділ Євангелії від Івана і переконайся. Хіба тобі нічого про це не розповідали в церкві або християнській школі?

— Не пригадую такого. «Народитися згори»? Що за дивацтво! Чому навантажуєш Філа і на рівному місці створюєш проблеми? — її голос похолоднішав. — Ти вдався в релігію?

— Нічого спільного з релігією. Справжнє християнство — не релігія, а спасіння душі й преображення особистості. Це не розмови на моральні чи інтелектуальні теми. Бог сповнює Своєю святою присутністю людину, яка стає спасенною, — я наголосив на останніх словах і не розумів, чому жінка сприйняла нашу розмову в штики.

— Звучить божевільно, Ґреґу. Даю слухавку Філові.

— Філе, я не здурів. Ти ж мій найкращий друг. Хто, як не ти, знає мене, мов облупленого. Я найостанніша людина в цьому світі, яка могла претендувати на християнство. Навіщо мені телефонувати й розповідати про зміни в житті, якби їх насправді не сталося? Кому-кому, а мені мав би повірити!

— Я маю все обміркувати, Ґреґу. Твій дзвінок як сніг на голову. Я не чекав почути від тебе про Бога.

Я завагався:

— Розумію, Філе. Гаразд. Зателефоную тобі наступного тижня. До зв'язку.

— Гаразд. Поговоримо.

Я поклав слухавку, шокований далекістю свого друга від духовних питань. Чомусь я уявив, що кожна людина захоче дізнатися правду про те, що Бог живий, що вічне життя реальне. Але хто сказав, що все піде як по маслу?

«Що ж відбувається з людьми, які вважають себе християнами? – дивувався. – Дружина Філа мала б розуміти прості біблійні істини. З'ясувалося, вона так вірить у Бога, що не знає елементарних понять. Чому їй байдуже до спасіння душі свого чоловіка? А це вже третя відома мені особа, яка вважає себе віруючою і при тому ігнорує основи християнства. Здається, жінка переконана, що у неї з чоловіком усе в порядку в питанні віри, бо обоє вірять в існування Бога, а проблеми у тих, хто «вдався в релігію». Напрошувався висновок: релігія робить щеплення проти справжніх Ліків, істинного християнства. Щойно релігійну отруту вприскують у душу, людина відштовхує Самого Бога.

Відтоді я почав молитися за спасіння Філа та його сім'ї. Бог почув мої молитви, проте відповів зовсім не так, як я очікував. За шість років у Філа виявили останню стадію раку. Коли смерть дихала йому в спину, він нарешті прозрів і визнав свою потребу в спасінні душі, прощенні гріхів і вічному житті. Він боровся з недугом і в процесі боротьби разом із дружиною впустив Ісуса Христа у своє серце. Тепер він перебуває в раю з Господом. Відповідь на ту молитву записана в моєму молитовному журналі. Попри тимчасові страждання мого товариша, я захоплено згадую про цей випадок. Бог допустив навіть ракове захворювання, аби вплинути на серце Філа й дати йому останній шанс. Те, що було горем для невіруючого, стало дивом для віруючого, бо від вічної загибелі врятувалася душа людини.

Омана церковних обрядів

Коли поклав слухавку після розмови з Філом, відчув нагальну потребу поспілкуватися з нормальним християнином. Я згадав про іншого товариша, з яким у дитинстві відвідав одного разу церкву. Домовився про зустріч наступного дня у нього в офісі.

– Джиме, у мене до тебе розмова, – розпочав я, наголошуючи на невідкладності справи.

– Гаразд. Сідай. Що в тебе?

Я сів у чорне шкіряне крісло навпроти робочого столу, за яким облаштувався Джим. Я трішки нахилився вперед, тримаючи руки на колінах. Він комфортно вмостився в розкішному кріслі керівника.

– Мою душу врятував Ісус. Тепер у мені проживає Дух Святий. Господь радикальним чином змінив моє життя, коли помолився до Нього. За одну ніч Він вплинув на мої особистість, відчуття й мотивацію. Мене лякає те, що ніхто з оточуючих, здається, не розуміє ні слова з того, що кажу, за винятком двох колег.

Я уважно стежив за реакцією товариша. Що глибше був зміст нашої розмови, то незручніше він почувався. Його лице скривилося, виказуючи внутрішню тривогу, а очі уникали зорового контакту. Вислухати розповідь про духовне прозріння знайомого виявилося для нього справжніми тортурами. «Повірити не можу цьому дежавю», – подумав я.

– Ґреґу, це капітальна історія. Ми з тобою віримо в одне і те ж саме. Просто з різного боку підходимо до питання віри.

– Тобто?

– Я теж вірю, що Ісус Христос помер за мої гріхи. Одне слово, вірю в Господа Бога. Ти просто використовуєш іншу термінологію, ніж інші.

– Іншу? Це ж термінологія самого Ісуса Христа. Якщо Бог Спаситель, то яку ще термінологію маю використовувати?

– Річ у тім, що не кожен сприймає і тлумачить значення твоїх слів так, як ти. Я радий за тебе, що ти знайшов Бога. Я не раз чув, як у церкві згадували про Духа Святого, проте я не зовсім зрозумів, що ти мав на увазі. Ми також читаємо уривки зі Святого Письма. А хрестили мене ще в дитинстві, бо такі у нас сімейні звичаї, – пояснив Джим, змінюючи позу.

– Не зовсім так. Є базові речі, які неможливо тлумачити, як кому заманеться. У фундаментальних питаннях Біблія надзвичайно чітка. Якщо Дух Святий не перебуває в людині, звідки «гарантія» спасіння її душі? Спасіння дарує Бог, коли ми каємося у своїх гріхах, звертаємося до Нього у проханні прощення й зміни життя. Це дуже конкретні речі, які не стосуються відвідин церкви, виконання релігійних обрядів, хрещення в дитинстві абощо.

– Так обрядів дотримується моя церква й ціла деномінація.

– А ти чому віриш?

– Бо нам кажуть, у що вірити, і ми віримо, – відповів Джим невпевнено.

– Сам Біблію читаєш?

— Відверто кажучи, ні.

— Чому?

— Як чому? Її ж написали люди. Не можна сприймати все, що в ній написано, всерйоз. Книга важлива, проте не варто заходити надто далеко.

Цікаво, що точнісінько такі ж запитання виникали і в мене під час дослідження. Тільки я серйозніше поставився до пошуків вичерпних відповідей на цю проблему. Відчув, що товариш неготовий до глибокої розмови.

— Гаразд, Джиме. Мені час іти. Пробач, що трохи тебе навантажив. Дякую за зустріч.

Я розумів, що на цьому етапі краще спокійно піти, аніж розводити безплідну релігійну полеміку. Відповіді Джима здивували. Я бачив, як дискомфортно він почувався у моїй присутності, а щирі слова про Бога його відверто дратували. Джимові «сказали, у що вірити», і він «вірив». Його навчили доктрин, які не мали нічого спільного з Біблією. Замість самостійного осмислення ключових питань віри й визнання власної некомпетентності, він уперто протистояв моєму свідченню, хоч говорив я не про Химині кури, а про Ісуса Христа. «Чому церква затуманила йому очі догматами, які не стосуються Біблії? Це ж іще одна жертва щеплення проти Євангелії, і це щеплення своїми руками здійснило духовенство! Що ж це відбувається?» – відчайдушно запитував себе подумки. У голові промайнуло безліч думок.

«Ісус, справжній і живий, дарував мені життя вічне, і про це свідчить Дух Святий, що перебуває в мені щосекунди. Після фізичної смерті моя душа житиме вічно й перебуватиме в раю в Божій присутності. У мене зникло відчуття страху смерті, деструктивна концепція еволюції більше не має сенсу в моїх очах. Бог – мій Отець Небесний, Який створив і любить мене. Якщо ця істина дивовижна і сповнює людей надією в безнадійному світі, чому їм ніхто не розповідає про те, що існує Зцілення? За аналогією з медичним закладом, який сенс щотижня протирати штани в кабінеті лікаря, розмовляти про ліки й виспівувати про їхню чудернацьку дію, якщо їх ніколи не вживати? Це те ж саме, що казати пацієнтам: "Ось ваші пігулки", а у відповідь почути: "Так, ми вже їх маємо", у той час як насправді пацієнти ховають ліки по своїх кишенях, не даючи своєму організму можливості зцілитися».

– Безглуздя! – вигукнув вголос дорогою додому. Я мав поговорити з пастором церкви, до якої ходив. Зателефонував до його офісу й запитав, чи може він зустрітися зі мною. Пастор із радістю погодився завітати до мене в гості наступного вечора.

«Мабуть, проблема не в інших, а в мені», – подумав я. Насправді так не вважав, але я щойно став віруючою людиною, тому не міг знати все на світі. Я також не розповів усе, що дослідив про християнство, Рут або іншим. Існував океан інформації, в якому міг щось недоглядіти.

Коли виникали запитання, на які не міг дати собі швидкої відповіді, найкращим рішенням вважав молитву: «Господи Ісусе, допоможи мені, будь ласка, зрозуміти все, що відбувається навколо. Чому люди не вірять мені й не розуміють те, що я намагаюся їм розповісти? Може, проблема в мені? Може, чогось не бачу? Допоможи збагнути, у чому річ, Господи».

Пастор, який вірив у Бога любові

Наступного дня на роботі я не міг дочекатися вечора, коли пастор Родні завітає до мене додому. За іронією долі, один із пацієнтів, що прийшов на операцію, також служив пастором у іншій церкві неподалік. Його турбувала проблема в лобній частині голови. Після завершення першого етапу оперування у мене з'явилося "вікно", і ми трохи поспілкувалися.

– Пасторе, кілька тижнів тому я став спасенною людиною. Хоча на початку мав зовсім інші наміри – довести фальш і лицемірство християн. Таким чином, я взявся до Біблії, щоб знайти очевидні докази їхнього лукавства. Про віру нічого не знав, а Бог мене взагалі не цікавив. Увагу привернули претензії Ісуса на божественну сутність. Я вирішив перевірити, так воно було чи ні. Закінчилися мої зухвалі наміри порятунком моєї душі, хоча спочатку й не розумів, що таке «спасіння». Господь радикально вплинув на мене за ніч. Особистість, мотиви, егоцентричний стиль життя – змінилося все. Я навіть подумав, що захворів! Іще не розумів, що після щирого каяття у мені перебуває Дух Святий.

Розділ XXIV. Щеплення проти ліків

Я зупинив свій монолог, бо побачив переляк на обличчі пастора. Його зіниці розширилися. Він щиро дивувався моєму свідченню, та найбільше дивував страх у його очах.

Спантеличений, я продовжив:

— Маю до вас одне запитання. Я свідчив про своє навернення багатьом. На диво, більшість узагалі не розуміє, про що кажу. Новину про мою зустріч із Богом не сприйняли навіть друзі дитинства, які змалку ходять до церкви. Вони зі скрипом слухали про те, що Бог перебуває в людині з моменту її спасіння і що християнство — не бездумне відвідання церкви й не виконання обрядів, а справжні стосунки з Богом, які впливають на повсякденне життя. Чому люди затуляють вуха? Біблія ж відповідає на ключові питання буття... Пасторе, якщо ті, хто ходить до церкви, не хочуть навіть чути про спасіння своєї душі, то який сенс у церкві? Пекло ж існує. Чому люди не сприймають всерйоз власну душу та її долю у вічності?

Настала тиша. Служитель витріщився на мене і на мить втратив дар мови. Неподалік сиділа його дружина. Він знервовано зиркнув на неї, та жінка наче проковтнула язик. Відбувалося щось не те. Очевидно, мої слова викликали неабиякий дискомфорт у служителя. Коли тиша стала нестерпною, пролунала така відповідь:

— Ми сповідуємо принцип любові. Адже Бог — це любов. Він любить нас.

Я наївно чекав, коли пастор продовжить свою нехитромудру думку. Та він не додав ні слова! Тепер настала моя черга на мовчанку. Церковнослужитель мав слушність, бо й коту зрозуміло, що Бог — це любов. Однак за його словами відчувалося якесь лукавство чи недомовка.

— Пасторе, ви про що?

— У нашій церкві не прийнято розповідати людям про такі негативні поняття, як суд Божий або пекло. Бог любові не може посилати людей на вічну загибель. Це радикали-фундаменталісти твердять про кару Господню, створюють купу проблем і провокують ворожнечу в суспільстві. Ісус любить нас, а не звинувачує.

— Секундочку, пасторе. Спасіння і життя вічне — справді фундаментальні доктрини християнства. Якщо пастор не сприймає слів Ісуса Христа й елементарного вчення Біблії, чим тоді займається за кафедрою? На фундаменті ж стоїть усе! Я також вірю в те, що Бог — це любов. Бог прийшов у цей світ, став Людиною, прийняв смертну кару, Його катували й розіп'яли за наші гріхи та заради нашого спасіння. У Посланні до римлян чітко сказано, що заплата за гріх – смерть, а йдеться про смерть вічну. Бог так любить нас, що послав Свого єдиного Сина на смерть замість нас. Тому найдохідливіший прояв Божої любові я бачу в хресті. Якщо пекла не існує, навіщо Ісусові приходити на цю землю? Навіщо йти на хрест? Від чого рятувати?

Я вів далі:

– Безперечно, Бог – це любов, та водночас Він Бог справедливості. Справедливий Бог не може закривати очі на гріх. З одного боку, Його любов прагне врятувати грішників, а з іншого, вимагає справедливої кари. Ось чому Ісус пішов на хрест і поніс кару за наші гріхи. Бог справедливо покарав гріх і водночас проявив любов – забезпечив шлях для спасіння грішників, ставши для нас Спасителем. Справжня любов не закриває очі на гріх. Наприклад, які батьки по-справжньому люблять своїх дітей: ті, котрі дисциплінують їх і привчають до порядку, чи ті, хто дозволяє малюкам витворяти все, що тільки заманеться?

– Не кожен вірить у те, в що вірите ви, докторе Віман. Моя думка така: ви значно полегшите собі життя, якщо заспокоїтеся й дозволите кожному самостійно вирішувати, що таке істина.

– Вибачте, пасторе, що змусив вас хвилюватися, але не можу з вами погодитися. Я добре знаю, що саме відбулося з моєю душею, і це не результат свавільного тлумачення або вибору одного з варіантів християнства. Я переконаний, що людям необхідно знати про Ісуса Христа й гостру потребу в спасінні своєї душі.

Більше ми про Бога не говорили. Пацієнт мав побути в клініці певний час, та розмова не клеїлася. Від останньої нудило в шлунку, я почувався розчаровано. У спробі поділитися роздумами про глибинні питання віри я наразився на ще одну ображену, роздратовану й невпевнену особу, якою виявився... пастор!

Пастор Родні

– Рут, я вже вдома. Ти де?

– Нагорі. Зараз спущуся. – За мить дружина опинилася поруч, – я саме витягав речі з портфеля.

– Скоро завітає пастор Родні з «Калварі». Вибач, забув тобі сказати.

– Гаразд. А що сталося?

— Нічого, Рут. Мене хвилює реакція людей на моє свідчення. Це якась чудасія! Майже ніхто не йме віри моїм словам, ніхто не розуміє, про що я взагалі кажу.

— Ґреґу, будьмо реалістами. Ти ж не можеш очікувати, що всі підряд на рівному місці повірять в Бога після твоїх слів. Згадай хоча б себе рік тому. Ти сприйняв би від когось подібне свідчення?

— Маєш рацію, Рут. Мене дивує інше. Люди, з якими спілкувався, ходять до церкви, вважають себе християнами. Я розмовляв із тими, хто мав би знати бодай що-небудь про спасіння душі. У ньому ж ключовий момент християнства! Зрештою, до Бога потрібно звернутися. Чому їх це дивує? Послухавши аргументи таких віруючих, я запідозрив, що бачу поганий сон. Може, я просто неадекватний і проблема в мені? Як люди можуть роками ходити до церкви і нічого знати про спасіння й Духа Святого? Цього ж неможливо зректися або приховати, коли віриш по-справжньому. Рут, судячи з реакції та переляку співрозмовників, я бачу, що вони не хочуть ні знати, ні чути те, про що їм кажу.

— Оце так! Мушу сказати, я також з дитинства ходила до церкви і також ніколи не чула про спасіння. На богослужінні лунали проповіді, у недільній школі дітлахам розповідали біблійні історії, проте ніхто не казав про те, що нам потрібне спасіння душі. Все крутилося навколо церковної діяльності, але не самого Ісуса. Я ніколи не читала Біблію, нам ніхто не казав, що її потрібно читати. Моя сестра Беккі, наскільки пам'ятаю, стала спасенною, коли приєдналася до товариства християнської молоді під час навчання в коледжі. Вона повернулася іншою, розповідала всім про Христа. Навіть роздала нам брошури, запрошення до церкви й таке інше.

Рут трохи помовчала а тоді повела далі:

— Недавно я почала ходити на домашнє вивчення Біблії та з'ясувала, що більшість жінок у цій компанії не читають Святого Письма. Вони базікали про те, про се, але коли запитала їх про Біблію, відповіли, що не читають її. А я вирішила, що почну читати.

— В тому-то й річ! Християнство, позбавлене основи, – це щось ненормальне, нісенітне, якесь безглуздя та й годі. Чому все з ніг на голову? Чому?

— Не знаю, – замислилася Рут.

— Сподіваюся, пастор Родні має пояснення. Інакше доведеться піти до психіатра. Не можу повірити, що люди, які ходять до церкви все життя, навіть не чули про спасіння своєї душі. Я-то не ходив до церкви… Чим вони там, в дідька лисого, займаються, у тих церквах, якщо не приводять людей до каяття й спасіння!

— Сумно, але правдиво. У мене схожа історія. Розкажеш мені про те, що відповість пастор? Я буду з дітьми нагорі.

— Гаразд.

Нарешті настала сьома вечора. У двері подзвонили. Я запросив пастора до господи, і ми спустилися у мій «бункер». Тиждень тому я вже розповів йому своє свідчення.

У підвалі стояли два диванчики з коричневої шкіри, один навпроти одного біля газового каміна. Пастор комфортно вмостився на одному, я – на іншому. Я нахилився трохи вперед, очікуючи розмови.

— Родні, дякую, що завітали. Маю поговорити з вами про свої останні спостереження.

— Сталося щось неприємне? Вигляд у вас, відверто кажучи, пригнічений.

— Я почав розповідати людям про те, як став християнином, про «народження згори», сповнення Святим Духом, про реальність Бога. Проте ніхто не розуміє ані слова. Цікаво, що співрозмовники, які дивилися на мене, мов баран на нові ворота, ходять до церкви. Один з них взагалі виявився пастором! Віруючі реагували дивно, почувалися ніяково і не хотіли далі слухати. Я очікував, що християни розділять радість мого спасіння. Хіба ж не заради цього прийшов Ісус? Хіба не заради порятунку людей? Тому питання в мене просте: чому свідчення про спасіння душі люди уникають і навіть перекручують як кому заманеться? Може, проблема в мені?

Уважно вислухавши мою проблему, пастор несподівано розсміявся:

— Ґреґу, ну ти, брате, даєш. Господи, оце так!

Він усе хихотів і хихотів, не зупиняючись. Я здивовано глипав на нього.

— З чого ж почати, — сказав, коли нарешті заспокоївся.

Я став дратуватися. Чому пастор не сприйняв мої терзання всерйоз?

— Родні, а що смішного в моїх словах?

— Не що, а хто. Ти, Ґреґу. Ти смішний, друже. Сам хоч розумієш, чим займаєшся? Твоє свідчення потужне, мов гармата, і недвозначно демонструє, що Ісус справжній і живий сьогодні! А Божа дія у твоєму житті така глибока й справжня, що люди змушені опинитися сам на сам із незручними питаннями реальності Бога, сутності християнства і стану власної душі. Не дивуйся, що існують люди, які по неділях розігрують перед публікою церковний театр.

Пастор казав далі:

— Людина релігійна за своєю сутністю, Ґреґу, бо ми створені Богом. Проте люди не хочуть визнавати, що є творінням, бо це ставить їх у незручне становище. Вони прагнуть заглушити свою релігійну свідомість так, щоб не відгукуватися на голос Божий. Хоча Бог завжди поруч і знає кожнісіньку їхню думку. Сьогодні наплодилося чимало церков, які дають людям те, що вони хочуть почути. Багато храмів перетворилися на клуби за інтересами, де відвідувачі задоволено почуваються релігійними доброчинцями, аби заспокоїти своє сумління, уникнути персональної відповідальності перед Богом і не дозволити Йому впливати на своє життя. Створені людьми лжедоктрини, релігійні звичаї та обряди замінили особисті стосунки з Ісусом Христом аж так, що відрубали з-під себе корінь Євангелії, яка справді дає відповідь на питання спасіння душі.

— Але ж, Родні, це означає, що релігійні «театрали» не спасенні.

— Так. Вони ж духовно сліпі й просто не бачать проблеми. Людям комфортно нічого не змінювати, особливо, коли перед ними розігрують дійство офіційні представники церкви в релігійній рясі, які заспокоюють своїх прихожан, запевняючи, що з ними все гаразд. Коли на обрії, мов грім серед ясного неба, з'являється хтось на зразок Ґреґа Вімана, той, хто знімає маску з їхніх облич і викриває їхню справжню сутність, що її вони майстерно маскували впродовж життя, то варто лише уявити їхній переполох! Ти примушуєш їх не тільки визнати Творця, а і Його реальність у їхньому повсякденні. Вони змушені усвідомити, що Бог чує кожнісіньке їхнє слово і знає все, чим вони дихають. Що найгірше, твоє свідчення доводить, що спасіння реально існує! Я сміявся, бо радів з того, як Господь діяв через тебе, щоб протверезити релігійних людей і достукатися до черствих сердець, але ти про це і не здогадувався!

Він по-товариськи загиготів, та за мить серйозно запевнив:

– Звісно, ти налякав їх, Ґреґу! З такими віруючими складніше розмовляти, ніж із атеїстами, бо, принаймні, невіруючий не заявляє, що «теж знає Ісуса», й не стверджує, що в ньому «також перебуває Дух Святий». Коли розповідаєш історію своєї зустрічі з Богом, вони у глибині душі відчувають, що насправді не мають того, що маєш ти. Не забувай, що через правдиву розповідь Святий Дух буде викривати їхні серця. Здивовані фізіономії, перекривлені обличчя та роздратованість вказують на те, що твоє свідчення їх зачіпає за живе. Парадокс у тому, що Господь послав тебе, людину, яка не ходила до церкви, достукатися до сердець тих, хто протирав у ній штани з дитинства. Мило, що ти не здогадувався про важливість своєї місії. Сумно те, що вони не знають Бога. Тому зрозумій мій радісний настрій правильно. Я радію за тебе, проте хвилююся за тих людей. Не припиняй молитися за них. Звичайними словами їх не переконаєш. Ти свою справу вже зробив; тепер дозволь Богові здійснити свою. Чом би не помолитися з їхні душі зараз?

Ми помолилися, а потім розговорилися на інші теми. Пастор Родні пояснив, що деякі ліберальні семінарії відмовилися від біблійної концепції спасіння, заперечують участь Святого Духа в повсякденному житті, заперечують надприродний фактор, наприклад, чудеса Ісуса та богонатхненність Біблії.

– Пасторе Родні, якщо сила християнства у воскресінні Христа, як семінарія може заперечувати чудеса? Воскресіння – найбільше диво. Хіба заперечення надприродного не заперечує воскресіння Ісуса?

– Так, брате, заперечує.

– Навіщо ж їм така позиція?

– Правильне запитання. Не забувай, Ґреґу, що у християн є ворог. У духовній сфері відбувається дещо серйозніше, ніж ліберальні тенденції у семінаріях або культи осіб, які заперечують біблійну концепцію спасіння та дива Ісуса.

Пастор розгорнув Біблію та зачитав уривок: «Коли ж наша Євангелія й закрита, то закрита для тих, хто гине, для невіруючих, яким бог цього віку засліпив розум, щоб для них не засяяло світло Євангелії слави Христа, а Він – образ Божий» (2 Кор. 4:3-4).

– Чимало людей думають, що спасенні, проте насправді обманюють себе, – вів далі Родні. – Ісус попередив нас про це кілька разів у Біблії. – Пастор показав інший уривок:

Розділ XXIV. Щеплення проти ліків

«Не кожен, хто каже до Мене: "Господи, Господи!", увійде в Царство Небесне, але той, хто виконує волю Мого Отця, що на небі. Багато-хто скажуть Мені того дня: "Господи, Господи, хіба ми не Ім'ям Твоїм пророкували, хіба не Ім'ям Твоїм демонів ми виганяли, або не Ім'ям Твоїм чуда великі творили?" І їм оголошу Я тоді: "Я ніколи не знав вас... Відійдіть від Мене, хто чинить беззаконня!"» (Мт. 7:21-23).

— Ґреґу, ти чуєш, про що говорить Ісус? «Ніколи не знав вас» означає, що релігійні особи, які кривляться від самого імені Ісуса, не мають особистих стосунків із Ним. Ґреґу, вони хибно думають, що через показну релігійність долучаються до Ісуса, проте це не так. Для мене це один із найстрашніших уривків Біблії.

— Справді лякає, Родні. Я хочу достукатися до їхніх сердець.

Ми поговорили про типові омани в сучасних церквах. На щастя, існує чимало чудових церков, які вірно й віддано навчають людей Біблії, і парафіяни яких не лише наголошують на особистих стосунках з Богом, а й самі живуть у гармонії з Ним щодня. Отже, попри оману, популярну сьогодні серед релігійних людей, все-таки існує багато церков, місій та організацій, окремих служителів Божих по всьому світі, які демонструють Божу любов, правду та силу, що рятує грішників. Пастор надихнув мене поспілкуватися з іншими братами та сестрами в церкві:

— Запитай їх про те, як вони стали християнами. Ти почуєш багато цікавих історій, — сказав на прощання. — А зі свідчень можна багато сказати про те, хто спасенний.

— Дякую, пасторе Родні. До зустрічі в неділю.

Мене вразила бесіда зі служителем. Завжди відчував, що зі світом коїться щось ненормальне, проте пояснення Родні розставило всі крапки над «і». Я дослухався до його поради й поспілкувався з людьми після служіння. Більшість мали свою «історію». Я намагався охопити якнайбільше людей, щоб з'ясувати, чому в суспільстві стільки омани. У церкві зустрів неймовірних людей. Їхні свідчення та відповіді на найважливіші питання варті окремої книги.

Озираючись на минуле, я бачу, що Бог завжди був зі мною поруч, попри те, що суспільство намагалася затулити Йому рота. Я ігнорував очевидне й заглушував істину, коли чув її, бо центром мого існування було власне «я», яке не збиралося відповідати перед кимось за свої вчинки. Я сунув по життю, мов бульдозер, тому витискав усе, що міг, аби задовольнити свої бажання. Однак вінцем моїх досягнень стали нікчемство, душевна порожнеча й депресія. Настала мить, коли я дозволив Ісусу увійти в моє життя й постійно скеровувати його у правильне русло. Фактично, я щойно почав жити. Стосунки з Ісусом – дивовижний, сповнений прекрасних почуттів і хвилюючий стиль життя, який перевершив усі мої очікування. Порівняно з реальністю Бога в кожній хвилині прожитого дня навіть богословський термін «спасіння» звучить блідо. Бог – мій Отець Небесний, Господь, Творець, Пастир, Світло, Найкращий Друг, моя Пристрасть та Джерело сили.

Тепер хочу поставити кілька прямих і важливих запитань тобі, читачу. Чи можеш сказати, що Ісус Христос – твій Спаситель? Від цієї відповіді залежить твоя доля у вічності. Сподіваюся, через цю книжку Бог промовив щось цінне твоїй душі.

Якщо вважаєш себе християнином, чи пережив ти зустріч із Богом, коли покаявся до глибини душі у своїх гріхах, довірився Ісусу й попросив Його про своє спасіння? Чи впевнений ти в тому, що Дух Святий перебуває у тобі?

Нарешті, чи твоя церква вважає Біблію Словом Божим? Чи викладають вам її цілісно від Буття до Об'явлення? Чи говорить вчення твоєї церкви про особисті стосунки з Ісусом Христом? Чи підтримуєш взаємини з Ним щодня на особистому рівні? Чи дозволяєш Богові скеровувати обставини твого життя, згідно з Його волею? Чи можеш сказати, що знаєш Його, а Він знає тебе?

Поміркуймо над словами апостола Павла: «Близько тебе слово, в устах твоїх і в серці твоїм, – слово віри, що його проповідуємо. Бо коли ти устами своїми визнаватимеш Ісуса за Господа і будеш вірувати в своїм серці, що Бог воскресив Його з мертвих, то спасешся, бо серцем віруємо для праведності, а устами сповідуємо для спасіння. […] Бо кожен, хто покличе Господнє Ім'я, буде спасенний» (Рим. 10:8-10, 13).

На завершення, приймімо слова Ісуса: «Я воскресіння й життя. Хто вірує в Мене, хоч і вмре, буде жити. І кожен, хто живе та хто вірує в Мене, повіки не вмре. Чи віруєш у це?» (Ів. 11:25-26).

Примітки та посилання

Розділ третій. Перший етап дослідження: розвідка. Новий Заповіт
1. Norman L. Geisler, *Baker Encyclopedia of Christian Apologetics*, (Grand Rapids, MI: Baker Books, 1999), 4-8,46-48.
2. A. N. Sherwin-White, *Roman Society and Roman Law in the New Testament*, (Grand Rapids, MI: Baker Book House, 1978), 166-171, 189.
3. Sir William M. Ramsay, *The Bearing of Recent Discovery on the Trustworthiness of the New Testament*, (London: Hodder & Stoughton, 1915).
4. Sir William M. Ramsay, *St. Paul the Traveler and the Roman Citizen*, (London: Hodder & Stoughton, 1903), 383-390.
5. Merrill F. Unger, *Archaeology and the New Testament,* (Grand Rapids, MI: Zondervan Publishing House,1962).
6. Colin J. Hemer. *The Book of Acts in the Setting of Hellenistic History*, (Wiona Lake, Ind: Eisenbrauns, 1990).
7. Ramsay, *The Bearing of Recent Discovery on the Trustworthiness of the New Testament*, pg 222.

Розділ четвертий. Другий етап дослідження: воскресіння Ісуса
8. Josh McDowell, *The New Evidence That Demands a Verdict* (Nashville, TN:Thomas Nelson, 1999).
9. Frank Morison, *Who Moved the Stone?* (Grand Rapids, MI: Zondervan, 1958).
10. Geisler, *Baker Encyclopedia of Christian Apologetics*.
11. Simon Greenleaf, *The Testimony of the Evangelists*, (Grand Rapids, MI: Kregel Classics, 1995).
12. McDowell, *The New Evidence That Demands a Verdict*, pg. 258-63.
13. William D. Edwards, MD et al, "On the Physical Death of Jesus Christ," JAMA 1986; 255:1455-1463.
14. McDowell, *The New Evidence That Demands a Verdict*, pg. 225-31.
15. Ibid, pg. 243-48.
16. Josephus, *Antiquities of the Jews*, IV.xiii.
17. John A.T. Robinson, *The Human Face of God*, (Philadelphia, PA:Westminster, 1973), page 131.
18. McDowell, *The New Evidence That Demands a Verdict*, pg 243.
19. Ibid, pg. 262-72.
20. Ibid, pg. 239-240, 248.
21. Ibid, pg. 250.
22. Ibid, pg. 250-1.
23. Ibid, pg. 272-279.

24. Ibid, pg. 252-253.
25. Josh McDowell, *More Than a Carpenter,* (Wheaton, IL: Tyndale House, 1977), pg. 60-71.
26. Ibid.
27. Ibid.
28. Ibid.

Розділ п'ятий. Третій етап дослідження: Юдейське Письмо
29. McDowell, *The New Evidence That Demands a Verdict*, pg. 197-201
30. Ibid, pg. 164, 193-194.
31. Ibid, pg. 193-194.
32. Ibid.
33. Peter W. Stoner and Robert C. Newman, *Science Speaks* (Chicago, IL: Moody Press, 1976), pg. 106-112.

Розділ шостий. Четвертий етап дослідження: історичні докази Нового Заповіту
34. McDowell, *The New Evidence That Demands a Verdict*, pg. 32-45.
35. Ibid, pg. 33-44.
36. Ibid, pg. 38.
37. Ibid, pg. 33-44.
38. Geisler, *Baker Encyclopedia of Christian Apologetics*, pg. 532-533.
39. F. F. Bruce, *The New Testament Documents: Are They Reliable?* (Downers Grove, IL: Inter Varsity Press, 1964), pg. 16,33.
40. McDowell, *The New Evidence That Demands a Verdict*, pg. 45-53.
41. John W. Montgomery, "Evangelicals and Archaeology," *Christianity Today*. August 16, 1968, pg. 29.
42. Norman Geisler and Thomas Howe, *When Critics Ask: A Popular Handbook on Bible Difficulties*, (Grand Rapids, MI: Baker Books, 1992).
43. Greenleaf, *The Testimony of the Evangelists,* (Grand Rapids: Baker, 1984), vii.
44. McDowell, *The New Evidence That Demands a Verdict*, pg. 53-54.
45. Ibid, pg. 25-26.
46. William Kirk Hobart, *The Medical Language of St. Luke* (Dublin, Ireland: Baker Book House, 1954)
47. John chapter 9
48. John 12:9-11
49. Acts chapter 4
50. Walter A. Elwell, *Evangelical Dictionary of Biblical Theology*, (Grand Rapids, MI: Baker Books 1996), pg. 582-584.
51. McDowell, *The New Evidence That Demands a Verdict*, pg. 53-68.

52. John McRay, *Archaeology and The New Testament,* (Grand Rapids, MI: Baker Academic 1991).
53. Unger, *Archaeology and the New Testament.*
54. McDowell, *The New Evidence That Demands a Verdict*, pg. 61.
55. Ibid, pg. 61-66.
56. Ibid.
57. Ibid, pg. 67-68.
58. Ibid, pg. 53-54.
59. Ibid, pg. 53-54.
60. Ibid, pg. 58.
61. Ibid, pg. 55.
62. Ibid, pg. 55-56.
63. Ibid, pg. 58.
64. Ibid, pg. 58-59.
65. Ibid, pg. 36, 38.
66. Ibid, pg. 42.
67. Lee Strobel, *The Case for Christ,* (Grand Rapids, MI: Zondervan, 1998).
68. Ibid, pg. 14.

Розділ дванадцятий
69. Billy Graham, *The Holy Spirit*, (Nashville, TN: W Publishing Group, 1988).

Розділ чотирнадцятий
70. Ibid.
71. Ibid.

Про автора

Доктор Ґреґ Е. Віман народився у місті Вілмінгтон штату Делавер. Віман закінчив Делаверський університет із відзнакою *magna cum laude* (з великою пошаною), навчався в медінституті Філадельфійського університету Джефферсона штату Пенсильванія, де був найуспішнішим студентом курсу. Інтернатуру проходив у шпиталі Пенсильванського університету в Філадельфії, а клінічну ординатуру з дерматології у медичному центрі Дюкського університету, де здобув вищу кваліфікацію і пройшов практику хірургії за напрямком «ракові захворювання шкіри». У 1998 році доктор Віман став співзасновником клініки «Кері Скин Сентер» у місті Кері штату Північна Кароліна, де працював десять років поспіль до 2008 р. Нині завідує власною клінікою «Сі Коуст Скин Серджері» у Вілмінгтоні, Північна Кароліна.

Доктора Вімана запрошують викладати лекції на тему дерматології у різних штатах, він також автор опублікованих наукових статей.

У Ґреґа Вімана кілька захоплень: біг, фізкультура кросс-фіт, місія допомоги дітям-сиротам з України через благочинну організацію «Нью Лайф Міністріз», а також колекціонування рідкісних примірників Біблії.

Ґреґ Віман одружений на Рут Віман, має двох синів Брендана і Камерона, а також доньку Ганну. Їх усіх радує бордер-колі на ім'я Пеппер.

На веб-сайті www.goddiagnosis.com ви знайдете чимало цікавих додаткових матеріалів: посібник для самостійного поглибленого опрацювання окремих розділів, анонси публікацій наступних книг, розклад презентацій та виступів, можливість замовити персональний примірник книги з особистим підписом автора, контактні дані.

Якщо вважаєте, що ця книга може допомогти вашим друзям чи знайомим, радимо замовити десять копій для обговорення у домашніх групах з вивчення Біблії. Спеціально для такої мети розроблено відповідні інструкції, які ви знайдете на веб-сайті автора. Певна річ, ми завжди раді отримати ваші відгуки на Амазоні.

Літературно-художнє видання

Д-р Ґреґ Е. Віман

ДІАГНОЗ:
БОГ

Сповідь хірурга

Автор: Ґреґ Е. Віман
Перекладач: Дмитренко Олесь Миколайович
Редактор: Кірієнко Галина Миколаївна
Технічний редактор, комп'ютерна верстка:
Обозюк Леся Андріївна

Дизайн обкладинки © Marketing Ministries, 2010
Фото для обкладинки © Chris Davis, 2010

Видавництво «Брайт Стар Паблішинг»
Свідоцтво ДК No 3990 від 23.02.2011
А/с 87, м. Київ-2, Україна 02002
Тел.: +380 44 593 20 61
info@brightstar.com.ua
www.brightstar.com.ua

Підп. до друку 02.03.2015 р. Формат 60х84/16.
Гарнітура Cambria. Папір офсетний.
Друк офсетний. Ум.-друк. арк. 13,02.
Наклад 1000. Зам. No 0158

Віддруковано в друкарні ФОП ПАЛИВОДА А. В.
03061, м. Київ, пр-т Відрадний, 95/Е;
Тел./факс 351-21-90

www.ingramcontent.com/pod-product-compliance
Lightning Source LLC
Chambersburg PA
CBHW071607080526
44588CB00010B/1046